Observing and Recording the Behavior of Young Children
(Sixth Edition)

幼儿行为的观察与记录

（原著第六版）

[美] 多萝西·H. 科恩（Dorothy H. Cohen）
弗吉尼娅·斯特恩（Virginia Stern）
南希·巴拉班（Nancy Balaban）
南希·格罗珀（Nancy Gropper）
著

马 燕 马希武 译

中国轻工业出版社

图书在版编目(CIP)数据

幼儿行为的观察与记录:原著第六版/(美)多萝西·H.科恩(Dorothy H. Cohen)等著;马燕,马希武译. —北京:中国轻工业出版社,2021.12(2025.7重印)
ISBN 978-7-5184-3466-4

Ⅰ.①幼… Ⅱ.①多… ②马… ③马… Ⅲ.①学前教育-教学研究 Ⅳ.①G612

中国版本图书馆CIP数据核字(2021)第096637号

版权声明

Copyright © 2016 by Teachers College, Columbia University.
All rights reserved. No part of this publication may be reproduced or transmitted in any form or by any means, electronic or mechanical, including photocopy, or any information storage and retrieval system, without permission from the publisher.

保留所有权利。非经中国轻工业出版社"万千教育"书面授权,任何人不得以任何方式(包括但不限于电子、机械、手工或其他尚未被发明或应用的技术手段)复印、拍照、扫描、录音、朗读、存储、发表本书中任何部分或本书全部内容,以及其他附带的所有资料(包括但不限于光盘、音频、视频等)。中国轻工业出版社"万千教育"未授权任何机构提供源自本书内容的电子文件阅览、收听或下载服务。如有此类非法行为,查实必究。

责任编辑:张天怡　　责任终审:腾炎福
策划编辑:高　君　　责任校对:刘志颖　　责任监印:吴维斌

出版发行:中国轻工业出版社(北京鲁谷东街5号,邮编:100040)
印　　刷:三河市鑫金马印装有限公司
经　　销:各地新华书店
版　　次:2025年7月第1版第5次印刷
开　　本:710×1000　1/16　印张:15.5
字　　数:160千字
书　　号:ISBN 978-7-5184-3466-4　定价:52.00元
读者热线:010-65181109
发行电话:010-85119832　010-85119912
网　　址:http://www.chlip.com.cn　http://www.wqedu.com
电子信箱:1012305542@qq.com
版权所有　侵权必究
如发现图书残缺请拨打读者热线联系调换
251041Y1C105ZYW

译 者 序

近年来，幼儿行为观察与记录成为学前教育界的热议话题之一。

为促进幼儿园教师专业发展，建设高素质幼儿园教师队伍，根据《中华人民共和国教师法》，教育部 2012 年颁布了《幼儿园教师专业标准（试行）》。该标准规定，幼儿园教师要"尊重个体差异，主动了解和满足有益于幼儿身心发展的不同需求；掌握观察、谈话、记录等了解幼儿的基本方法"，明确要求幼儿园教师要具有观察和了解幼儿、掌握不同年龄幼儿身心发展特点和个体差异的能力。这是"幼儿为本"理念的具体体现。因此，观察和记录幼儿行为的能力是幼儿园教师必须具备的专业能力之一。

每一名幼儿都是独特的个体，是这个世界上独一无二的存在，其身心发展都具有特殊性。不同年龄阶段的幼儿自不必说；同一年龄阶段的幼儿因年龄相近而具有普遍的共性，但是个体之间的差异也不容忽视。一个现实的班级中，成员间总是存在着多个领域的发展差异；每个活生生的儿童个体都有独特的发展样貌，展现出不同的生活姿态。为了真正成为幼儿学习活动的支持者、合作者和引导者，幼儿园教师既要了解幼儿身心发展的一般规律，又要对所在班级和幼儿个体的具体状况了如指掌，能够发现幼儿感兴趣的事物、游戏和偶发事件中所隐含的教育价值，关注幼儿在活动中的表现和反应，敏锐地觉察因个体差异而导致的不同需要。观察和记录幼儿的行为理应成为幼儿园教师日常工作的一部分。

那么，教师应该如何了解幼儿？从何处着手去观察幼儿呢？这不仅是老教师极为关注的问题，还是新手教师感到非常棘手的问题，更是学前教育专业在校学生备感困惑的问题。

本书为观察和记录幼儿行为提供了完整框架，为准幼儿园教师以及在职幼儿园教师进行幼儿行为观察与记录工作提供了理论支持和实践指导，被美国和国际学前教育界的诸多专家称为"经典文本"之一。该书第一版于1958年出版，目前读者看到的是第六版的译本。这本书从面世到现在已有60多个年头，经历了数次改编，既始终秉持最初的理念，又勇于创新，与时俱进，关注儿童教育工作的新形势，引入新的理论成果。第四版吸收了维果茨基（Vygotsky）的理论影响；第五版融入了近期的语言研究成果，进一步融合了皮亚杰（Piaget）关于儿童发展的思想；第六版回应了教育界中问责制的强化，根据近期特需儿童研究文献增多的情况，压缩了关于观察特需儿童的论述。

本书正文部分共有十三章。第一章开宗明义，阐述了进行儿童行为记录的目的、意义、基本方法，说明了记录用语中需要注意的问题，指出了环境描述在整个记录中的重要性。第二至十章分别阐述了如何从不同的侧面观察和记录儿童在各种活动中的表现，包括日常活动、使用材料、儿童之间的社交行为、戏剧表演游戏中的表现、师幼互动中幼儿的表现、认知功能、思维的发展、语言发展和读写萌发等方面。第十一和十二章专门针对引发特殊关注的儿童行为和婴幼儿这个特殊的儿童群体，论述了观察中需要注意的问题。最后一章指出了如何对一段时间内积累的记录进行归纳总结和解读。

同时，本书提供了丰富的记录实例，开列出大量详细的观察要点，使得观察记录成为实实在在、可操作的研究活动，可以帮助教师迅速上手观察和记录工作，系统有序地进行观察并记录幼儿的行为，践行"遵循幼儿身心发展特点和保教活动规律，提供适合的教育，保障幼儿快乐健康成长"的基本理念。而且，本书的实用性并不掩盖其理论价值，读者完全可以将儿童行为观察作为一个起点，将它与教育叙事、园本研究、儿童教育生态研究等热点研究方法和课题结合起来。

为了增强可读性，撰写该版的两位博士没有采用学院式的典型学术语言，而是采用了一种活泼随和的语言风格。这也为我们的翻译带来了一定的挑战，使我们在很多情形下需要为拿捏这种既有学术性又随和的语言风格而动上一番脑筋。文中众多来自教学一线教师的记录实例也呈现出多姿多彩的语言风貌，而且与作者的风格并不一致，要形神兼备地再现这些记录的面貌实为不易。两位译者只能尽力而为，要说忠实平顺应该没有问题，但恐难生动活泼、纤毫毕现。

本书前言和第一至七章由马燕（山东女子学院）翻译，第八至十三章由马希武（济南大学）翻译。两位译者学识、能力有限，疏漏之处在所难免，敬请业内同人、专家批评指正！

在翻译本书的过程中，山东师范大学的李自修教授给予了热情的鼓励和语重心长的指导；师恩煦暖，使我们备受鼓舞。借此机会向老师致以真挚的谢意！

相信本书会成为幼儿教育教学研究中的得力工具！

马燕　马希武
2021 年 5 月于济南

前　言

本书的第一版写于1958年，当时对儿童行为进行如实的观察和记录的人并不多，仅限于少数有幸参与了儿童研究方面的传统培训的幼儿教师。儿童研究的传统开始于19世纪，那时，有些心理学家通过记录儿童——通常是他们自己的孩子——的行为来进行研究。第一次世界大战之后，观察和记录的方法开始被运用于教育环境中的儿童研究，发展性课程的早期倡导者是运用该方法的先驱。尽管幼儿教师接受了基于观察的记录原则，但是这一做法并没有得到广泛运用，因为大多数师范学院并不教授这些技能。本书的第一版，开始尝试从教师的角度来阐释这些技能的实施。

在第一版到第三版的几十年间，人们对0—8岁儿童的关注日益增加，顺应形势需求，我们增补了关于婴幼儿的章节。相关研究不断带来新的信息，让我们关注儿童如何思考与学习、他们的语言如何发展以及他们的家庭、文化和环境如何影响和帮助他们发展。与此同时，人们再一次表现出对生活观察和自然观察的兴趣。这是不是或多或少地因为，儿童的行为总是突破常规的标准化测试的框架？

本书的第四版响应幼儿教育领域的革新，这些新做法受到了"要求在普通教育环境中接纳残障儿童"的立法法案的激励。关于影响家庭生活的社交态度及作用等方面的新信息也被收录进来，但并没有改变前几版的基本方法或者前提。第四版还包含文化的作用、维果茨基的理论影响以及环境的重要性。

在第五版中，我们重新审视本书的意义，关注幼儿教育的多样性。银行街教育学院的研究生提供了不少案例，我们也将其纳入进来。

第六版重申记录幼儿行为的重要性。尤其是在目前普遍实行问责制和测试的教育环境中，记录幼儿的行为至关重要。此外，由于当下关于特殊需要幼儿的文献如此广泛，我们决定不再赘述，而是将相应章节的重点转到关注那些可能会令教师感到不安的行为。

本书最初版本的两位作者中，多萝西·科恩（Dorothy Cohen）提出了创作构想，弗吉尼娅·斯特恩（Virginia Stern）与之合作完成了第一版和第二版。在第六版中，我们竭诚地秉承她们的精神和学术遗产。

特别感谢玛丽·艾伦·拉卡德（Marie Ellen Larcada）和萨拉·比昂德洛（Sarah Biondello）对本书写作所给予的鼓励和支持，也感谢苏珊·里迪克特（Susan Liddicoat）的精心编辑。

南希·巴拉班（Nancy Balaban）
南希·格罗珀（Nancy Gropper）

目　录

第一章　绪论 / 1

　　为何要做记录 / 1

　　记录 / 7

　　语言作为记录的工具 / 10

　　环境的重要性 / 13

第二章　记录儿童在常规活动中的行为 / 15

　　组织信息 / 15

　　常规活动对于幼儿的意义 / 20

　　记录进餐行为 / 21

　　记录如厕行为 / 25

　　记录午休行为 / 27

　　记录过渡时间的行为 / 29

　　行为模式 / 31

第三章　记录儿童使用材料的情况 / 35

　　材料对于幼儿的意义 / 35

　　需要观察的内容 / 41

　　记录材料的使用 / 43

　　儿童所做的事情及方式 / 44

　　用于佐证细节的记录 / 47

阐释：最后的维度 / 50

行为模式 / 51

第四章　记录儿童之间的社交行为 / 55

幼儿如何学会社交 / 55

我们是否真的了解正在发生的事情 / 59

需要观察的内容 / 61

行为模式 / 68

群体归属感 / 70

第五章　记录儿童在戏剧表演游戏中的行为 / 73

符号表征能力 / 75

戏剧表演游戏记录的框架 / 80

聚焦戏剧表演角色 / 84

戏剧表演游戏的社交方面 / 91

行为模式 / 99

第六章　记录师幼关系及教师主导活动中的儿童行为 / 101

教师的自我观察 / 102

记录师幼互动 / 102

获取关于儿童校外社交的信息 / 108

记录儿童在教师主导的集体活动中的行为 / 109

行为模式 / 111

第七章　认知功能的线索：发展的方式 / 115

儿童学习的方式 / 115

以发展的方式认识儿童早期的思维 / 117

我们如何了解儿童的思维方式 / 121

第八章　认知功能的线索：个性化的方式 / 133

儿童的气质 / 133

文化与社交经验的影响 / 135

我们如何知道儿童在想什么和学什么 / 136

教师如何了解儿童知道什么 / 141

第九章　观察儿童思维能力的发展 / 147

概括能力 / 147

辨别能力 / 148

认识异同的能力 / 149

类比能力 / 150

认识因果关系的能力 / 150

时间取向 / 151

分类能力 / 153

感知模式 / 154

理解空间关系 / 155

第十章　记录儿童的语言发展和读写能力萌发 / 159

语言与文化 / 160

记录儿童的语言运用情况 / 161

观察语言模式 / 172

观察儿童读写能力萌发 / 179

第十一章　记录需要特殊关注的行为 / 183

收集信息的价值 / 183

特殊行为实例 / 184

第十二章　观察和记录婴儿和学步儿的行为 / 189

　　理解所观察到的现象 / 189

　　记录的价值 / 191

　　时间的影响 / 191

　　要观察什么 / 192

第十三章　模式：总结与解读 / 223

　　模式 / 223

　　终结性总结的特征 / 226

　　解读 / 232

　　终结性总结 / 233

第一章 绪论

我们每个人都曾在某一时刻因成功地了解了儿童而获得极大的满足感。通过在适宜的时机与儿童的适宜接触，我们也曾感受到，当我们理解儿童的所感、所想时，他们愉悦信任的微笑所带给我们的温暖。我们每个人也曾感受过，当曾经屡试不爽的方法与途径不见成效以及苦于对某些儿童无计可施时的挫折感。相信，所有教师都想更好地了解自己的学生；许多教师已经试图通过记录儿童的行为来了解他们。然而，在现实中，尽心尽责地做的记录往往看上去反映不了多少问题，因此教师转而依靠直觉和本能进行判断。

为何要做记录

这本关于记录的手册介绍了各类记录技术，用于帮助幼儿教师理解儿童的行为，以及改进与儿童的兴趣和能力相关的现行课程计划。观察与记录儿童的行为是培养和融合教师两大职责——"行动"与"反思"的源泉。运用这些技术，教师可以将自身视为有力的信息来源，同时学会将自己获得的关于班内儿童的信息与同事及儿童的父母分享，如儿童的需求、兴趣、个体独特性以及多样性等。本书并没有告诉大家如何阐释行为，但就行为阐释时应寻找哪些信息向大家提出了建议。本书也介绍了如何收集信息以及如何充分利用这些信息。它探讨了观察的原则，而非诊断的原则。如果说，理解儿童就像揭秘，那么做记录就像收集线索。像老练的侦探一样，我们必须辨识重要的线索，具备专门的技能。

幼儿教师在让幼儿解释自己的行为时，并不能获得多少有用的信息。

那些对教师了解年龄较大儿童有所帮助的方法，如性格测验和问卷调查，也派不上用场。目前，教师能够采纳的最佳方法似乎是通过现场记录来认真地收集证据。对教师来说，这意味着，记录的细节不仅要描述行为本身，而且要揭示儿童对于他所做事情的感受。这些细节包括：儿童做了什么及如何做；与他有关联的人和材料的质量及数量；当然，也包括他说了什么。

使用纸笔或者平板电脑，运用个性化速记的方法尽可能地捕捉大量的细节，教师将记录得非常完整。很明显，教师不可能把自己真正看到的所有细节近乎完美地以书面形式记录下来。然而，如果教师认识到在日常活动中应该寻找有关儿童的哪些信息并能够见缝插针地使用电子设备或者纸笔做些记录，还是大有裨益的。尽管数码照片、音频和视频记录非常有帮助，但是它们都不能取代教师娴熟的观察。

每位教师都可以做一些记录，几个月之后，即使是偶尔的草草记录也可以积累成可观的资料。更重要的一个事实是，即便有时不能进行记录，了解哪些信息是重要的也可以使教师从整体上明确儿童行为的细微差别。

作为科学家的教师

在建议教师通过认真观察和记录儿童的行为来研究儿童时，我们也正是在借用科学研究中的一种工具来获得最大程度的客观与公正。从教师开始观察与自己一起生活和学习的儿童的那一刻起，绝对的客观是不可能实现的，而且客观性本身就是一个相对的概念。没有人会希望教师为了追求这种绝对的客观性，而变成没有责任感、不对儿童做出积极回应的人。对儿童来讲，拥有一个不做任何记录但非常关心他们的教师，远比拥有一个态度冷漠、只知道一丝不苟记录的观察者要好得多。但是，如果我们不追求这种绝对的客观（即去除所有情感），我们就要尽力了解那些干扰记录的个人和主观情感因素，因为教师的介入过于强烈的话，所描述的某个儿童的样子可能根本就不是该儿童的真实状况。

了解了这一点，我们再来看一个孩子，比如有个5岁的孩子叫克里斯托弗，住在第三大街，每天都来上学。对A教师来说，他是一个可爱又顽皮的小家伙，身体结实且很有趣。对 B 教师来说，他是一个马马虎虎的孩子，粗鲁且不遵守纪律。对 C 教师来说，他几乎不存在。对 D 教师来说，他是一个非常需要呵护的孩子。哪一个才是真正的克里斯托弗呢？有没有人了解，克里斯托弗是怎样看待他自己的？

很显然，没有人能够毫无偏见地看待儿童，否则，大家看到的克里斯托弗应该是一样的。如果我们想要在记录中达到某种程度的准确性，就应该摒弃这些偏见或者个人因素。

儿童应该是什么样的

在我们年幼需要接受成人的指导时，我们被明确地告知哪些行为可以被容忍、哪些行为将会受到惩罚。我们从小生活的家庭和社区中的传统与观念、标准与价值观，往往成为我们的道德行为指南。比如，保持整洁是值得称许的，不讲卫生是不乖的表现；讲礼貌会得到别人的喜爱，言行粗鲁会被打屁股，等等。但并不是所有的家庭都有相同的标准。有些人把严肃和节俭作为行为准则，而有些人将快乐和放松作为行事标准。成为学者是某些人的目标，但有些人的目标是取得经济上的成功。

在我们很小的时候，重要的成人的教诲令人印象深刻，其影响之深，以至于我们长大成人之后教育自己的孩子时也会心安理得、理直气壮地沿用父母教给我们的关于儿童"应该"怎样做的知识，而不是依据儿童"实际上"是怎样的科学研究结论。这就是为什么对 B 教师来说，克里斯托弗的马虎是明显特点，而对 A 教师来说，他的幽默最令人印象深刻。而 C 教师几乎看不到类似克里斯托弗这样的孩子的存在，因为以 C 教师的思维方式，小男孩并不如小女孩可爱。D 教师则恰恰因为克里斯托弗是一个年幼的小男孩，一切都听之任之。

我们也从更广阔的范围内吸取观念，形成关于儿童应该如何表现的观点，如各自的文化、社区居民拥护的价值观以及来自大众媒体的观点等。如果想要如实地看待儿童，我们的取景镜头必须滤除偏见。偏见的意思是"可能导致他人受到不公平待遇的身份判断"（Derman-Sparks & Edwards,

2010）。偏见有很多来源，如一个人在特定家庭或社区中成长的经历、与不同于自己的人交往的经验、媒体的隐含信息或者是不容置疑的社会准则等。

对于和自己不同性别、种族、民族或文化群体的儿童，教师通常会对他们产生带有偏见的情感反应。例如，当某些男孩具有高活动水平时，特别是当这些儿童是非裔男孩时，教师可能会产生消极或恐惧的反应（Barbarin & Crawford, 2006）。其他教师可能会对坐轮椅的儿童、盲童、聋哑儿童或者其他残障儿童，如患有唐氏综合征、脑瘫、自闭症或脊柱裂的儿童，产生负面反应。教师可能会认为某些特定行为对男孩来讲是可以接受的，但是对女孩来讲不可接受。当教师用"聪明"来形容一个喜欢刨根问底的男孩，而用"话匣子"来形容一个女孩的时候，偏见就在起作用了。

偏见会导致教师对儿童的能力和学习潜力做出不正确的判断，如下面这则事例。

蒂姆，7岁。老师不喜欢蒂姆整天缠着她，不喜欢他一次又一次哭哭啼啼地叫着"老师，老师"。当蒂姆抠鼻子和把鼻涕团成小球时，老师感到非常恶心。

有一天，老师带来了沙子和网眼大小不一（细、中等、粗）的筛子让儿童探索，想把它作为儿童发展课程的一项练习活动。老师记录了包括蒂姆在内的一组儿童使用沙子的情况。记录中包含蒂姆的话语："嘿，当洞大一些的时候，沙子流出来得更快！"在关于课程的讨论会上，老师朗读记录时略过了这句话，该课程的其他几位成员提醒她注意蒂姆的发现。可见，这位教师先前对蒂姆做出的判断妨碍了她发现该儿童的表现。

自身文化中根深蒂固的观念也会影响教师看待儿童的客观性。我们自身的文化习俗，甚至我们说话的措辞方式，也会妨碍我们理解他人行为的含义。例如，一位亚裔美国作家撰写了关于纽约布鲁克林区的黑人抵制韩国食品杂货店的文章，当听到一个黑人居民说"韩国人不懂得服务时要面带微笑"时，这位作家感到非常惊讶。

当她了解了对陌生人微笑不是韩国文化的组成部分后，她是否会有不同的反应?……韩国人的风格就是不露声色。韩国人称之为"mu-pyo-jung",意思是"没有表情"。(Kang,1990)

教师有时会告诉儿童:"当我和你说话的时候,请看着我!"他们不知道,在儿童所处的文化中,低下头是尊重他人的表现。我们需要走出自己的文化,了解类似行为可能蕴含的不同含义。教师可以自问:"我为什么那样做?孩子真正的意思是什么?"如果可能,为了进一步弄清楚真相,教师可以跟与该儿童文化背景相同的人探讨自己观察到的情况。

即使我们用磅①称量液态的牛奶,用夸脱②来称量土豆,也比用自己的道德准则和愿望来衡量儿童的行为要准确得多。儿童成年后会表现出成人的行为方式,而作为儿童,他们受到儿童阶段所特有的规则的支配。我们知道,毛毛虫是飞蛾生命中的一个阶段,它不会飞。我们知道,牛犊不能产奶,尽管有一天它能产奶。但是,太多的人希望儿童能够尽可能地像成人一样做事,并且越快越好。事实上,如果能清楚童年的本质,我们就可以更成功地引导儿童朝着成熟的成人阶段发展。

或许,愚弄我们的就是儿童会说话这一事实。因为人类的这一特殊能力在生命之初就已经获得,人们很容易认为存在于语言背后的儿童思维肯定也和我们成人是相同的。由于将儿童的话语视为理解儿童的关键,我们关闭了儿童与成人之间有意义沟通的渠道。

有多少次教师生气/伤心/严厉/温柔地对儿童说:"你为什么要这么做?"儿童生气/伤心/挑衅/无助地回答:"我不知道。"事实的真相是,儿童真的不知道,也不能告诉教师他们为什么要那样做。当教师也不知道时,就会让教师和儿童都陷入迷茫。

---

①,② 英制单位通常用磅表示质量,用夸脱表示液体容积;而国际单位制用千克表示质量,用升表示体积。——译者注

儿童揭示自我的方式

儿童的行为有多种理由，是的，从不缺乏理由。在多种可能的理由之中，有时很难抉择到底哪一种是最有可能的——对相同的行为来说。我们必须承认，每一个特定行为的原因通常也是一个秘密。这就是为什么作为教师，我们必须搜集可以用来理解儿童的有用线索。只有学会如实地观察儿童，特别是站在儿童的角度来观察，我们才能获得自己想要的线索。这并不像听上去那么简单。

儿童尚未形成坚实的身体和情感基础。他们的肢体发育、肢体动作、身体功能与情感发展正处于起步阶段。他们用"手"来思考（通过触摸来发现世界），用"脚"来社交（闹哄哄地跺脚和踢打是同伴间友谊的体现）。或者用"脚"来思考（如果踩上一脚，虫子会怎么样？），用"手"来社交（如果我用手摸他的眼睛会发生什么？）。如果打算记录儿童的成长与学习，那么即使在倾听他们讲话的时候也不要忘记记录他们的肢体活动。倾听的时候要眼观六路，上下打量，这种情况下就不能遵从祖母们所教导的关于"听人讲话时眼神专注"的社交礼仪了。

因此，即使儿童的话语在当时来看非常的流利和清楚，但从长远来看，远非完整的资料。因为儿童的话语并不是成熟地表达情感和思想的工具，尽管它能够很快在某些方面变得非常娴熟，如表达需求（甚至这一点也并不适用于所有儿童）。当一个孩子非常伤心的时候，他是说"我感到伤心"，还是低下头、哭泣，或者凝视前方（所有的肢体表达）？如果我们希望儿童能够准确地解释他们的情感并与我们进行探讨，那么我们真的要等待相当长的一段时间！因此，我们必须学会辨识可以作为儿童思想和情感线索的其他行为。

儿童通过眼神、声音、身体姿势、手势、言谈举止、面部表情、跳动、活跃程度等方式与我们进行交流。他们通过自己的做事方式以及所做的事情来向我们展示他们的内心世界。如果能够切实地理解儿童行为的真实含义，我们就会理解儿童。记录儿童的多种沟通方式有助于我们真实地看待儿童。

记　录

　　记录的意图和情形不同，记录儿童行为的方式也不同。坦率地说，有些记录是主观的、不准确的，但有时这是完全可以接受的。当一个孩子刚来到学校时，教师会忍不住凭借自己的第一印象对儿童做出判断。如果教师记录自己的最初印象，那么，以后当他对该儿童有不同看法的时候，可以回过头来察看以前的记录。对该儿童的最初印象的正确率有多高呢？有多少信息可以证实这些印象呢？

　　有些教师会为自己班的孩子记日志或者日记。每天工作结束的时候，或者在午休时间，教师会记录一天的重要事情，只要有足够的时间和精力，他们就会尽量详细地做记录。这是记录幼儿的集体活动、活动中的领导权轮换、活动想法和兴趣以及活动完成情况的很好的方式。这对制订活动计划非常有帮助。有些教师也做同样的事情，但是缺乏规律性，仅是偶尔记记，像是随机抽查。许多图表和清单可以帮助教师记住哪些儿童有一段时间没有使用颜料了，应该轮到哪些儿童在工作台前操作以及哪些儿童担负了大量的社交责任。当然，也可以用照片和图片、视频和音频做记录。教师可以追踪记录某种行为发生的次数，比如埃米打人几次，以及有几次她曾经威胁要打人，但是没有打；或者在3周内，每天10∶30奥林和谁一起玩耍以及玩了什么；或者塔米在自创拼写中增加了哪些新词语。所有这些方法都很好，可以有效运用；不过，需要运用哪种记录方法，则取决于教师的记录意图。

我们在追求什么

　　教师的职责之一是担当自己所在班级的研究者角色。当他们运用记录法来提高自己每天的观察水平时，他们也就是在行使这种职责。我们在这里所建议的记录方法，意在展示现实生活中一名儿童的完整而真实的画面，展示他如何以独特的方式应对生活，如何与他人和材料互动，如何度过自己的成长和成熟阶段。当教师已经习惯于为整个儿童群体做计划时，就很难以这种方式来关注个体儿童。但是尽管群体自身拥有值得研究的互动规则，但是对群体中的个体进行研究会令教师更加明确：在人类的成长与发展中，哪些事情意义重大。详细研究一名儿童的方法会令教师更加深入地理解儿童，可以更广泛地认识所有儿童。

尽管在目前的趋势下，儿童早期教育机构越来越多地被要求使用标准化评价，但是许多儿童早期教育组织针对 8 岁以下儿童的正式评价提出了异议——因为这些测试通常会迫使教师实施不恰当的课堂实践活动，所以它们并非有效的测量儿童学习的方式。在全美幼儿教育协会（National Association for the Education of Young Children，NAEYC）的一份出版物中，麦卡菲、莱昂和博德洛娃（McAfee, Leong, & Bodrova, 2004）提供了一种更加宽泛的评价方法。

在目前的环境下，你可能会听到"评价"一词，它被用于几乎任何类型或出于各种目的对儿童进行的评估。许多人对这个词的使用并不严谨，把它当成一个宽泛的标签，用于描述可以确定孩子在发展和学习中的"位置"的各种方法，如词汇测试、简单观察、精细动作技能检查表、诊断性阅读测试或身高和体重测量。但评价……具有更加具体的含义，它是从多种形式的证据中收集关于儿童的信息，并组织和解释这些信息的过程。（p.3）

然而，记录无法成为万能灵丹。它只是繁忙的教师用于了解一个心神不宁的/顽皮的/微笑的/尖叫的/有趣的/令人困惑的儿童，并且在足够的时长里锁定他、观察他的方式而已。对于这套如实记录儿童行为的流程，目前还没有更好的名称，我们姑且称之为"现场实况记录"。

现场记录行为

从实用的角度来讲，做记录这项工作没有固定的规则，了解这一点是令人欣慰的。尽管这种方法缘于科学研究，但已经被作为深入了解儿童和评价教师个人工作的方式而在教育领域得到经常性运用。伴随运用的推广，这一方法已经做了很多改进，发生了很大的变化。我们将提示其中的大部分，剩下的部分交由你来做。

由于你的首要责任是班级的教师，因此你必须抓住记录的时机。儿童的需求是第一位的，你可能不得不停止记录而冲过去救助儿童。身边常备便签本、卡片、小笔记本或者平板电脑也是非常有帮助的。只有这样做才能确保不会错失任何一次细微的机会！记录时要低调，不要鲁莽。要保证有足够近的距离去聆听儿童，但是也不要太近，不要影响游戏的进行或者分散儿童读书或书写的注意力。笔记可以记得粗略一些，可以使用大量的缩略形式，以后再填补和整理。记下日期、时间、儿童的化名以及行为发生的地点。要注意保护孩子的隐私，通常要使用化名，因为即使是儿童的名字的首字母也会泄露秘密。儿童可能会询问你在做什么，不要如实告诉他们，因为他们会变得局促不安。你可以做出一副若无其事的样子，说点含糊其词的话，比如，"这是老师的工作"或者"这是我必须写的字"。如果你在观察6—8岁的儿童，在做记录时就需要更加谨慎，因为这个年龄段的孩子开始察觉"被监视"。或许，你可以先仔细地观察，然后在儿童的视线范围之外做一些记录。

尽管没有必要将一天中儿童的行为全部记录下来，但还是要尽可能记录一天中不同时段的儿童行为。你需要记录以下时间段儿童的行为：入园和离园、如厕时间、音乐和运动时间、洗手和讲故事时间、自由游戏和操作创造性材料时间，还有小学阶段儿童的数学课、书写活动以及小组讨论的时间。你或许还想知道，某个儿童在室内外独自一人时和与其他孩子一起玩时分别做些什么。记录大量的情形可以全面地了解儿童的行为，比如，儿童与同伴及成人的关系、对学校的适应情况、对常规活动的感觉以及在群体中的地位。

通常看来，这些日常记录似乎没有指向性，很容易令人感到沮丧。但是，一段时间之后，当把相似特征的细节归类之后，行为模式就会出现，教师也就开始明白儿童真正在做什么。要有耐心，静观事态的发展。毕竟，记录儿童的行为就是在记录他们的成长。既然儿童大部分时间都辗转于不同的活动，那么就需要把很多幅静止的画面连续起来，这样才能看到行为的趋势。

忠告

万万不可将记录公之于众,特别是那些包含数码照片的记录。要像医生处理病人的信息一样对待记录。即使是关于病人的最无关紧要的信息,医生也会保密,我们也必须这样对待儿童的观察记录。除非有专业理由,否则请在讲述关于儿童的有趣快乐的故事时,不要让人能够辨别出是哪个特定的儿童或者家庭。

语言作为记录的工具

用什么样的语言来记录也非易事,特别是对那些不习惯书写的人来说,会觉得太有挑战性而将其视为苦差事,进而放弃。既然不使用描述性术语就不能详尽地记录行为的重要细微差别,那么记录技巧的这一方面就值得我们去探索。如果认识到,几乎每个人的消极词汇都比积极词汇多得多,那么提高你的记录技巧就并非天方夜谭。作为开端,让我们开动记忆,考虑一下用于描述的动词、副词、形容词和短语。

动词

有些人可以在几秒钟之内想出"走"这个词的许多近义词,如漫步、缓行、散步、溜达、踱步、齐步走等。另外一些人在这种挑战面前则反应迟缓。然而,儿童之间的动作或者大肌肉运动的区别可能就取决于"走"这个词的准确的近义词。

可以这样来看这个问题:一只火鸡在走路和一只猫在走路,它们一样吗?一个1岁儿童在走路和一位八旬老人在走路,他们的动作显然也不一样。胡安走路和安娜贝尔走路时,我们必须记录各自的特征。为了找到确切的描绘特征的词语,我们可能会说火鸡大摇大摆地走,猫偷偷地溜走;婴儿蹒跚学步,老人步履蹒跚;胡安跑来跑去,安娜贝尔则碎步慢行。单纯的"走"这个词只能告诉我们一个人在做什么,而非他怎样做。没有哪两个儿童以完全相同的方式穿过游戏室，或者走向同一个儿童或者教师。作为教师，在观察儿童的时候，要对儿童的行为特征做出回应。我们对走路跌跌撞撞的儿童会有响应，因为我们感觉到了问题；对一名满心愉悦的儿童，我们则会感受他快乐的跳动。

对于新手教师，这里有一些记录中常用的动词的近义词，还有更多的动词尚待熟悉。

跑：猛冲、飞奔、疾驰、快速前行、一蹦一跳等。

说：耳语、咆哮、大喊、尖叫、哭嚷、命令、告诉、小声说等。

哭：哭泣、抽泣、号啕大哭、啜泣、恸哭等。

副词

当单纯使用动词不足以准确表述时，可以通过副词来给单调的动词赋予特征。当我们使用副词界定行为的情绪情感的时候，这些副词就有了阐释的意味，但是它们并不用于传达对儿童的判断。副词可以描述一个动作，但绝不是形容某个儿童固执或者愚蠢。比如，我们可以说，"他<u>坚定地</u>拉了拉。""他<u>茫然地</u>望着老师。"描述性词语是对单个动词的一次性描述，可以表明该儿童在某一特定时刻做了什么。因此，再回到动词"走"上来，我们可以说高兴地、愉快地、神气活现地、沉重地走；或者当我们添加兴奋地、愉快地、没好气地、气愤地、快乐地或者笑着等副词时，普通动词"说"的语义就会被表述得更为精确。

同时，描述的一致性可以防止从单一的手势、微笑、姿势或者动作中得出不当的概括化结论。比如，如果记录单一行为，记录者会用"哭喊"来描述儿童的声音，用"露齿笑"描述儿童的嘴巴，或者用"愉快地"描述走路的姿态，或"眼中含泪"地凝视，很明显，该记录者并没有在真正地观察儿童。

正如前面表明的，教师不可能做到绝对的客观，因为在做记录时教师也是整个情境的一部分。然而，为了尽量捕捉儿童在搭建、唱歌、跳跃、哭泣、打架、绘画、讲话时的特征，我们可能会使用关于儿童如何做的描述性语言，以避免对儿童做出带有偏见的阐释。

形容词

我们也需要大量的形容词。比如，每一个微笑都是快乐的吗？微笑可以是伤心的 / 发自内心的 / 不露齿的 / 漂亮的 / 勉强的 / 幸福的 / 无可奈何的吗？一个无奈地微笑着的儿童，和一个两眼泪汪汪地微笑着的儿童，或者胆怯的儿童的感受会是一样的吗？以下是关于"高兴的"近义词，彼此间有细微的差别：

兴高采烈的、快乐的、乐颠颠的、快活的、兴奋的、欣喜的、心满意足的。

以下是含有伤心意思的形容词：

悲伤的、忧愁的、灰心丧气的、沮丧的、悲哀的、忧郁的、闷闷不乐的、失望的。

要理智地使用副词和形容词。尽管缺少这些词语会令记录很单调，缺乏儿童的个性，但是副词和形容词的使用常常会带有主观色彩。切记：所记录的行为要与你选择的修饰词之间具有对应关系。

各种短语

包含显著动作的短语是另外一种描述性工具。尽管这些短语有各自的作用，但教师必须谨慎，避免过分依赖此类短语。当过多的短语令句子变得冗长时，句子就会显得拖沓烦琐。以下短语可以令动词"走"特征明显：

拖着双腿	头转向天空
拖着双脚	哪儿也不看
摇晃着胳膊	一脸的茫然
驼着背弯着腰	目不转睛地观察
双手插在口袋里	发出可怕的咔嗒咔嗒声

提及记录的语言问题，似乎是在给教师记录时已经面临的种种障碍"雪上加霜"。毕竟，记录时机不够充足，记录所需的速度令人望而生畏；单是肌肉耐力一项就在诸多困难中占了很大比重。尽管使用精确的描述性语言可能会是额外的挑战，但是我们必须承认要在记录中恰当地运用语言这一问题。在美国文化中，我们可能不习惯在日常用语中使用丰富多彩的描述性词语，只有在读书时会对精彩的描述赞赏不已。然而，真正栩栩如生的记录，在很大程度上是使用富有想象力的语言的结果。如果你感到非常气馁，请试着在近义词词典中查找一些最常用动作词语和情感词语的近义词。你将会对自己实际上有能力掌握的描述性词语的数量感到惊讶。只是要注意，在运用时一定要保证你使用的描述性词语真正可以凸显动作的特征。

环境的重要性

除记录之外，我们对儿童的研究必须包括对儿童被观察时所处情境的描述，尽可能全面地将儿童放在他们的生活环境中进行观察。这意味着我们必须要记录儿童所处的物理环境和社会环境的主要方面。儿童在某一环境中的行为相对于另一环境中的行为可能会非常不同，这不足为奇。设想一下，某个儿童某一天舒舒服服地待在教室里；另一天，和他的父母一起在购物中心排在一条长长的队伍里。他看起来可能会是一个你从来都没有见过的样子！或者，想想这样一名儿童的例子。在班里，他一直都被戏称为"小丑"；但在新的一学年，当他搬到另一个社区时，他在新的学习环境中却成为一名领导者。因此，我们必须注意环境的影响。

在环境描述中，下列三方面的内容将会为教师更加全面地了解儿童提供丰富的多维描述。

- 学校、教育中心或者家庭保育所所在的社区。
- 学校、教育中心或者（如果是家庭保育所）房屋/公寓建筑本身。
- 教室里的硬件设施布置、作息安排、学习环境的构建方式、项目的目标。

自然空间对儿童、教师及项目质量影响重大。在一项关于硬件环境的经典研究（Kritchevsky, Prescott, & Walling, 1969）中，我们看到了教育空间的质量与教师如何教育儿童之间的清晰关系。在高质量的场所，教师敏感且乐观；而在低质量的场所，教师倾向于较少参与儿童的活动，对儿童的活动约束较多。这反过来也会影响儿童的行为。除了空间、环境自身的影响之外，我们必须意识到儿童所处的文化对其认识该环境的影响。我们会认为，拥挤在一个狭小空间中的儿童打架的次数更多。然而，上述研究观察了一个特殊的墨西哥裔美国儿童群体，这些儿童的年龄处在2.5—5岁，他们在这样一个或许与他们的家庭环境相似的狭小空间中能全神贯注地玩耍，没有任何冲突。

将环境描述增添到儿童的行为记录中，有助于展示更为广阔的社区环境中的儿童。第十三章提供了一个关于环境描述的例子。

第二章　记录儿童在常规活动中的行为

既然我们需要一个起点，那么就让我们从儿童生活的主要内容——常规活动——开始观察儿童。在学校，我们通常将清洗、如厕、吃点心、进餐、午睡和排队视为常规活动。这些活动"缺乏创造性"，但却是一日活动的必要组成部分，日复一日地重复着；通常学前教育机构就是围绕这些活动而运转的。

组 织 信 息

让我们来观察一个即将参与一项常规活动的儿童，比如，一个穿衣服准备参加户外活动的儿童。这看似是一个简单明了的活动，但教师观察时还是要记住下列问题。

引发活动的是什么

孩子现在为什么穿衣服？

》是教师要求他的吗？

》是教师通知全班儿童的吗？

》是该儿童注意到其他儿童的行为，然后照着做的吗？

》是他自己一时冲动开始穿衣服的吗？

总之，需要知道是什么让该儿童开始穿衣服。我们可以将这种推动力称为刺激。它可能来自儿童的内心，也可能是外部环境。它可能是显而易见的（如教师告诉儿童去穿衣服），也可能是一点也不明显（如儿童内心的一种无法解释的冲动）。

处于什么环境中

该儿童穿衣服的时候周围状况如何？

» 影响活动的硬件设施如何？（如在储物柜附近或者远离储物柜的地方；有椅子可以坐；孩子们挤在一个狭小的空间里等）

» 附近有哪些重要的人以及他们都在做什么？（如对该儿童有重要意义的成人、该儿童的朋友或"敌人"、他感兴趣的访客等）

显然，没有任何事情可以发生在真空中，所以这些外围活动可以被看作儿童行为发生的情境。

儿童的反应是怎样的

- 如果活动是由教师发起的，该儿童会做何反应？
  » 他接受这种想法吗？（心甘情愿地/愉快地/生气地/不满地/默默地）
  » 他抵制这种想法吗？（公开地/直接地/间接地）
- 如果该行为是以儿童为主导的，那么该儿童怎样开展此活动？（急切地/偷偷摸摸地/匆匆地/平静地/心不在焉地）
- 该儿童对他的衣服表现出特殊依恋吗？（如紧紧握着上衣；充满爱意地抚摸着手套；怀疑地盯着打量自己的帽子的儿童等）
- 他对待该活动的认真程度如何？他表现出多大的兴趣？
- 该儿童如何控制自己？（熟练地/笨手笨脚地/轻松自如地）
- 他能胜任这项任务吗？
- 他具备一些特定的能力吗？这些能力符合他的年龄吗？（如可以戴上帽子，但是扣不紧；可以系扣子；可以拉上夹克衫的拉链等）

听起来似乎每个问题都需要一个答案，就像是一份调查问卷一样。然而真实的用途并非如此，这些问题仅仅是在你进行观察时的一些提示。对某一个特定的儿童来讲，某一个条目可能会比另一个条目重要得多。有些条目可能需要篇幅很长的描述，而有些则可能不需要。这完全取决于儿童具体是如何完成这项任务的。

当你试图帮助一群儿童穿好衣服进行户外活动时，仅靠你自己，显然你会感到"人手不足"，而且很难一项不漏地记录所有观察到的行为。如果有机会进行记录，包含上述要点的关于行为的简单描述可能会如下文所示。

老师一宣布穿衣服的时间到了，4岁的伊恩就大喊一声："酷！"然后迅速奔向他的储物柜，呼啦一下把帽子扣到头上，取出外套和雪裤，拖着脚走到准备帮助孩子们的老师坐的地方。"好了，"他得意扬扬地看着老师，"给你我的裤子，请帮我把它们放好！"老师将衣服展开，伊恩蹲在地上，把上衣扔在地板上。他飞速地将一只脚伸进雪裤的裤脚，然后是另一只脚，再迅速扭动变成站立的姿势。他一边晃动身体，一边将背带挎到肩上，并将外套够了下来。他若有所思地盯着外套看了一会儿，就递给了老师。然后转过脸去，背对着老师，等着她把外套举到合适的位置。当他把外套拉上的时候，没有注意到衣领是折着的。他摸索着拉链，很显然他想快一点儿。

在记录常规活动时，教师还需要明确儿童的其他反应，因为这些反应可以拓展行动的含义。

- 该儿童想要独立活动吗？
  » 你是怎样知道的？
- 在集体活动中，他的行为表现如何？
  » 在集体活动中，他能够将活动继续下去吗？
  » 他是否中途退出？
  » 他是否变得不理智或者具有其他形式的破坏性？
- 哪些外部因素可能会影响儿童的反应？（这是上文提到的"情境"的动态层面）

» 教师是否坐在某处，期望儿童在需要时来找自己？

» 儿童是否被要求坐在椅子上，等候教师的帮助？

» 儿童是否被要求独立完成任务？

- 教师给予了多大程度的个体关注？

» 与儿童想要的一样多吗？

» 与教师认为的儿童所需要的一样多吗？

我们将这些细节包含在内，是因为儿童所做的每一件事都是对"另一件事情"的反应，或者是对自身情绪情感的反应，或者是对外界的环境和人的反应。只描述动作，如"儿童在教室里跑来跑去"，但不对整个环境进行评论，会令我们对儿童行动的意义一无所知。音乐与活动时间幼儿在教室里跑来跑去，与在午餐时间跑来跑去是两回事，在换衣服的时间或者整理时间跑来跑去更是另外一回事。儿童是对一个完整的环境做出反应，其中包括人、事、物、硬件环境、自身的需求等。儿童是作为完整的个体做出反应，涉及思想、情感和身体活动。

观察刚上一年级的 6.5 岁的海伊恩到达教室的情形，可以得到一些线索，帮助我们了解她的处世态度。

海伊恩和一群同班同学及老师一起走进教室。当其他人走向挂衣钩的时候，她故意走向集合区域的中央，将上衣外套上的帽子向后推下来。她走到出勤表旁边，将自己的姓名卡翻了过来，然后蹦蹦跳跳地找到自己的挂衣钩，拉开背包的拉链，然后有条不紊地取出装午餐的袋子，放在挂衣钩旁边的架子上。她从书包里取出一张纸，读了读，然后折叠起来，放进留言箱里。她做这项工作时专心致志。现在她返回到挂衣钩旁边，小心地挂上背包；脱下外套，也挂起来。教室里的任何活动——其他儿童进教室和挂外套——都不能分散她的注意力。海伊恩回到教室中央，专心地阅读张贴在黑板上的晨间消息和一天的生活作息安排。她环顾了一下教室，然后安静地走到自己的课桌旁，坐下，开始玩几何板。

再看看另外一例截然不同的到校反应。

4岁的莉萨和爸爸一起去更衣室。当爸爸解开她外套的扣子时，她并没有试图帮忙，她的身体看起来软弱无力。她的眼睛环视着教室。脱下外套之后，她继续向里走去，仍然是一边走一边环视四周。她的爸爸没有说"再见"就迅速离开了。

紧接着儿童会做什么

更衣结束之后，我们应该注意儿童做了什么，进而理解从最初的刺激引发到最后的行动终结的整个事件。有时候，我们所观察的一个小插曲之后儿童紧接着做的事情，可以告诉我们很多信息。

莉萨的爸爸离开之后，教师给了她几支粉笔让她画画，但是她坚定地说："我想玩橡皮泥。"她走到放橡皮泥的架子前，取下一些，放到桌子上。然后，找到一个可以清楚地看到门口的座位。她开始团小球，但注意力非常不集中——她并不看橡皮泥，而是盯着门口。

观察常规活动时，我们会问：
- 该儿童会接受随后的集体活动安排吗？比如坐在椅子上或者地板上，或者站在门口等待？
- 他不等其他的孩子和老师到齐，就一个人跑出去吗？
- 他冲到门口占领了第一的位置吗？
- 他像其他儿童一样展示已经做好的东西吗？
- 他哭了吗？他唱歌了吗？他高兴地哈哈大笑了吗？

这看起来像是在对穿衣脱衣这样简单的程序提出问题。但我们从中可以得到一些重要提示，这一点在下文探讨儿童在同一常规活动中投入的感情时将会看到。

常规活动对于幼儿的意义

你是否想知道，为什么有些儿童能够耐心地站在那里让人给他们扣扣子、系鞋带，而有些儿童在你动手帮忙时会生气地大喊大叫？为什么有些儿童对穿衣服的程序非常困惑，而有些儿童利用这个机会在教室里疯狂地跑来跑去？为什么有些儿童如果找不到一只手套就会大哭，而有些儿童对与自己的衣服相关的任何东西都表现得满不在乎？

当然，我们知道，儿童之间存在个体差异。但是总体上讲，所有儿童都与成人不同，特别是在常规活动这个问题上。对成人来讲，常规活动是实现目的的手段。比如我们洗漱是为了吃早饭，整理卫生是为了给再次工作腾出空间，我们迅速穿上衣服是为了去上班。但是儿童仅仅是模糊地理解时间和生活作息安排。他们不是运用这些原则来指导自己的活动的。对儿童来讲，常规活动要么本身就是目的，要么是生活中的重要事务的牵绊。比如，洗手并不一定与吃午饭有任何关联，反而有可能是探索和体验水（或许还有肥皂和纸巾等东西）的特征的一种机会！洗手本身是一种消遣，具有独特的吸引力。或者当你实在很饿的时候，它就成为你进餐道路上的障碍。同样地，清洁活动令儿童感到厌烦，因为它让儿童滑滑梯时少滑了一次；反过来讲，它或许是在教师热情支持下与同伴亲密接触的方式。不管怎样，成人行为动机的责任感在儿童早期阶段仅仅初露端倪，几乎不能期望它为教师带来可靠的帮助。

快乐原则在儿童的心目中占有非常重要的地位，所以"我想要"可以与教师想到的任何理由相媲美，而"我不喜欢"同样是一股无法抗拒的力量。对儿童来讲，常规活动有其自身的意义，而不是"成人"所认为的意义。此外，个别儿童可能会根据自己的经验来理解这些常规活动。然而，伴随着所有这些童年的特点，儿童迟早会想要，并且学会像我们一样行事。

生活中，儿童在桌子旁、水池边或者任何其他常规活动中向成人学习如何行事。对我们中的某些成人来讲，效率本身非常重要，以至于成人的标准被作为一种模式提出来。对有些成人而言，完成工作比等待儿童笨手笨脚地去做要简单得多。不过，有些成人喜欢为儿童做事情，是因为他们喜欢通过这种方式来关爱儿童。在有些家庭中，成人没有多少时间可以陪伴儿童，儿童必须自立。因此，不知不觉中，当儿童在学习常规活动的方法时，他们也学习了态度，不仅仅是开展常规活动的态度，而且包括对于他们自身作为行为个体的态度。不管愿意不愿意，在学习阶段，儿童根据成人的态度形成了关于自身成就和潜在能力的理解，而并没有机会与同龄的、拥有相同经验的其他儿童进行比较。

儿童在上学之前获得的所有这些生活方式与态度以及教师在常规活动中对儿童所进行的仔细观察，将会揭示大量的信息。除了儿童对生活方式掌握的情况之外，我们也可以看到他们对于依赖成人的感受，或者独立于成人对他们有何意义；或许，还认识到他们对成人是信任还是怀疑。这些总体上的态度会通过常规活动的具体任务进行传递。由于住房条件不足、遭受暴力、生活安排的不确定性、饥饿、不恰当的父母期望值、身体不健康、受到虐待或忽视或者家人生病或死亡等因素所产生的压力表现也会在常规活动中变得明显。不同的常规活动因自身功能的差异而具有独特的行为要求，因此需要区别对待。

记录进餐行为

观察进餐情况时，请谨记儿童在学习应对食物时，有一种与该活动相联系的亲密的亲子关系。也需要了解儿科医生的说法，即儿童的许多进餐困难源自他们的焦虑或者压力。在进餐过程中，儿童必然会表现出对待自己的态度以及进餐的流畅程度。这些态度是自信与否和社交能力高低的表现，比如，如果自我调控能力足够好，那么儿童就可以正常进餐、照顾自己的身体需求。相反，当儿童不能忍受等待饭菜，或者取过多的食物放在自己的餐盘里，或者不能享受和别人一起用餐时，这些或许就是他们面临压力的表现。

需要观察的细节

- 进餐环境如何？
  » 在哪里提供食物——教室、自助餐厅还是另一地点？
  » 谁分发食物，教师还是儿童？
  » 儿童对想要或不想要的食物有选择的权利吗？
  » 环境是安静的 / 放松的 / 喧闹的 / 繁忙的 / 骚乱的吗？
  » 有充足的食物吗？食物过多吗？儿童可以吃完再要吗？
- 儿童对进餐环境有怎样的反应？
  » 接受 / 焦虑 / 抵制 / 挑剔？
  » 他进食时的认真或随意程度如何？
  » 他靠近餐桌的方式是怎样的？（恐惧地 / 热情地 / 积极地 / 胆小地）
- 他能吃多少？（很少；两份；很多肉；不吃蔬菜；从来吃不饱；比其他儿童吃得多）
- 进餐方式如何？
  » 他怎样抓握餐具？他用手抓饭吗？
  » 他玩食物、扔食物或者把食物含在嘴里吗？
  » 他能有条不紊地进餐吗？
  » 他会把食物弄得乱七八糟吗？
  » 他担心自己可能没吃饱吗？他积攒食物吗？
  » 他坐在餐桌旁感到舒适还是坐立不安抑或紧张？他能否坚持到用餐结束？
- 他与别人交流吗？交流程度如何？
  » 他和谁说话？
  » 他还用其他什么方式与其他儿童接触吗？
  » 对他来说，社交活动比进餐更有意义吗？
  » 他努力兼顾社交与进餐吗？
  » 他只与教师、特定的朋友交谈还是不与任何人交谈？

- 他对食物表现出兴趣吗？通过何种方式？
  » 他有特殊的好恶吗？
  » 他对食物有何评价？
  » 他的进餐速度如何？
- 成人起什么作用？
  » 制订了哪些集体活动安排？
  » 提供了多少以及何种类型的个体关注？
- 事件的顺序是什么？
  » 儿童做了什么？说了什么？
  » 成人做了什么？说了什么？
- 儿童是如何离开餐桌的？（急切地交谈着；咂着嘴；面无表情地；哭着；非常轻松地向后推开椅子；把椅子撞倒）
- 接下来该儿童做了什么？（在教室里跑来跑去；站立着交谈；站着等待老师；拿起书或者玩具；去洗手间；到餐车帮忙整理盘子；到别的碗里找更多的食物）

我们将有多大的选择余地

由于大多数儿童有时不顾及就餐礼仪，因此我们可能会发现自己记录了一些不合乎社交礼仪的行为，而将其诉诸文字似乎一定程度上表示了我们的认可，这种想法令我们于心不安。不管认可与否，这个因素在记录方法上不起作用，尽管它可能影响我们回应儿童时的言行。为了指导儿童走向成熟，我们必须从实际出发，这首先就意味着精确记录儿童的所作所为，不能带有道德偏见或者判断。如果因为儿童的行为令我们不快，或者因为我们正在向儿童示范更佳的行为技巧而否认儿童行为的实际情况，那么这会对教师造成不当的限制。主观性地选择观察什么、记录什么是人之常情；因此，必须努力将科学方法融入我们的专业角色。儿童无论做什么，教师都应该记录下来；至于教师如何应对这一行为，是另外一回事。

进餐记录

以下关于一个 3 岁儿童和一个 6 岁儿童的进餐记录，展示了进餐环境中涉及的除了简单摄食之外的更多信息。可以看到明娜遵守教室社交要求的某些能力，也可以看到对西蒙来说，午餐是激发其探索兴趣的时机。

明娜正围着餐巾坐在餐桌旁等待果汁和饼干。当盛果汁的罐子传到她那里时，她一只手抓着把手，另一只手托着罐子底。她非常认真地将果汁倒进杯子，舌头舔着上唇。她轻轻地放下盛果汁的罐子，拿过装有饼干的篮子，这个篮子刚好传到她这里。篮子碰着了杯子，弄洒了果汁。她担心地望着老师。

教师建议明娜去取一块海绵。明娜走到放海绵的水池边，够到纸巾分发器，努力想取出一块纸巾。教师问她是否需要帮助，但是最终她取出了纸巾。整个过程中，她嘴里都含着一块饼干。她开始擦果汁，但是弄得满桌都是。她的餐巾湿透了，她语气平静地说："我需要一块新餐巾。"教师给她一块新餐巾，她开始撕掉旧餐巾。她把它团成一个球，放到一个架子上。教师让她把它扔进垃圾桶里，她没有提出任何问题，照做了。

※ ※ ※

西蒙一只手拿着盛着午餐的盘子朝着他们班的餐桌走去。看上去端得不太稳，如果有人碰到他，盘子立刻就会被打翻。大约走了一半，他开始用双手托住盘子。盘子里盛着四块炸鸡块、一小堆蔬菜、三块奶酪和一盒牛奶。

西蒙并没有马上选择他的座位，他似乎在找什么东西或者什么人。彼得来到他身边，他们互相笑了笑，然后在餐桌旁边紧挨着坐下来。

彼得从口袋里掏出一张美钞，说："看看我姑姑给了我什么？"彼得和西蒙仔细地看了看美钞的背面。他们找出了金字塔，西蒙说："看看这宝藏！"然后，他指着美钞的序列号左边的小数字，问坐在附近的老师："这是什么意思？"

记录如厕行为

与进餐一样，如厕活动有其非常重要的方面，包括儿童对待自己身体的态度以及其他一些重要的问题，比如儿童是将生理功能和身体控制力视为取得成就感和自豪感的源泉，还是视为维系与婴儿时代关系的纽带？异常恐惧如厕的行为、与年龄不适宜的身体机能控制能力（缺乏控制力或者过度谨慎）以及对性的异常兴趣，都可能是儿童正在承受压力的表现。

需要观察的细节

- 刺激的来源是什么？（儿童自身的需求；模仿朋友；对集体活动的反应；教师的要求；尿湿的裤子）
- 该儿童有什么反应——接受还是抵制？（明显需要上厕所，但拒绝使用学校的厕所；大家都去厕所的时候他可能不去；可能高兴地 / 心不在焉地 / 迅速地 / 漫不经心地）
- 有紧张或者恐惧的表现吗？（身体僵硬、抓住生殖器、呜咽等）
- 他看上去有多大兴趣？
- 他在如厕过程中的认真或者漫不经心程度如何？
- 他如何控制自己？他的身体协调能力和技能承担得起这项任务吗？
  » 他能胜任吗？顺利地还是笨手笨脚地？慢吞吞地还是迅速地？
- 他如厕的方式是怎样的？
  » 漫不经心的？过分遮掩的？有暴露倾向的？
  » 表现出性别差异意识吗？对性别差异或者相似点表现出兴趣吗？
  » 如果有，他与其他儿童进行了哪些互动活动？
  » 他的语言或做事方式是否表明他具有异常的性知识？

当然，认识儿童的行为应考虑行为发生时的集体活动及教师的影响。和在其他时间内一样，我们要从头到尾记录事情的进展，如果可能，要确切记录该儿童的语言（或者在各种活动中沉默寡言的表现）。通过以下例子，可以更清楚地了解这一点。

如厕记录

以下关于4岁儿童的观察记录表明，儿童对身体功能的态度千差万别。

加比（4.5岁）与亚丝明一起在玩跷跷板，她跳下来说："我快要尿裤子了。"她跑进卫生间，亚丝明紧随其后。她俩都脱下裤子，蹲在马桶上，嘴里还唱着："滑呀，溜呀，滑呀，溜呀。"加比冲完马桶，提上内裤和裤子。"我想我要洗手了。"她脱下外套。"看，我穿了两件衬衣，滑稽吧？你也想洗手吗，亚丝明？"她迅速地洗完手。"现在我要去照照镜子。"

4岁的阿基拉就没有这么轻松自如。

阿基拉在游戏场地上，他站在包装箱顶上，提着他的裤子，上下摇晃。他看见了老师，说："我想进屋。""好吧。"老师回答道。"你想上厕所吗？""是的。"他急忙爬下来，说："我不想让你看。"进屋以后，老师许诺说："我会关上门。你想要马桶坐垫吗？"阿基拉皱了一会儿眉头："不，我还不知道想要做什么。我想让门一直关着。"

老师关上门等着。阿基拉大声喊了两次："我还没上完呢。"过了几分钟，他喊道："我现在上完了。"之后，他猛地打开门，趾高气扬地走了出来。"你想洗手吗？"老师问。阿基拉惊讶地扬起眉毛："不，因为那样我就要准备喝果汁吃饼干了，现在还不到时间。"他蹦跳着去了操场，在水桶里玩水，疯狂地甩手；然后举起双手，把手指分开，说："看看我的手——干净了！"

再来看看下面这个画面，是关于几个3岁孩子的。该记录体现了教师细心地体谅儿童对他人身体的自然的好奇心。

故事讲完的时候，老师提醒孩子们洗手吃点心之前，如果有需要，先去上厕所。米格尔慢慢地、心不在焉地站起来，好奇地看着其他孩子，其他孩子大声喊叫着："我去。""我不去。"他什么也没说，突然走向洗手间，那里已经有三个女孩了。路易莎和皮拉尔坐在马桶上，温迪站在旁边等着。米格尔慢慢地从温迪旁边走过，走到水池和墙壁中间紧靠墙角的小角落里。他完全沉浸在对路易莎的观察之中。路易莎在擦屁股，之后她冲了马桶。"温迪，我上完了。"路易莎一边说着一边开始拉扯内衣。这时，米格尔从角落里走了出来，在路易莎面前蹲了下来。他什么也没说，一只手按住她的长裤和内裤，另一只手掀起了她的衬衣。路易莎注视着米格尔，米格尔认真地用一个手指戳她的肚脐，一脸天真疑惑的表情。两个人一起沉浸其中，什么也没说。这时，其他孩子都看着他们。老师对路易莎说："路易莎，你最好离开那里，因为其他孩子还等着呢。"米格尔和路易莎都看了看老师，路易莎提上了裤子，米格尔走出去洗了手。他自始至终没有上厕所。

记录午休行为

儿童在午休这项常规活动中也有其特定的行为方式。对成人是否信任、是否接受午睡的安排，体现在幼儿的身体紧张程度和放松程度上。这一点对新入校或者刚进入保育机构的儿童尤其重要。对来自收容所，或者就寝时间不规律、就寝环境令人不安或动荡不定的儿童来说，午休时间压力尤其大。对那些定期分别与离异父母居住、刚经历了父/母亲或者亲戚生病住院或去世、刚搬了新家的儿童来说，这项常规活动非常难熬。

然而，即使已经适应了学校或保育机构，有些儿童在午休时间仍然需要安慰和帮助。与此同时，另一些儿童则在这个时间获得成功的社交经历，还有一些儿童会很快进入熟睡状态。下面的内容或许可以帮助你认识午休时间对儿童的意义。

需要观察的细节

- 该儿童具体是如何午休的？（由什么引发？）
  » 他自己主动躺下，还是有一个规定的时间？

» 由教师判定儿童是否困倦了吗？

» 午饭结束后自动进入午休时间吗？

» 他看上去明白自己该做的事情吗？

- 他有何反应？

  » 接受？（平静地；欣然地）

  » 抵制？（磨磨蹭蹭；说话；没有反应；经常要求去上厕所；经常要求喝水）

  » 拒绝？（哭；在教室里跑来跑去；跑出屋外）

- 他要求成人的特别关注吗？（轻拍他；坐在他旁边）

- 休息期间有紧张的表现吗？

  » 身体紧张？（做大量的动作；坐立不安）

  » 有自我抚慰的表现？（吃大拇指；手淫；揪耳朵）

  » 与另外一名儿童的活动有明显的性暗示？

  » 需要特殊依恋物？（玩具娃娃；动物玩偶；毯子；枕头）

  » 不时地找借口离开床铺？

- 他身体需要休息的表现是什么？

  » 有明显的疲劳表现吗？（打呵欠；眼睛发红；爱发脾气；不时地摔倒等）

  » 他睡觉吗？睡多久？睡得很安详还是有不舒适的表现？

  » 他需要玩点东西吗？（书；玩偶等）

  » 如果不睡觉，他看上去放松吗？

- 在休息时间，他对班里其他儿童有何反应？

  » 会捣乱吗？（大喊大叫；大声唱歌；跑来跑去；在孩子们的床下爬来爬去；拉扯窗帘；打扰别人）

  » 有社交活动吗？（与邻床的儿童说话；打暗号）

  » 能意识到其他儿童的需求吗？（小声说话；悄悄地走动）

- 午休如何结束？

  » 他醒来时的状态怎样？（微笑；说话；啜泣；大哭；疲惫；精力

充沛)

» 他睡醒的时候会做些什么?(安静地躺着;叫老师;冲进厕所;开始游戏)

午休记录

儿童的午休情形可能如下所述。

一群4岁的儿童安静地躺在床铺上,老师坐在他们的旁边。伊莱不能够安静地入睡,他不安地翻来覆去,偶尔会玩弄自己的手和脚。在他的头的旁边,放着一只泰迪熊,他不时地将它抛向空中,并且努力地用一只手去接,但是并没有接住。突然,他嘟囔着钻到了毯子底下,又钻了出来。他侧身躺下,嘴里含着一根手指,看上去很累。忽然,他又藏到了毯子下面,用只有他自己才能听到的声音小声地说话。偶尔,有教师穿过房间走到衣橱那里。伊莱伸出头看着老师拿出钱包,然后离开。然后,他重新躺到床铺上,重复开始时的表演——玩弄手和脚以及毯子边上的流苏,同时心不在焉地环视着教室里的椅子和床。突然,他开始大声地拍手。老师发出警告,对他说:"现在是午休时间,大家在睡觉。"他盯着老师看了一会儿,然后一声不响地躺了回去,直到午休结束。

记录过渡时间的行为

对许多儿童来说,过渡时间通常是一天中非常难熬的时段。这些时段要求儿童在活动内容和活动时间方面对自身做出调整。因为儿童不擅长搞清楚全天的活动安排,一旦从事某项活动,他们的日程会与教师的日程大不相同。对幼儿来说,停止搭建、玩水或绘画活动十分困难。某些情况下,过渡时间可能会扰乱儿童的情感,令他们分神,以至于没有成人的帮助他们很难再度集中精力。儿童如何处理过渡时间,可以让我们了解他们的气质、相关的成熟状况、时间观念以及自我调节能力;也可以让我们了解他们是否正在承受压力。

需要观察的细节

- 过渡时间是如何开始的？（突然地；平缓地；教师提醒儿童还有几分钟开始）
- 过渡时间的活动内容是持续一致的还是有所变化的？
  » 儿童有指定的任务吗？
  » 教师告诉他做什么吗？
- 过渡时间开始后，儿童做了什么？
  » 表现得急不可耐 / 犹豫不定 / 困惑 / 抵制 / 失控 / 想哭 / 漫不经心？
- 他能按照要求完成任务吗？

过渡时间记录

以下是关于一个 7 岁儿童的记录，表现了她是如何轻松应对过渡时间的。

当教师宣布排队吃午饭的时间到了的时候，纳瑞萨已经完成了一些折纸作品。她把椅子推进去，不用手直接就把脚伸进了凉鞋。她偷偷地从桌子里拿出一小包糖果，塞进了口袋里。然后，她站起来，溜达着走向门口。同时，她眼睛睁得大大的，随意浏览着整间教室。当她经过教师的桌子时，教师正在批评另一个孩子。纳瑞萨停下来，不动声色地观察着他们的交谈。她的面部表情很平静。目睹这场对峙大约 1 分钟之后，她转过身来，摇晃着胳膊，滑向门口。她并没有看前进的方向，而是关注教室里的其他活动。到达门口的时候，她在队伍中找到了一个位置。排队的时候她不时地挪动身体，放松地晃动着屁股。她开始懒洋洋地玩弄站在前面的女孩的马尾辫，一直摆弄到全班孩子准备好去餐厅为止。

行为模式

每一个儿童都是一个单独的个体，在不同的环境中可能会做出不同的反应。在寻找这些反应模式的过程中，我们或许可以发现儿童所有反应中的相似之处，或者他们对待不同活动时或拒或迎的不同之处。比如，一名儿童可能在学校的所有常规活动中都情绪愉快而乐于合作，或者都沉默寡言、回避交流；或者在集体活动中表现不错，但在如厕、进餐和午休时间则迥然不同。任何情况下，儿童的反应都是他本人所独有的，观察记录可以告诉我们儿童对学校生活环境的独特反应。在积累点滴证据直至看到模式浮现的过程中，我们将真正开始如实地看待儿童。我们可以对这些或稳定或变化的行为模式进行广泛的概括，进而加以分类。以下信息对理解常规活动中的儿童行为非常有用。

1. 常规活动开始、持续及结束时的常见态度
   » 轻易地接受或服从；直接或者间接地抵制；有紧张或者害怕的表现
   » 感兴趣的程度
2. 在常规活动中所表现出的依赖性或者独立性
   » 必须被提醒或者告知；根据自己的责任感和主动性做事
   » 接受还是拒绝帮助
3. 对常规活动的情绪反应
   » 兴奋；胡闹；放松；自信
4. 动作协调程度和完成能力，速度和时长
5. 儿童行为对集体活动的影响
6. 把常规活动作为获取社交经验的途径
7. 儿童对成人的参与行为的回应
   » 对成人制订的集体活动安排的回应
   » 对个体关注的回应
8. 生理机能的表现

» 饭量的大小

» 小便的次数

» 放松能力

» 休息需求

» 睡眠时长

9. 在常规活动中表现出对自身性别和性别差异的意识与兴趣

10. 如厕、穿衣及脱衣的时候，遮掩或者有裸露癖

11. 依恋衣服

12. 进餐时挑食、剩饭、不吃饭或者不能吃固体食物

13. 一再要求教师的关注

14. 便溺（对照其年龄和出现次数）

观察儿童每天在学校常规活动中的行为，可以了解儿童生活中任意特定时刻的行为。这类现场观察，积累到一段时间，可以揭示儿童面对相似情况做出的哪些反应是一致的和重复的。行为模式可能是固定和稳定的，甚至是一成不变的；也可能是多变的，甚至完全无法预料到的。经过相当长的一段时间（6—12个月），观察记录可以明显地揭示儿童在学习运用不同方法处理常规活动时的模式的变化多样，在这个过程中儿童不断成熟，经验也日益丰富。通常，我们在认识一个儿童一段时间以后会得出一个结论，而跨时段的现场记录积累的证据可以支持或者质疑这个结论。这也是我们需要经常做记录的一个基本原因；但不可否认，坚持经常记录在教师的生活中并非易事。

以下是一名儿童午休时间的行为模式。

看到窗帘被拉上的时候，托尼的脸总会沮丧地皱起来，但从来不曾因此哭闹。直到老师过来坐在他的身边，他的脸色才开始稍有缓和，随后明显放松下来。他从来没有要求过任何安慰物，比如玩具或者饼干，也不说什么。但是当老师静静地坐在他的床边的时候，他会在5分钟之内入睡。

下面这份关于一名儿童在更衣时间的行为的年终总结,展示了一种变化的模式。

年初的时候,塔妮娅一穿上户外活动的服装就会立刻冲向门口。她会笔直地倚靠在门上,伸开胳膊和腿,看上去盛气凌人,不容冒犯。对于她总是争抢第一的行为,班里仅有拉尔夫和约翰两个孩子敢于质疑。有许多次塔妮娅与他们俩发生争执。当塔妮娅与马娅和凯特的友情越来越深的时候,她开始催促她们快一点儿,和她一起去争第一名的位置。但是,因为马娅和凯特太喜欢聊天而行动不迅速,此事毫无进展。塔妮娅会一边催促两人,一边焦急地看着门口,最后一个人跑到她想占的位置。但是有一天,塔妮娅留下来等着马娅和凯特。她用胜利者的口吻对两人说出了自己的想法:"如果不是第一,我们也不介意,是吧?"对塔妮娅来说,这是非常重要的一天!

模式并不能总是很快地自动浮现出来,我们或许不得不进行刻意的探索。它有助于我们回忆和梳理年初记录的关于我们要核查的幼儿的某种行为的各方面内容。列举个别时段的要点可以使模式变得更加清晰。比如,教师可能需要记录巴莱尔午休行为的以下要点。

09/30:巴莱尔午睡醒来后大哭。

10/26:巴莱尔醒来后依恋老师。

11/10:没有老师坐在旁边,巴莱尔睡不着。

由此可见,巴莱尔行为的一致性非常明显,他在学校的午休时间似乎充满了不安全感。但是这种模式会一直持续,还是随时间而发生改变?

常规活动行为模式小结

以下例子是某位教师在对常规活动进行了相当长时间的记录之后描述的儿童行为模式。这些模式呈现了两名4岁儿童参与常规活动的全景画面,它们将被纳入最终的研究中。第十三章将对最终研究加以论述。

刚入校的时候,利奥坚决抵制任何常规活动,渐渐地,他一个又一个地都接受了。他在学校从未出现过大小便事故，但是上厕所的时候要求绝对隐私，通常会推迟到回家再如厕。一直到12月份他才自愿地、没有压力地上厕所。上周，他走过来对我说："你知道，我已经去过两次厕所了。"他知道应该什么时候洗手，并且会一丝不苟地洗手。他平静地吃点心，吃完后将杯子和餐巾放到垃圾篓里。在幼儿床上躺下后，他安静地休息。他自己穿脱衣服，只在必要的时候请求帮助。他知道应该把衣服挂在哪里，并且认真、正确地把衣服挂起来。

※ ※ ※

埃博妮现在穿脱衣服已经完全能够自理，不再请求帮助。她完全可以自己上厕所，甚至不需要我们在场。午休时间仍然是她的社交时间，但是大部分时间她已经不再咯咯地笑了。如果玩累了，她通常会坐下读书，或者只是坐在她的小床上观察周围发生了什么事情。

基于书面记录辨别出来的行为模式，可以告诉我们一些对儿童来说具有重要意义的事情。不过，由于成人早已形成了社会所认同的行为习惯，并能够轻松正确地行事，所以他们很容易忽略这些常规活动对于儿童作为社会一员的重要性。

第三章　记录儿童使用材料的情况

现在我们转向儿童生活中的另一个功能领域——使用材料。与常规活动一样，游戏材料是儿童学校生活中不可或缺的一部分，但是两者在儿童个性发展方面的功能是不同的。如果将游戏材料视为打发儿童闲暇时间的工具，或者从完成制作任务的角度评价它们的用途，那么很有可能会忽视它们的特殊作用。

材料对于幼儿的意义

游戏材料的一个重要作用就是有助于儿童认知能力的发展，特别是符号表征能力。符号表征能力，指的是人类用一种事物来表现另一种事物的能力。以下这则简短的观察记录表明了这一作用的肇始。在这则案例中，小擀面杖是生日蜡烛的"非语言符号"，而插有擀面杖的橡皮泥代表了生日蛋糕（是生日蛋糕的符号）。

3岁的苏珊娜和贾米拉紧挨着坐在一起玩橡皮泥。两个孩子都把小擀面杖竖着戳在橡皮泥上。贾米拉开始唱歌："祝你生日快乐……"她们都站起来，然后又笑着坐回到椅子上。苏珊娜把一小块橡皮泥放在冰激凌棒的一头，贾米拉嘴里含着食指看着她。苏珊娜把冰激凌棒递给贾米拉，贾米拉假装舔掉那块橡皮泥。她们再一次大笑起来，同时小脚在桌子下面不停地踢着。

大多数人往往非常狭隘地将符号表征能力理解为书写和阅读书面文字

的能力。阅读和书写的确是符号表征过程，但只能反映我们一半的表征能力，它们是语言符号表征的一部分；而非语言符号表征主要借助艺术形式呈现，如绘画、雕塑、舞蹈、哑剧、音乐及戏剧（戏剧将语言和非语言结合起来）。非语言符号表征是重要的交流方式（尽管不是最常见的），因为许多经验、感觉和思想无法或者很难转化成语言。

成为艺术家的人不多，但是非语言符号表征活动是童年时期学习过程的必要方面。儿童在活动中获得的体验，如颜料、积木或者水的使用，是他们最终使用字母和数字等更加抽象的符号表征形式的基础。主要原因在于，儿童使用语言主要出于社交目的，用于知识概念化的比例比我们想象的要少得多。大约7岁（个体差别相差不到1岁）之前，儿童的理解力都会明显受到感觉所反馈的信息的限制，他们的语言可以反映出这一点。接近四五岁的时候，他们能够进行简单的比较，但是仅在具体水平上以个人化方式进行。比如，"我的画比你的好""你的画很难看""那辆卡车比我们的旧卡车大"，等等。对他们来说，保持客观或者具备较强的分析能力非常不容易，因为他们仍然以自我为中心。他们几乎不能处理与他们的经验没有任何关联的观念。因此，他们的语言表达或者揭示的信息也非常有限。但这并不意味着儿童不能谈论真实、重要而且有效的经验。相反，儿童的思想和谈话与具体事物、客观现实紧密相关。

然而，儿童的确开始具有抽象意识，尽管他们尚不能充分地把握或者用语言解释他们对事物的模糊理解。通过自身在使用游戏材料时形成的关系和制造的变化，他们获得对抽象概念的直观感觉。在以下记录中，很显然两个5岁的孩子正以典型的亲身体验的方式处理时间、出生及收养等抽象概念。克里斯蒂娜用她的黏土作品来激发自己对食肉动物世界的想象。被收养的孩子伊莎贝尔借她的作品来想象她的生母发生了什么事情。

克里斯蒂娜做了一根黏土棒，然后用手指把它掏空，这样就做成了一根管子。当她在板子上移动管子的时候，她对坐在桌子旁边的伊莎贝尔说："这是儿童隧道，这样他们可以爬到隧道的另一头。这是有水虎鱼的河。"当伊莎贝尔问什么是水虎鱼的时候，克里斯蒂娜用权威的口吻解释说："它们是吃人的鱼。"她们两个开始谈论水虎鱼，然后又谈论生活在远古的剑齿虎。伊莎贝尔讲了一个有关"第一个妈妈"的故事，这个妈妈生活在剑齿虎时期，被剑齿虎吃掉了。当老师问她"第一个妈妈"是什么意思的时候，她说："生我的妈妈，但是被吃掉了。"克里斯蒂娜接着补充说："第一个妈妈就是有孩子，然后死掉或者受了伤的人。但是这种事不多。我没有第一个妈妈。我妈妈在家里呢。"

因此，当儿童运用材料再现经验时，他们的符号表征水平也在不断提高，并没有受到尚不完善的言语能力的阻碍。这并不是在贬低语言的作用，只是承认儿童学习方式的现实性。儿童的学习主要是通过感觉，语言只是次要的辅助强化物，它有助于儿童定义和拓展学习，而不是引发学习。直到中学快结束的时候，儿童才能够主要通过语言来学习概念（Piaget，1962a）。因此，在要求儿童处理字母、词语及数字等更加抽象的符号形式之前，应该很好地推动儿童的非语言符号表征活动的开展。

下面来看一看5岁的林在沙盒里学习沙的特性和重力作用的情形。她和教师都一言不发。她独自游戏，没有加入其他儿童的谈话。

林用一个大漏斗倒沙，从上面观察流动的沙，她的头几乎钻进漏斗口里去了。然后，她举起漏斗看了看沙子是怎么从漏斗底部流出去的。接着，她装满了一大桶沙并且摇了摇，观察干沙的运动。她把沙子倒进其他孩子正在使用的一个沙磨里，退后，离开沙盒，咧着嘴笑了，说："好了，我已经得到了婴儿食品。"

其他孩子继续往沙磨里倒沙，并且宣称这是一台火山机器。林用一把小铲子往沙磨里倒沙，很随意地说："我们要修建世界上最大的火山。"她把桶里的沙倒进机器里，然后又倒进沙漏里。爱德华多从她那里拿走了沙漏，把机器从沙堆上移开。林没有反对，而是拿了一个瓶子，用勺子把里面装满沙，然后把瓶子里的沙倒在沙堆上。她从一个罐子里装了一瓶沙，从不同的高度倒下去。她拿着瓶子沿一个弧形前后摇晃，把瓶子倒空，观察沙下落的方式。

老师宣布整理时间到了。林开始用一个纸板梳把沙铺平。其他孩子都离开了，林再一次大幅度地挥动她的整个手臂把沙铺平。她用一只手腕来回抖动着兜住沙子，然后两只胳膊呈一个半圆形扫过沙子，之后离开，加入集体中去。

在学习使用材料的同时，儿童也用它们表达和调节各种情感。他们的身体可以施加更多或者更少的压力，可以表达温和的或者强烈的情感；他们的指甲可以抓挠，肌肉可以击打；他们的手指可以小心沉着地或者困难而痛苦地操作。

材料，或者说游戏材料，是连接儿童的内心世界与外部世界的桥梁。它们可以帮助儿童捕捉自己对外部世界的印象，并将其转化成自己可以理解的形式；可以将儿童的感受引导出来，并把它们具体地表达出来。材料（水、橡皮泥、积木、沙子、颜料、黏土、木头、纸、蜡笔、铅笔）有助于儿童：

- 把感觉转变成行动。
    » 把怒气或者高昂的情绪拍打到黏土里。
    » 把想要强大的欲望融入建造"世界上最高的大楼"里。
    » 把春天阳光明媚的心情用粉红色、黄色及淡绿色柔和地画出来。
- 把想法转变成形式，把概念转变成形状。
    » 积木房子，就像真正的房子，必须闭合起来。
    » 积木道路是供汽车或动物行走的路面。
    » 桥很高而且很宽。
- 把印象转变成作品。
    » 黏土饼干必须是圆的、扁平的。
    » 用蜡笔画的教师有着长长的腿，且笑容满面。

即使他们把对树、奶牛或者爸爸的印象用一摊红颜色表现出来，儿童也会觉得自己做了很好的尝试。通过使用材料，儿童把印象和感觉具体化，发展了肌肉和技能，增强了推理和逻辑思维能力。当他们将对现实世界（物、人和现象）的模糊认识变得清晰的时候，他们获得了内在的力量。

儿童面对材料时，就像面对生活本身，或直接或羞怯，或进攻或退缩，或恐惧犹豫或勇敢自信。是否所有的儿童都能热情高涨地玩弄肥皂泡？是否所有的儿童都能搭建雄伟的积木塔？是否所有的儿童都能在纸上的每一处涂满颜色？我们不是都能认出那个能够近乎自如地控制黏土和颜料的干净小孩吗？或者是那个从来不愿意停止游戏和把玩具收起来的快乐小家伙，他在黏土桌旁搞得一团糟，然后把这团混乱延伸到洗手间里，搞个肥皂和水的狂欢聚会，却在清洗时间不见踪影？还有那些面对我们提供的大量材料却仅使用寥寥几样材料的儿童？或者偶尔会遇到的那些什么东西都不玩的儿童？使用材料的一贯风格和方式可以揭示很多有关儿童反应的信息。

儿童会在使用材料、形状或者形式时带上自身的特点。材料越具有可塑性，或者"非结构化"特点，就越能更好地帮助儿童表现感觉和想法。第一次接触时，材料对儿童来说是一种陌生的外在物，是令人好奇的东西。儿童将它们作为自我之外的一个事物进行探索。为了弄清这些材料，他们进行试验：有哪些特征和可能性？它能被粘住、拉长、打碎、压碎、弄脏吗？最终，材料变成儿童表达和表现自己的媒介，被"用于"帮助儿童实现自己的目的。

当儿童能够很好地辨别物体和人的有关细节，并且具有了从事精细工作的身体协调能力的时候，材料的使用便具有了表征的意义。如果儿童对某些细节感到困惑，也可以把这些困惑表现出来。在下面这份记录中，两个一年级的儿童用积木和语言表达了他们的想法。洛伦佐帮助黛西解决她的一些困惑。

黛西把两块长积木放在地板上。她又加了一些小块积木，然后有条不紊地沿着地基建造围墙。她轻松地围着不断增高的建筑物移动，注意不碰到建筑物的任何地方。洛伦佐加入进来，说："我们来搭一座大房子吧！"黛西同意了，说："我们来搭一座房子！"他们开始一起搭积木。"我来搭一扇窗。"黛西一边说着一边把两块积木摆好位置来搭一个出口。"不能在顶上。"

洛伦佐大声嚷道，假装生气。他们都放声大笑起来。黛西把两块单元积木放在屋顶上，说："这是门。""好吧，"洛伦佐表示同意，"但是他们（现在木偶一家住在里面）怎么出来呢？他们需要楼梯。你搭楼梯，我来搭其他的东西，这真的会成为一座大房子！"

搭好楼梯之后，黛西宣布："我来搭电梯。"洛伦佐问她："你怎么搭电梯呢？""嗯，你可以这样搭。"黛西解释说。她推倒楼梯，开始搭一个隧道形状的结构，朝着他们的房子的方向延伸。"你的想法真愚蠢！"洛伦佐喊道，"它不会连到房子上。""不会吗？"黛西问道。然后她推倒了她的"电梯"，说："让我们来搭楼梯吧。哦，我有一个更好的主意。可以把底下当房子。"这时候，这个建筑物已经有两层了。"我知道可以把底下当房子。"洛伦佐回应说。"但是顶上是什么？"黛西有些困惑。"阳台。"洛伦佐回答说。黛西回到她原来搭建楼梯的位置，靠着建筑物搭了一个斜坡。"看，"她说，"你刚好可以走下来。""是的，是个好主意。"洛伦佐同意了。黛西拿来一个盛有学生姓名标签的盒子，两个孩子都从中找到了自己的标签，并且把它们摆放在建筑物非常显眼的角上。他们后退几步，看着自己的作品，满意而自豪地笑了。

有趣的是，如果感觉比求知欲或者创造力强烈，那么儿童可能会滥用材料，比如儿童可能把黏土当作泥巴，或者对玩具娃娃又戳又扔，或者故意破坏积木房子。这时候，儿童或许需要特别适合他们需求的材料，如供击打用的吊袋。

有特定用途和功能的材料，如玩具娃娃和自行车，是结构化的材料。儿童使用时将遵照材料的内在目的，但是他们也会将情感投射在材料上（玩具娃娃又淘气又不听话或者又苦恼又伤心），或者把材料当成实现想法、愿望或者幻想的方式来使用（自行车是飞机；玩具娃娃是交通警察；彩票卡片是车票）。半结构化的材料，如积木（不像颜料或者黏土那样易变，也不像玩具车那样一成不变）可以给予儿童建构三维实体的满足感。

除了材料的固有特征之外，还有儿童神奇的想象力。如果需要，他们可以用小棍充当飞机或者汽车。如果他们想制作一个人物形象，他们就会努力运用材料去做，直到表现出人物的特征。总之，儿童会以自己需要和想要的方式来使用材料。不过，每个儿童的态度和方式都是独特的。

需要观察的内容

儿童如何处理和使用材料可以反映儿童的想法和情感，而这些通过其他方法往往无法观察到。记录环境和刺激可以把儿童置于活动的情境中。

环境

- 周围有哪些重要的人与活动？
- 是否有各种各样的材料？提供给儿童的材料是否充足？
- 需要成人监督的数量与种类？

刺激

- 该儿童为何开始使用材料？（教师的建议；集体活动安排；模仿其他儿童；自发的；另外一名儿童的建议）

对颜料做何反应

- 他使用哪种颜料？
- 他是否把颜料掺在一起？（在玻璃罐子里；在玻璃杯垫上；在纸上）
- 纸上的各种颜色是分开的吗？
- 他是用一种颜色盖住另一种颜色吗？
- 他能控制颜料滴落吗？
- 他是否尽力去控制颜料滴落？他是故意让颜料滴下来的吗？
- 他是把自己限制在一个狭小的空间里还是铺展开来？他是否会在纸面以外的地方涂画？
- 如果运用形状，都有哪些形状？（垂直线、曲线、圆圈、字母、点、

数字、色块、象征符号等）

- 他是否在这些形状上涂颜色？
- 他运用了哪些绘画技法？（刷、点、拖）
- 他是否迅速画完一幅或者多幅画，然后离开？
- 他是否在一幅画上花很长时间？
- 他是否给画命名？（具体的；概括的）

对黏土做何反应

- 他如何用身体控制黏土？（猛击、压、拉开；挤、戳、做成糊状；团成球状或条状、拍、踩；轻拍、抚摩、蹭等）
- 他是否使用辅助工具？（压舌板、小棍、牙签、剪刀、珠子等）
- 他是否表征某种事物？（命名、作品的大小、细节的准确性等）
- 在可以利用的空间内，他如何使用材料？他是在自己的区域内工作还是占用很大的空间？（板子以外；桌子上面等）

对积木做何反应

- 他选择哪些积木？（积木的大小和类型；辅助材料，如玩具娃娃、小型积木、汽车、木偶等）
- 他搭建哪种形式的建筑？（高高耸立式/十字交叉式/沿着地板的/堆放式的/封闭式的/可以辨认的结构）
- 他如何利用空间？（拘束地或伸展地；靠近架子；注意障碍物）
- 他解决问题的灵活性如何？是否尝试不同的方法？是否重复同一种无效的方法？是否反复运用一种成功的解决办法？
- 他是否一边工作一边用语言表述？
- 他是否给搭建的物体命名？是否在戏剧表演游戏中使用？是否主要对搭建的过程感兴趣？
- 他是否有重复的主题？主题是否多变和多种多样？
- 他进行搭建活动的同时是否会进行想象游戏？在搭建完成之后呢？

使用材料的时长

操作材料使用的时间长度可以反映儿童注意力的持久度、感兴趣程度、情感能力、挫折耐受力、对挑战的忍耐力、对新事物的反应以及年龄。

记录材料的使用

下面例子中的两名儿童通过使用材料获得了不同的收获。7 岁的齐克用黏土表达和解决他在另一个环境中不能表露的情感,而 5 岁的克洛弗的作品保留了社交情景中的一种目的性。通过两份记录,我们可以了解儿童与教师之间的关系。

在迪亚斯老师的二年级教室里,几乎所有的孩子都三三两两地坐在那里揉搓、拍打和挤压黏土,只有齐克除外,他一个人在桌子旁边忙活。当迪亚斯老师在一张桌子旁边停下来回答几个孩子的问题时,齐克冲着她喊:"迪亚斯老师!请过来!""等一会儿,齐克!"迪亚斯回答道。齐克皱了皱眉头,看上去很生气,开始非常用力地击打他的黏土球。他停了一会儿,朝迪亚斯老师的方向匆匆地看了一眼,又大声喊起来:"迪亚斯老师,请你到这边来!"他继续用拳头猛击黏土。他开始愤怒地工作,揉搓黏土并且拼命地挤压它。同时,他冷冷地瞪着黏土,用严厉的语气说:"你必须给我做只狗。"他又开始猛击黏土。然后,他用命令的语气低声说:"如果你不给我做只狗,我就会把你炸开。"他站起来,手里拿着黏土,开始轻轻地把它做成一个形状。他坐下,开始平静地在桌子上压黏土。几分钟之后,迪亚斯老师走了过来。齐克冲着她咧开嘴笑了,举起他用黏土做的狗,说:"看我的狗。你觉得怎么样?"迪亚斯老师赞许地笑了,齐克似乎感觉一切又都好起来了。

※　※　※

老师故意把新材料放在绘画书写架上,包括打孔机、彩色胶带、纱线、带有"帽子"和"猫"等常见词语的圆环活页夹。克洛弗正在使用白纸,她已经在下端打上了 8 个间隔均匀的孔。打孔机就在她的旁边。然后,她用右手拿起一把剪刀,剪下一块红胶带,但是胶带粘在了一起。这时,坐在她旁边的拉勒说:"我需要打孔机。"克洛弗把打孔机递给她,另一只手继续拿着剪刀。然后,她把注意力转移到粘住的胶带上,努力用双手去拉开它。她用这块胶带把剪下来的一片纸粘到一整张纸上。另外一个孩子对她说:"克洛弗,我马上需要一些胶带。"克洛弗很高兴地把整卷胶带递给了他。接着,克洛弗又要回了胶带,并且剪下更多,把另一片纸粘到了整张纸上。当她剪完的时候,拉勒有点生气地说:"你知道你差点剪到我的手指吗?你知不知道,你差点剪到我的手指?"克洛弗用事不关己的语气说:"不知道。"

儿童所做的事情及方式

到目前为止,我们已经了解了如何记录儿童使用材料的情况,以便全面了解儿童所做的事情。但是,我们也必须记录经验对个别儿童的特殊意义。必须记下儿童如何做手头的事情。除了记录行动本身之外,还必须有意识地记录那些可以表现情感的标志。当在记录"他伸手去拿一块积木""他举起了刷子""他抓住了海绵"等大肌肉动作的时候,我们正在完全客观地记录行动,但是不包括儿童的个性信息,也缺乏我们自身对其行为的反应。儿童可能用力地或者犹豫不决地拿那块积木,也可能匆匆地或者缓慢而谨慎地举起刷子。在以上描述中,每一种活动的意义因为每一个描述性词语而不同。描述性的副词可以表明大肌肉动作的独特特征。

当与别人一起生活和工作的时候,我们会自发地、凭直觉地对他们的一系列情感做出反应。与儿童待在一起,当他们对自己感到很满意的时候,当他们不高兴的时候,当他们紧张的时候,当他们觉得非常舒适的时候,我们一定能感觉到。事实上,我们通过想象别人给出的大量线索,得到一张合成的画面,之后根据自己的经验和联想进行解读。我们通常会在得到全部线索之前匆忙下结论。因此,辨别儿童行为的细微差异不无用处,所以可以把这些差异记录下来。即使会掺杂一些个人的阐释,但还是会有一些支持性证据。

正如在关于记录语言的讨论中所表明的那样，给一名儿童以标签式评价的主观阐释——"他充满敌意""他很固执""他很焦虑""他很贪婪"——和对完整行为的一小部分所做的阐释——"他充满敌意地看了老师一眼""他固执地回答""他露出焦急的微笑""他贪婪地伸手去拿饼干"之间是存在差别的。其差别不仅仅是语义上的。给予儿童标签式的评价便容易以偏概全；而阐释儿童的具体行为，如手势、微笑、姿势或者声音特点，则可以准确地捕捉儿童具有微妙差异的类似情感表达方式。一个人在一定的条件下可以产生敌对情绪，而并不一定会成为有敌意的人。一个人可以坚持一定的信念，而个性并不顽固执拗。一个人可以对发生的特定事情感到焦虑，而并不是一贯地紧张兮兮。一个人甚至可以对一两件事情贪心，而在个性上并不是贪得无厌的人。

对材料的反应

随着时间的推移，描述儿童所做的事情及其方式为我们理解儿童的动机和感觉提供了线索。这些线索是伴随着大肌肉动作出现且赋予这些动作一定特征的，并非出于儿童意愿的，不受儿童控制的、非指向性的动作和姿势。对每一名儿童和每一个动作来说，它们是独特的，因为儿童无不是在伴有一系列行为的情况下使用材料或者参与各种形式的游戏。因此，当记录儿童的行为及其指向的物体或者人的时候，我们同时也记录了其他事情。

- 记录该儿童发出的声音和所说的话。
    » 如果儿童正在发出声音，那么是什么样的声音？（大声的、柔和悦耳的、清脆的、抑扬顿挫的、很高的等词语是对声音的物理特征的描述；发抖的、哼哼唧唧的、令人感到安慰的、犹豫不决的、欢快的、冷漠的、不在乎的、不舒服的、沾沾自喜的等词语描述了儿童声音的情感特点）
    » 他说了什么？（在可能的情况下记录原话）
    » 工作的时候，他会吟诵/唱歌/使用毫无意义的音节/说短语/讲故事吗？

- 在该儿童使用材料的时候，记录他的肢体动作。
    » 身体姿势有何特征？（直立的 / 僵硬的 / 弓着背 / 耷拉的 / 直的 / 扭曲的 / 蹲着的）
    » 肢体动作的节奏有何特征？（不平稳的 / 平稳的 / 紧张不安的 / 断断续续的 / 连贯的）
    » 肢体动作的速度有何特征？（迅速的 / 缓慢的 / 谨慎的 / 悠闲的 / 快速的 / 匆忙的 / 不紧不慢的）
    » 他付出了多少及哪些努力？（大量的 / 过度的 / 很少的 / 中等的；艰难的 / 轻松的 / 有力的 / 无力的）
    » 他在肢体动作中表现出的自由度怎样？（自由摇摆的 / 小幅晃动的 / 流畅的 / 有节制的 / 犹豫不决的 / 受约束的）
- 辨识面部表情的细节。
    » 用什么描述眼睛？（闪闪发亮 / 木然 / 明亮 / 泪汪汪 / 一眨一眨）
    » 用什么描述嘴巴？（露齿笑 / 轻微颤动 / 噘起 / 吐舌头 / 咬嘴唇 / 张得很大 / 紧闭）

我们可以通过这些细节猜测儿童对材料的情感反应，如兴奋、满足、挫败感、自责、自信、诚实谨慎、泰然处之、有浓厚的兴趣、全神贯注等。在下面这个片段中，儿童的感受表现得非常明显。

4.5 岁的安杰莉塔坐在老师旁边玩弄着机械积木，另一个孩子抓住了盒子。安杰莉塔生气地说："我想用它。"她拿回每一块积木并且用力地把它们放回原处，从她的脸上可以看出她的注意力非常集中。她花费了很长时间来选择接下来用哪一块。老师站起身来走开了，安杰莉塔似乎并没有注意到。她继续若有所思而且用力地以同样的方式摆弄着，不与桌子旁边的任何孩子说话。她搭建的作品高大且错综复杂。当老师告诉安杰莉塔整理时间到了的时候，她说："不要！"随后，她继续自己玩。后来，当老师告诉她可以把她未完成的作品放在架子上的时候，安杰莉塔非常小心地把它拿到那里。当她注意到一个孩子向她的作品走去的时候，她喊道："不要动！"

工作期间对他人的反应

儿童表露出来的情感可能不仅仅是对他们所使用的材料的反应。因此，也要记录儿童对周围人的反应。

- 该儿童在使用材料的时候是否与其他儿童交往？
  » 他意识到周围有其他儿童时有哪些表现？（与他人说话/展示材料和作品/触摸他人；在戏剧表演活动中使用作品；帮助他人/做出评论；招呼大家注意他正在做的事情）
  » 他独自工作还是与其他人一起？
- 在使用材料的时候，他与教师的关系如何？
  » 他是否要求教师的帮助、认可或者为他提供材料？
  » 对于教师提供帮助的提议以及教师的建议、参与、规则提醒和限制等，他的反应是有抵触情绪/漠不关心/不予理会/充分考虑吗？
- 该经历如何结束？
  » 随后发生的事情以及儿童的情感表现是什么？（把东西放回原处；把作品放在储存架上；破坏自己的作品；向其他儿童或者教师展示作品；留下所有的东西去参加其他活动；绕着教室跳舞）

用于佐证细节的记录

以下记录表现出对细节和细微差别的关注。第一份是关于5岁的伊冯娜的记录，主要记录了她的大肌肉动作发展和一系列相关情况。

伊冯娜直接走向桌子，教师已经在桌子上放了一个盛着剪刀、彩笔和胶水的篮子，还有一堆纸和两个装满做拼贴画用的线、纸以及各种形状的布等材料的铝盘。"我要胶水，我要胶水，我要胶水。"伊冯娜喊道。

教师正忙着帮助另一个孩子，回答说："好的，伊冯娜。现在轮到托尼了……下一个该你。你先玩别的，伊冯娜。"伊冯娜站在原地，也不看老师，带着婴儿似的哭腔说："我要胶水，我要胶水。"她顺着桌子看到其他孩子正忙着裁剪、上色、粘贴。她绕过一个孩子，拿到一篮子的彩笔，放在她自己的座位前面。她又拿了纸，然后坐下来，在纸上做了几个彩色记号。好像意识到这不是她计划要做的事情，她叫道："老师！"

"什么事？"

"我要胶水。"

"胶水在桌子的那一头，伊冯娜。"

伊冯娜为自己找到一些胶水。回到座位上，她把一块拼贴画材料粘在她的纸上，又找到另一块材料也粘上了。她专心地工作，嘴巴无意识地张着。她用手指在纸上一圈又一圈地推着胶水，好像很享受那种感觉。她粘上了羊毛、蕾丝花边、纸以及布。一根线粘在了她的手指上。教师走了过来，问："需要帮忙吗？"

"是的。"伊冯娜噘着嘴，哭着回答。老师在纸上抹了一点胶水，把线粘在上面。

"现在告诉我你想怎样粘你的线，然后我们在那里涂上胶水。"伊冯娜接受了这个主意。

"现在在你想粘线的地方涂上胶水。"她照着做了。

"我做完了！"

"好的。"

她的手上不小心抹上了胶水。"我要洗手。"

"树桩上有水和毛巾。"教师说。

伊冯娜洗了手，跑到自行车那里。她在工作的时候没有和其他孩子讲过话。

下面这份是关于4.5岁的卡洛斯的记录，包含了更多的"说明性"细节，进一步揭示了儿童的情绪。

卡洛斯指着窗子，高兴地喊道："洁白的樱桃花！刚开始的时候它们是白色的，然后是绿色的，接下来是红色的、红色的、红色的！我想画下来！"他走到画架旁边，迅速抓起一件罩衣。他溜到艾萨克旁边，小声对他说:"艾萨克,你要蓝色吗?我给你,好吗?你给我红色,因为我要画樱桃,很多红色的樱桃!"

两个男孩交换了颜料罐之后,卡洛斯满意地舒了一口气,然后迅速开始,干脆利落地在罐子沿上灵活地移动刷子。他围绕着纸的外缘点上圆点。他的舌头舔着上唇,眼睛闪烁着光芒,肢体动作很安静但是很有力。他画的红点很大,很圆,色彩饱满,并且明显可以分开。卡洛斯一边画,一边自言自语地唱歌:"红樱桃,大大的,圆圆的,红樱桃!"第一幅画完成了,他请老师把画挂起来晾干。他开始像画第一幅那样画第二幅,在纸的外缘画上许多小圆点,很快地填满了整张纸。他也使用绿色,但是颜色并不重叠。

卡洛斯依然唱着小曲,画了第三幅和第四幅画。其他儿童学会了他的歌,艾萨克开始在纸上画绿点。卡洛斯一边挥动着他的刷子,一边问:"艾萨克,想尝尝我的樱桃吗?"他迅速地"嗖"一下用刷子划过艾萨克的下巴。他一边大笑着一边在自己的手上点点。"我的手里满是樱桃。"他喊着。他跑进隔壁的房间,激动地对孩子们大喊:"我的手里满是樱桃!"他大步走进厕所去洗手,内利跟了进去,喊着:"让我看看,卡洛斯。""哈,我把它们全吃掉了。"卡洛斯一边展示洗过的双手,一边得意扬扬地说。

以下是关于6岁的萨姆的记录,可以告诉我们儿童在工作的时候与他人联系的需求及其符号思维的灵活性的信息。

挂起夹克衫以后,萨姆慢慢地走到一张桌子的尽头,在椅子上坐下来,没有其他人坐在这张桌子旁边。他神情恍惚,茫然地看着别的孩子坐在其他两张桌子旁边,他们在搓、戳和拍打黏土。他像个梦游的人一样走路,拿到了一大块黏土,心不在焉地用右手的手掌搓着,头转向一边,目光投向教室里的10或者12个孩子。

就这样过了几分钟。然后,他拿起那块黏土,让它"扑通"一声落到桌子上。他的情绪立刻发生了改变,就像按下一个按钮,把一幅静止的画变成了活动的画一样。"砰砰!"他大声喊道,"我有一个球!看我的球,老师!它能弹跳!它能弹跳!"他把它砸下去几次。然后,他开始把它搓成细长的一条。"这里有条蛇。我做了一条响尾蛇。你在做响尾蛇吗,唐娜?"他问离他最近的坐在另一张桌子旁边的一个孩子。

安杰尔磨蹭了一会儿才进入教室,开始在桌子旁边工作,萨姆对他喊道:"这是个雪人,安杰尔。现在我正在做雪人。……现在我正在做一条蛇,和爱德华的一样大。"萨姆举起它,高兴地哈哈大笑。"嘿嘿——嘿嘿——嘿嘿。"

"看我做好了什么。我把它盘在这里。"他把它摔到桌子上,并且开始击打。

"现在我正在做烙饼。看我的烙饼。尝尝我的烙饼,老师。"

"扑通"一声,他再一次把黏土摔到桌子上,反复地搓,越来越快,越来越快,他一边说一边做。他的头和肩膀伏在桌子上,他的嘴唇和舌头彼此碰撞,试图加快说话的速度"咻——"

一切都慢了下来。他非常安静,全神贯注地工作了一会儿。然后,他用断断续续而又刺耳的声音自豪地喊道:"看我做了什么,老师……看我做了什么,唐娜……看我的手表。"此时,教师不得不去帮助另一个孩子,她弯着腰,背对着萨姆。萨姆在后面一再地戳她,催促道:"看看我,老师!"

她转过身来发现萨姆的上唇扣着黏土。他的头向后倾斜以防它滑落下来。"是胡子。哈——哈——哈(他哈哈大笑)。现在是一顶帽子。"他迅速地把黏土转移到了头上。"老师,看我的帽子。"

阐释:最后的维度

尽管我们观察到的是一种行为的独立的、微小的部分,但是我们实际上是在对儿童的整个行为做出反应,如他的愤怒、快乐和惊讶等。我们会根据个人的经验和理解对儿童的情感做出自发的、无声的评价。从某种程度上讲,我们必须依靠这种主观性去界定或者阐释儿童的行为。然而,我们要依靠有关重要细节的准确的描述性词语来将感觉置于记录之中。这种对于细节的记录提供了客观证据,帮助我们阐释儿童的行为(他是高兴的或者伤心的）。因此，我们一般不会认为，将一种感情呈现在儿童身上是因为我们碰巧将其视为弱者或者受害者，或者由于某种原因，我们不理性地将自己置于某种情境之中。对儿童行为的阐释包含了我们对儿童的全部理解。从专业的角度来讲，阐释的高度依赖于客观数据。

但是，我们不可能把所有的事情都记录下来。没有一个儿童能将人类行为中所有可能的事情一次做完，即使儿童做了，教师也不可能都记录下来。不要将"记录细节的建议"当作一个核查清单。因为当教师忙于列出清单的时候，儿童有可能正在做一件我们从来都不曾想到的事情，我们会因此而错过。关注儿童，而非记流水账。因为不是你记录了多少，而是所记录的内容和方式令记录具有价值。

行 为 模 式

对一段时间内儿童使用材料的现场记录所做的评论，会成为他们在这一领域成长的镜子，有助于成人发现一些规律性的模式。我们会逐渐知道许多关于他们的事情，如果没有对他们的行为进行全力以赴的观察，这些事情就可能被我们错过。我们会了解儿童大概的喜好和想法，了解他们对自己的想象力和能力有多少自信。我们会留心地观察他们对教师和其他儿童的依赖程度、对标准的关注程度、做事情时的快乐程度或者做错事时的担忧程度。如果以儿童的一般动作协调能力、成熟度、经验及年龄为背景，同时参照同一年龄组的儿童的一般行为，那么这些反应会得到最恰当的评价。

可以在儿童使用材料的记录中寻求的信息

正如第二章的常规活动一样，我们寻求行为模式——表明材料的一般处理方式的整体模式和与不同材料相关的具体模式。对于在记录中可以寻求的信息，建议如下。

1. 在一段时间内，该儿童使用不同的材料——颜料、黏土、积木——的方式，是持续的还是变换的？

- » 总体上来说，他如何使用材料？（自发的；根据教师或者其他儿童的建议；通过模仿其他儿童）
- » 动作协调能力（实施技能的身体能力）如何？
- » 与儿童的年龄和经验背景有关的技能（比如，画点、搓黏土或者堆立方体可能是儿童运用新材料的早期阶段出现的行为，也可能是某个年龄群体的典型技能，对已具备运用更复杂方法的儿童来说则可能是一种过于简单的技能）
- » 他是如何工作的？（精力集中又谨慎地；探索性地；出色地、熟练地、深入地；粗心地；容易分散精力地；以不同的方式）
- » 是否伴随语言或者声音？
- » 言谈举止如何？
- » 作品怎样？（表现出创造力、想象力和创意）
- » 注意力持续时间如何？（大体状况以及与具体的材料和活动相联系的状况）
- » 为戏剧表演游戏选择的材料及使用这些材料的方式？
- » 是否能够完成他已经开始的工作？
- » 教师的作用和该儿童的反应？（教师表明规则、限制、允许做的事情以及儿童接受以上这些事项的方式）

2. 他看上去对材料有何感受？

- » 喜欢的、使用的和要避免的材料与活动的数量、种类及频率。（包括变化的和稳定的兴趣）
- » 总体态度——热情的/急切的/自信的/平静的/小心的。（包括对新材料及熟悉材料的态度）
- » 儿童对某个特定区域的反应如何？（感兴趣/心情愉快/全神贯注/害怕/回避/抵制）
- » 儿童使用时明显感觉到满足/失败/自信/不自信的具体材料有哪些？
- » 该儿童对失败与成功的反应如何？（包括失败与成功的构成要素、

渴望程度）

» 东西损坏带来痛苦。

» 对脏乱的躲避。

» 只对一种材料或者想法集中注意力。

» 不能集中精力和享受乐趣。

3. 随着时间的推移，儿童对线条、颜色和形式的使用如何变化？（第一幅和后来的油画与素描画可以保存下来作为数据来源）

4. 在使用材料中体现的师幼关系如何？（独立/依赖）

儿童使用材料的行为模式小结

以下是关于两名儿童使用材料的综合情况的例子。如果把来源于记录的各种条目一起放在关于反复出现或者变化的模式总结中，就很容易写出一份关于儿童使用材料的概述。届时，这份概述会成为该儿童年终记录的一部分。第一份是关于4岁的胡里奥的概述，第二份是关于3岁的林的概述。

胡里奥使用创造性材料的工作很大程度上是由教师发起的。在开始任何一项活动之前，他通常会花时间观察其他儿童。然后，当明显感到自信的时候，他才开始动手。他的注意力持续时间足以让他完成该项活动。他小心翼翼且安静地工作，全神贯注于手头的任务，兴趣十足。他的作品干净整洁，做得很仔细。当放弃处理某种材料的时候，他看上去很担心，并且寻求老师的保证，确保老师会愉快地接受这种凌乱的场面。他工作的时候会说话，不断地为老师、其他儿童进行解说，或者自言自语。他对完成的作品表现出自豪感，并且经常再一次寻求老师的认可。他的黏土作品讨人喜欢而且想象力丰富，看上去他使用黏土比使用其他材料感到更加自如。

※ ※ ※

3岁的林使用的大部分材料是沙、泥、彩笔、油画颜料、手指画颜料及水。最近，她已经开始用曲奇饼干切刀来做黏土蛋糕，或者用手头的任何物品做压痕。起初，她对材料满不在乎，但是现在她对自己做的东西非常感兴趣，并且逐渐开始向老师或者其他孩子展示她的作品。一开始的时候，粘在手上的糨糊令她感到恼火，所以她不想用。今天她正在粘贴，我看到糨糊粘在了她的头发上，但她还是集中注意力做她的作品，这令我很欣慰。

当遇到一种新材料的时候，她会看着但并不想尝试着玩。最近，我们收到了一辆火车和轨道、乐钟以及新盘子玩具，并且开展了一项在小地毯上玩的新项目。她想要加入每一个组，去玩除了盘子之外的所有新材料，并且尽快地从一种材料换到另一种材料。这太不寻常了，以至于我们惊讶得倒吸一口气。最令我们兴奋的是，今天早上当两个孩子被带到楼上去盖箱子的时候，林去了厕所，回来的路上她发现了一件事情。她走到一个5岁的高大的孩子面前，用命令的口吻说："给我锤子。"教师说下一个可以轮到她，她回答说："现在，我想马上要。"她跺着脚，想把锤子从露西手里夺过来。没有立刻拿到锤子后，她下楼把她的麻烦告诉其他老师。她的确轮上了一次，然后去玩乐钟了。尽管仍然有一些她没有接触过的材料，比如积木、盘子和汽车等，但她每天都在游戏中增加更多的材料。

从开始到现在，她在使用游戏场地的设施时从不担心会摔下来。她已经使用了每一项设施，能够很好地控制肌肉、肢体表达及动作，她感到非常满足。她还经常一边荡秋千，一边哼唱歌曲。

第四章 记录儿童之间的社交行为

幼儿最初对待彼此就像对待物体和材料一样——把彼此看成可以摸、闻，甚至可以品尝的东西，这可能令人难以相信，但这是事实。请注意观察一个学步儿将沙子倒在另一个儿童的头上，惊奇地看到对方表现出痛苦的样子；或者如果有人挡住了自己的路，他会心安理得地将其推倒在地；或者他用手指戳别的儿童的眼睛，看一看是什么让它们如此炯炯有神。这听起来像是非常残暴的行为，但说明这样一个事实，即在人类生活中有这样一段时间，我们不能够完全理解其他人与自己一样也有感觉。事实上，有一段时间人类并不完全理解自己是独立的个体，具有独立的情感和行为。自我意识是逐渐产生的。一个人在猜度其他生命也能感觉到痛苦和快乐之前，必须首先具有自我意识和自我存在，这听起来似乎很矛盾，但的确如此。

幼儿如何学会社交

在童年早期阶段，儿童对待他人的态度开始在人格结构中打下基础，他们开始多少有些痛苦地学习自己所处文化中与他人相处的技能。作为教师，我们必须意识到关于儿童社交发展的以下三个方面。

- 儿童对待他人的态度。（关怀/疼爱/信任/怀疑/厌恶）
- 儿童的情感强度。（深厚的/随意的/冷漠的）
- 儿童拥有的与他人相处的技能的数量与种类。（通过要求或者抢夺得到玩具娃娃）

从这层意义上讲，儿童可能会对所有的人释放温暖和爱意，但是表达方式稚拙淳朴，比如强行拥抱那些当时不想被拥抱的人。儿童也可能会感到嫉妒或者气愤，但是知道成人赞成拥抱不赞成打人，于是会过分用力地拥抱别人。到了5岁或者6岁上小学的时候，关于以何种态度和方式待人接物，儿童已经获得了丰富而复杂的经验背景。然而，他们在很大程度上仍然处于学习的过程中（我们也一样），并且非常乐于让我们帮助他们形成健康的态度，实践建设性的方法。

意识到自我

婴儿从满足自身的需求开始意识到他人，也就是说，他们是自然而然地从自我中心出发的。这既非错误亦非异常，而是未来行为发展的基础，这些行为有些发展得较早，有些则较晚。

当儿童开始用"我"代替第三人称（"宝宝想喝水"）谈论自己的时候，他们仍然充满好奇且兴趣十足地观察其他儿童，但是理解能力有限。直到感觉到自己是一个人（知道自己的名字、性别、喜好以及归属于何地）的时候，儿童才能看待别人，并且知道，"他们可以像我一样有感觉"。因此，对幼儿的成长来说，从把自己与他人区别开到逐渐同情和理解他人，这个进步的过程是非常自然的事情。教师必须了解儿童在通往成熟的道路上已经走了多远，才能对儿童的社交关系进行指导。

与他人的关系

下面是对两名2岁儿童和两名3岁儿童的简要观察，揭示了他们在社交成熟程度方面的明显差别。

2岁的娜塔莎和老师一起坐在地板上玩小丑玩偶匣。科里和其他孩子在附近的一个壁橱里玩捉迷藏的游戏。突然，科里的注意力被娜塔莎的话吸引，只见娜塔莎一边高兴地说"再见，小丑"，一边把玩具推回到匣子里。科里伸手去抓那个玩具。娜塔莎吓坏了，哭起来："不要。"同时，她用恳求的目光盯着老师。老师向科里解释说，娜塔莎现在不想分享这个玩具，或许以后可以。科里生气地看着老师，然后恶意地靠在娜塔莎身上，想咬她但是咬到了玩偶匣，他懊恼地哭起来。老师安慰了他一会儿之后，他溜达着离开去找其他玩具玩了。

※ ※ ※

一组 3 岁儿童正坐在地板上听音乐老师一边弹奏吉他一边唱歌："有一个农夫，他有一只狗……"孩子们已经被告知，如果会唱这首歌就要一边拍手一边跟着唱。梅利莎和乔纳斯紧挨着坐着，注意力集中在音乐老师身上。两个人都拍着手跟着唱了好多遍。一度，梅利莎唱的歌词与老师和乔纳斯的不一样。乔纳斯迅速地把注意力转移到梅利莎身上，并且停止了拍手和跟唱。他斜过身子，直直地看着她的脸，不带任何感情地大声说道："傻瓜！"梅利莎停止了唱歌和拍手，疑惑地看着乔纳斯，但是没有说话。乔纳斯再一次对梅利莎说："傻瓜。"不过，这一次他几乎是趴到她头顶上了。这时，两个人都不再关注任何东西，只是盯着对方的眼睛，等着看谁先动。突然，梅利莎笑了，她对着乔纳斯高兴地重复道："傻瓜！"然后，她大笑着倒在了地板上。乔纳斯被她的笑声感染了，也倒在了地板上，玩味着"傻瓜"这个词。很快，他们两个都大笑起来，不再说"傻瓜"这个词了。这时，老师结束了这首歌，两个孩子都坐起来与大家一起跟着老师拍手。

当教师第一次在学校里见到幼儿的时候，幼儿还没有很多时间让自己成熟起来。他们只是在力所能及的范围内根据自己了解的交往知识与他人进行交往。他们或许渴望取悦别人，但也只是根据自己了解的方式行事，而非我们认为的应该的方式。对于这些不够成熟的方式，我们必须不加指责地接受，但这并不意味着任由不适宜的行为发生而不加以指导。放任自流是对儿童的失职，因为他们依靠我们来了解什么是被社会认可的行为。然而，这的确意味着我们不能期望儿童去做他们不了解也没有能力实施的行为。所以，我们经常将儿童的行为判断为淘气的表现纯粹是出于对儿童的无知。

当我们成年的时候，我们已经将自己文化中的道德准则融入自己的个性中。然而从某种程度上讲，儿童仍然缺乏经验，并且他们所做的许多事情,只是从他们的个人角度来讲对他们有意义,而非从客观的对或错的角度。理解和接纳儿童的愤怒、嫉妒、害怕和焦虑情绪以及他们的雄心壮志和竞争心理可以营造一种氛围。在这种氛围中,儿童既可以发展社交上必需且道德上可取的行为,又不会失去自尊与做人的尊严。

我们不能通过使自己尽量像儿童一样行事来缩小与儿童行事方式之间的差距,但是我们可以运用想象力,尽可能与儿童感同身受。因此,我们可以从儿童经验的局限以及我们的经验的丰富中看清楚对他们来说非常重要的事情。

儿童的形形色色的社交反应

有些儿童对其他儿童保持一贯的社交模式。他们待人和蔼、彬彬有礼,对每一个人都表示欢迎与接纳,让所有与之交往的人都感到愉快。经常持怀疑态度或者有敌对情绪的儿童,犹如一只"孤独的狼",则表现出相反的一贯性。班里有多少孩子属于这种完全的一维个性?没有太多。我们可能会说,这类人,无论大人还是孩子,在他们的心里似乎有一些东西使他们总是保持一种方式,不管外界发生什么事情。但是大多数儿童,就像大多数成人一样,对许多事情会做出不同的反应。其中一种反应可能是由另一个人的行为和期待所引发的;还有一种反应可能是得了流感之后的情绪急躁所引发的;再者可能是由于儿童想要的东西非常丰富或者匮乏。

许多情形会影响儿童的社交行为。某位教师或者某个儿童的出现或者缺席,或者长时间待在室内而没有机会进行体育活动,都属于此类情形。偶尔,在拥有集体保护或者感觉受到了不公平待遇的时候,通常没有攻击性行为的儿童会变得有攻击性。有些儿童很早就知道他们可以推倒谁而不会受到惩罚,以及应该非常尊敬谁、跟随谁。大多数儿童似乎都有第六感,知道哪些儿童没有自我保护能力。

换句话说,对他人做出的反应是多方面的,特别是当儿童仍然在学习与他人的交往技巧的时候。因此,健康、正常的儿童可能会做出矛盾的反应,这不足为奇。如果要指导儿童做出正确且成功的人际调整,那么我们必须确切地知道他们对别人的反应的实质。

我们是否真的了解正在发生的事情

教师会不可避免地将自己社交行为的是非衡量准则用在儿童的行为上，而对儿童来说，向有坚定信念的人学习是有益处的。但是作为教师，我们必须非常清楚地知道，我们的期望应该与儿童的能力相符。我们确信什么是对的、什么是错的，是因为我们在童年时期就已经很好地了解了这些。然而，有可能我们的"直觉"信息与缜密的儿童研究相抵触，因为当我们还是孩子的时候，我们对学习内容不加批判，也没有自己的理解。我们作为成人所认为的许多"正常"和"正确"的态度就是通过这种方式习得的。第一章探讨了会影响行为阐释的偏见。它们也会影响我们看到的事情，对于这一点，听取了不同目击证人对同一事故所做出的相互冲突的证词的人都会意识到。但是，当我们知道自己的特殊偏见是什么的时候，便有可能对儿童的行为进行更准确的观察以及阐释。

对我们中的一些人来说，看到一个儿童被同伴拒绝，会自觉地保护这个儿童，而看到一个"小霸王"，则会让他表现出友爱。我们中的有些人可能觉得儿童之间的身体对抗令人紧张不安，或许有点可怕，然后会自觉地采取行动并给予"公平"的赏罚。对有些人来说，有些儿童属于"炫耀型"/"专横型"/"霸道型"/"不爱运动型"/"爱打小报告型"，他们的行为会促使我们以某种形式去制止他们。但是我们在制止他们的时候，并不总是因为这么做是最正确的或者最符合儿童的兴趣，只是为了平息我们内心的纷扰。我们也有感情，当儿童的行为令我们感到不舒服的时候，如果可能，我们就会采取行动来减少这种不适。

当我们像这样身陷其中的时候，对于儿童的那些不合群或者亲社会的行为，我们能有多大的把握保证自己处理这些行为的方法是最有用的呢？能有多大的把握保证我们了解了某种情形中所有的状况，而不只是那些表面的、显著的或者对个人来讲非常重要的情况？

我们是否认为所有的微笑都意味着快乐，所有的眼泪都意味着痛苦？是否认为吵吵闹闹的打斗比安静的、聪明的回避更能伤害别人？我们是否真正了解正在发生的事情？比如，秋千上的两个彼此微笑的儿童之间发生了什么事情？这是两个害羞的儿童之间刚刚萌发的友谊还是两个淘气鬼耍的小阴谋？两个儿童长时间待在角落里，有着说不完的话，他们之间正在发生什么事情？他们正在寻求彼此的帮助还是激发刺激？我们是否总能确定引发打架的事物和人？每一次打架是否都是坏事？

我们需要自问，班里的每一个儿童是否都有朋友以及是否所有的友情对相关儿童都有利。是否有些儿童在与他人相处的时候需要教师的特别关注？是否对有些儿童来说最佳的成人指导策略就是放手？

要想了解儿童正在做什么，看待他们时我们必须学会摒弃"儿童应该怎样做"的观念。以下是对六七岁儿童中很常见的场景的观察记录，它展示了令某些教师感到苦恼的行为。但是记录者丝毫没有表现出自己的态度，她只是非常客观地描述了自己的所见所闻。

7个小姑娘坐在圆桌旁——这间空房间里的活动中心——忙着画画。伊娃发现后，蹦跳着过来，放松地坐在了椅子上。同时，科科正在展示他带到学校里来的塑料制医用背包里的东西。他在这一圈人旁边一边踱着步，一边打着手势用洪亮的声音大声说话，想要吸引所有人的注意力。他说："谁想要口香糖？"伊娃用有礼貌的、甜美的声音问道："可以给我一点吗？"科科严肃而坚定地回答道："只给我最好的朋友。"立刻，有一片声音一起恳求要永远和科科做好朋友，伊娃也在其中，她用轻快的声音说："我是你的好朋友。"

然后，科科命令道："举起手，你就可以拿到。"所有人都毫无疑义地服从了，享受着游戏的乐趣。科科一边围着大家走一边分发被当作口香糖的一沓一沓的白纸。伊娃的眼睛里闪烁着兴奋的光芒，她坐在椅子上左右摇晃。"现在每个人都闭上眼睛。"伊娃听到后坐直了身子，把眼睛勉强闭上，就像昏昏欲睡的样子，但是睫毛稍微有些颤抖。随后，她双手捂住眼睛，嘴巴微张，满怀期望地等着。她非常失望，睁开眼睛，开始揉捏一块黏土，并用自信而富有调侃的语调向科科宣布："无论如何，我不需要闭上眼睛，因为我已经知道了，对吧？我不需要闭上眼睛，因为我已经知道了，对吧？对吧，科科？我不需要。是的，我已经知道这个把戏了，对吧？"

科科小声地跟亚历克西斯说话。伊娃打断他们，说："我想去你的生日会，亚历克西斯。"科科转过去对伊娃说："不要去他的生日会。你可以抱着我的小弟弟利奥。"伊娃被说服了，她低声哼唱着："哦，利奥太可爱了。"科科看上去非常满意，溜达着走开了。

任何一位优秀的教师都会提醒自己，与其此时此刻干涉科科和伊娃的行动，不如更加密切地关注他们，然后寻找恰当的时间和地点用更有效的方法帮助他们。作为授课的教师，要致力于行动；作为观察者的教师，要站在旁观者的角度客观地进行记录。这些是教师工作任务中不同的组成部分，都是必要的，而且不能混为一谈！

需要观察的内容

在一整天忙碌的工作中，每位教师都会用眼睛的余光获得许多有用的信息。他明白，索菲亚和内奥米凑到一起总会搞出恶作剧；一旦开始玩牛仔游戏，整个户外活动时间，胡安、肖恩和埃文都会玩这个游戏；阿基拉今天到了学校以后，还可能像以往那样，到处游逛……但是，这些足够了吗？

如何与他人接触

在索菲亚—内奥米组合中，谁先接近了谁？谁提出了玩牛仔游戏的主意？谁带头？谁跟随？儿童彼此间是如何接触的？总是以这种方式吗？是否有些儿童总是作为被邀请者，而有些儿童总是发出邀请？在与班里的不同成员相处时，儿童的态度是否有所区别？比如只邀请某一些人参与活动，或者只接受某一些儿童而拒绝另外一些儿童？

有些儿童从容自信地走到其他儿童面前，坦率地说："我们一起玩吧。"

有些儿童则不太自信地走过来,胆怯地或者犹豫不决地问:"我可以玩吗?"有些儿童走向其他儿童,一言不发地站着,等待有人接受和允许他们参与心仪的活动。有些儿童则等不及介绍就直接指导活动:"你当我的乘客。我是司机。"观察的过程中请思考以下问题:

- 发起交往的时候,该儿童的态度如何?
- 他怎样接近别人?
- 是否由教师发起整件事?

当儿童彼此靠近的时候,他们可能很随意、放松且无拘无束;他们可能会很友好或者怀有敌意,很自信或者很担心,难以满足或者很随和。他们或者使用恰当的语言,或者仍然依赖身体接触,如推搡或者触摸。他们的方式既展示出他们的态度,又展示出他们掌握的交往技能。

儿童的行为方式

我们通过声音特点、说话的节奏和速度、面部表情以及肢体动作来了解儿童互相交往的特征。所有这些是一个整体反应。当然,我们对这一整体反应做出回应,但是在做记录的时候有必要对最终有利于判断儿童情感的非语言线索进行有意识的说明。前面已经讨论了儿童做什么与怎样做的区别。或许了解儿童的社交行为方式比了解他们使用材料的方式更重要,因为当儿童建立自己的社交关系时,教师更有可能表明立场和有所作为。要想了解经验对儿童的意义,就必须了解儿童如何行事,单单了解行为本身是不够的。

身体姿势和动作。或许确切地理解和记录儿童有意义的身体姿势和动作非常困难,因为成人受到自身很大的局限,以至于我们感受不到儿童动作的意义。我们已经不再自发地伸展四肢躺在地板上;我们不会把腿放在自己的头顶上让自己发笑;我们不容易摔倒;我们喜欢坐着胜过奔跑。简言之,我们已经不再像儿童一样自由放任地使用自己的身体。因此,我们不会因为看到别人跳跃或者攀爬而感到自己的肌肉发痒,兴奋得手舞足蹈。而肢体表达是个性的表达,因为每个人的身体都是独一无二的。一个人会根据自己的

感受进行肢体表达。

下面的记录中，尽管5岁的贾宁对爸爸没有说一句话，但是从她的身体姿势和动作我们可以知道，她对融入环境非常没有把握。

贾宁来了，紧紧地抓着爸爸的手。她瘦瘦的身体弯成S形，手轻轻地摩擦着爸爸的袖子。她用略带焦虑的声音小声说道："我不想让你走。"然后，她把食指放进嘴里吮吸起来，这时，爸爸把手臂放在她的肩膀上，催促她向前走几步。贾宁一边吮手指，一边不情愿地向前拖拽着双脚，然后把一只手举起来放在门框上，不动了。爸爸高兴地搓着双手，快乐地说："好啦，我走了。"留下贾宁仍然犹豫不决地倚在门框上。随后，她悄悄地走到距离门口4步远的椅子旁边，椅子紧邻着安德鲁，然后她站在那里，把双手搭在椅背上，看着安德鲁写他自己的名字。突然，她"扑通"一声坐在椅子上，过了一会儿又站了起来。之后，她突然来了精神，走到彩笔盒前，拿起一支彩笔，吐着小舌头迅速写下自己的名字。在这个过程中，两个孩子之间没有任何问候，安德鲁一直在全神贯注地装饰他的签名。

像开始时一样迅速，贾宁写完她的名字，并没有进行装饰，而是溜达到书架旁边的垫子上。她完全放松地坐在垫子上，低垂着肩膀和头，随意地拿起一本书，心不在焉地盯着看，并且有条理地一页一页地翻着。当另一个孩子拿着书坐下的时候，她抬起头看了看。之后，她注视着那个孩子。除了眼珠会转动和大脚趾偶尔地在凉鞋里扭动一下外，她全身一动不动。

在相互交往的过程中，儿童经常是先触碰对方的身体，然后问候，或者是因为恐惧吓得身体僵硬、一言不发，或者低着头沉默地站着。头的姿势、手势、身体姿势、身体活动的次数、身体接触（触摸、猛推、推、轻拍、跳跃），这些都是交流的方式。信任与害怕、自信与缺乏信心都可以用身体姿势来表达。同样地，不安、愤怒、镇静和安详，也可以用身体姿势来表达。因此，我们必须记录儿童的身体动作。

声音特点。这是交流必不可少的组成部分。儿童说话的时候，他们的情感状态会在声音中体现出来。

- 声音是刺耳的 / 柔和的 / 不耐烦的 / 尖锐的 / 平淡的 / 带有恳求语气的吗？
- 声音是抑扬顿挫的 / 哭哭啼啼的 / 强势的 / 洪亮的 / 紧张的 / 强有力的 / 颤抖的吗？

"'把它给我'，他怒吼道"与"'把它给我'，他任性地哭着说"是差别很大的情感表达。儿童可以生气地说"我想要"，也可以饥饿地 / 伤感地 / 急切地 / 取笑地 / 高兴地说"我想要"。因此，了解儿童用哪种声音进行评论或者提问非常重要。

语速和节奏。儿童的语言可以让我们了解儿童说话时的速度和节奏。他可能慢慢地拖着长腔说话，也可能磕磕绊绊或滔滔不绝地表述着想法和情感。慢吞吞或者急促可能仅仅是儿童的神经系统组织的结果（通常如此），但也可能是焦虑所致。当儿童担心"说错话"的时候，说话的速度就会慢下来；当他们担心别人不会聆听的时候，说话的速度就会加快。

快速、缓慢、适度——这些是指语速。节奏是另外一回事，是指流畅、结巴或者犹豫。说话的节奏可以是不连贯的，也可以是抑扬顿挫的，或者是流畅的。将速度和节奏结合起来，我们发现儿童的语言可以是快速而流畅的，或者是快速而结巴的；可以是缓慢而平稳的，或者是缓慢而犹豫的。节奏和速度共同表现语言的特征。

面部表情。在话语中，面部表情与声音"特征"共同存在。我们一般会认为笑眯眯的眼睛和笑声一起出现，耷拉的嘴角会和眼泪一起出现。这里有一些描述性的术语可供使用。

- 眼睛：可以是严肃的、愤怒的、放光的、含泪的、笑眯眯的、昏昏欲睡的、明亮的、呆滞的、亮晶晶的。
- 嘴巴：可以是耷拉的、微笑的、噘起的、轻微颤动的、带笑意的、皱起的、拉长的、撇着的。
- 微笑：可以是发自内心的、迟疑的、伤感的、神秘的、无可奈何的、羞怯的、坦诚的、有酒窝的、似笑非笑的。

当然，不是每一份记录都有细节。一方面，儿童不会在每一次互动中都用上全部的表达方式。另一方面，记录者不可能把每一件事情都清楚地或者足够快地写在纸上。但是在儿童的互动中，你记下的揭露他们内心世界的细节越多，出现的画面就越准确，越富有表现力。

瓦妮莎用手遮在眼睛上，皱着眉头，盯着游乐场那边的卡迪扬。看着看着，她的下嘴唇噘得高高的，眉头比以前锁得更紧了。突然，她把双手攥成拳头在身体两侧晃动，跺着脚，爆发出来："嘿！"她跑过游乐场，抓住卡迪扬的胳膊。她冲着卡迪扬大声喊起来："谁让你从我的储物柜里拿走我的雨伞的？"她每说一个字，都会点一下头。

※ ※ ※

埃莉莎悄悄地溜着墙根，慢慢地从放衣服的储物柜移动到黏土桌旁。她站在离桌子大约两步远的地方，表情严肃、一笑不笑地倾听桌旁你来我往的谈话，边听边左右环视。诺曼抬起头看到了埃莉莎。"嗨，"他咧嘴一笑，"嗨，莉茜[①]。"虽然还是站着没动，但埃莉莎的脸上绽放出热情温暖的微笑。她两眼闪闪发亮，声音愉快地说："嗨，诺米[②]。"

接近某人只是相互间建立关系的一部分。之后，另一方的回应或者缺乏回应可以决定随后的行动，比如另一名儿童说了什么？做了什么？是如何做的？以上关于埃莉莎的记录，尽管简短，但是清楚地说明了其行为如何受到他人的反应的影响。

一方说了什么，另一方是如何回应的

语言或许不能揭示所有的事情，但是可以告诉我们许多信息。因此，应尽可能记录儿童的原话，而不仅仅是他们所说的话的意思。

"嗨，皮特，我们把大的放在这儿吧。"

[①] 埃莉莎的昵称。——译者注
[②] 诺曼的昵称。——译者注

"不，它会掉下来的。"

"不——它不会的。不——它不会的。"

"好吧。"（友好地）

"把那一个往后推一下。"

没有得到答复。

"嗨！"（尖声地）"把它往后推。"

如实记录对话是不是比写一个关于对话的段落花费的时间要长？以上的谈话本可以按如下方式来写。

卢卡斯告诉皮特放积木的地方，皮特考虑后同意了。随后，当皮特没有回应的时候，卢卡斯冲着他大喊大叫。

第一份是原始材料，它生动、真实，更重要的是，它是未加诠释的。就诠释来说，第二份或许很准确，但是涉及了教师对情境的评价，如果他弄错了，就无法回头再核实。在下面的记录中，对话和声音特点构成了儿童互动的重要部分。

4岁的皮拉尔和安一起玩搭建游戏。皮拉尔把一个大圆筒放进房子里。

皮拉尔：我们需要这个。（她无意间撞倒了旁边另一个积木建筑）

安：你为什么要那样做？那不是我们的房子。

皮拉尔（已经开始使用撞倒的积木，重新搭建被撞倒的建筑）：我正在修理它。

安：怎么做？你知道吗？

皮拉尔（平静地）：我们只是把它放回去。（她做完后站起来，之前一直以蜷缩但是明显非常舒适的姿势蹲着，这样她可以活动自如；她好奇地看着社交戏剧游戏区里发生的事情，然后又俯下身去，用责备的口气与木偶说话）你怎么可以离开这儿呢？（她把木偶放在床上，严肃地说）你上床睡觉。（她开始用意识流式的方式说话，这时安坐在旁边）这位女士（意指她手里拿的小木偶）是"形体"，对吗？……你知道"形体"是什么吗？（安没有反应，所以皮拉尔继续说道）这位女士要去"形体"，现在跳舞。（她唱起歌来）嘟嘟—嘟—嘟—嘟—嘟。（她挪动木偶，让它跳舞，让它像刚才一样蹲着在积木区的一条通畅的过道上来回走动）

安（拿过来一个男性木偶）：男士也要跳舞。

皮拉尔（眉头紧锁，眼睛发亮，声音里带有一丝权威）：等一下，我想告诉你一点事。我们要一起唱歌。（于是，她们唱起歌来，给歌曲自编歌词）

接下来会发生什么

接触之后，儿童会做什么？是松一口气并且开始安静快乐地服从呢？或是不断地要求思想和地位方面的绝对权利？还是当他提供的选择对其他儿童有影响时会满意地哼唱？儿童是否继续谈话？是否各自玩同样的东西？如果接触结束而没有发展为社交戏剧性游戏，请说明接触结束的方式以及接下来儿童所做的事情。随后的行为可以反映他们对接触的情感反应。

以下记录中两名儿童对令人不安的同一事件的反应大不相同。

现在是一年级的写作时间，孩子们正在创作故事。然而，马里奥非常沮丧，他刚才正在参与一场大喊大叫、挥动拳头的争吵，却被老师打断了。强压着怒火，马里奥踏着重重的步伐离开写字桌，但是在路上他无意中碰了一下高石阿武的胳膊，导致高石阿武在纸上用铅笔画了一道长长的线。高石阿武很沮丧，他的脸开始皱起来好像要哭的样子。然后，他想了想，抬起头，迅速地跑向马里奥，威胁性地在马里奥的脸前晃了晃拳头，但是没有靠太近。这时，马里奥正坐在会议区的椅子上，眼睛盯着黑板的方向，面部表情很紧张，默默地生气。很明显，他仍然在为刚才的争吵而烦恼，并且只能木然地面对高石阿武的愤怒。高石阿武望着马里奥的脸，看到他非常沮丧，然后转过身去，慢慢地走回写字桌旁，开始擦掉铅笔线。

行为模式

以上从多个插曲中观察到的诸多细节会展现儿童的行为模式，或者展现儿童在日常活动中对其他儿童做出反应的典型方式。经过一个学年的时间，行为模式上的变化将表明儿童的进步或者倒退。我们可以从单个片段中搜集特定的项目，根据以下类别整理这些行为模式。

1. 儿童感兴趣的依据有哪些？
   » 直接的依据可以是一起玩耍的儿童的数量，或者儿童请求教师帮助他参与游戏，或者积极地接近其他儿童。
   » 间接的依据可以是盯着别人看或者观察；模仿；试图通过各种方式吸引别人的注意。

2. 如何进行接触？
   » 他是向其他儿童挪动还是冲着对方走去？（发生在开始的时候还是一直如此）
   » 他是怎样移动的？（自信地 / 腼腆地 / 恳求地 / 胆怯地 / 挑衅地）
   » 其他儿童是靠近他还是远离他？抑或是冲着他走去？（发生在开始的时候还是一直如此）
   » 他对其他儿童的行为做出怎样的反应？（迎合他们的喜好 / 邀请他们参加游戏 / 批评他们 / 提出建议和想法 / 做出挑衅行为）
   » 他会做些什么？（退出 / 加入游戏 / 拒绝 / 忍受 / 反抗 / 挑衅 / 向成人投诉）
   » 他是如何做的？（害羞地 / 自信地 / 急切地 / 充满好奇心和感兴趣地 / 大哭 / 气愤地 / 高兴地 / 害怕地）
   » 他使用什么方法与别人接触？（使用语言；做出攻击性行为；提出想法或者提供东西；直接加入游戏；威胁；贿赂；利用他人拉帮结派；请求成人的帮助）

3. 同其他儿童在一起时的行为表现如何？

» 他可以使别人在多大程度上理解他的心愿、渴望、烦恼或者想法？

» 他可以在多大程度上与别人分享设施、道具和材料？

» 他可以在多大程度上等待轮到自己？

» 通常与他人产生冲突的原因是什么？（争抢物品/想法不一致/无端的攻击）

» 他如何处理冲突？

» 他会做什么？（跑去找老师/大哭/还击/说理/一笑了之）

» 他如何做？（含泪地/正义凛然地/啜泣地/生气地/愤慨地）

» 他可以在多大程度上意识到别人的权利和需求？

» 他自己的权利要求提得现实吗？

» 他如何保护自己的权利？

» 他在多大程度上向其他儿童寻求帮助？（以何种方式、在何种情况下、向谁求助）

» 他可以在多大程度上帮助别人？（以何种方式、在什么时间、帮助谁）

» 他可以在多大程度上提出想法、建议？

» 他是否接受别人的想法、建议？

» 他的防御机制看起来是什么？

4. 该儿童对其他儿童的感受如何？（喜欢/害怕/嫉妒）

» 他是否有特别的朋友？（有几个、是谁、建立关系的本质）

5. 是否有特殊问题或者倾向？（对别人没有耐心；允许或者鼓励他人利用自己；过多的打人行为、发脾气或者行为退缩；不说话；过分依赖教师）

6. 进步的依据（比较之前和后来的行为可以表明更高的成熟水平）有哪些？

群体归属感

如果儿童在学校环境中学习与他人交往，他们就会不可避免地开始形成集体意识以及更加亲密的伙伴关系意识。但是成为集体成员是一项非常有挑战性的任务。

每个群体都会形成自己的运作机制，儿童群体亦是如此。儿童的第一个适应阶段一旦结束，他们不仅开始寻找自己在群体中的地位，而且认可别人已经拥有的地位。下面来看看 6 岁的保罗是怎样明白他所在群体的等级制度的。

当乔治，这个男孩子中公认的头儿到来的时候，里卡多和拉里正在三号桌玩棋类游戏，保罗和亚历克斯站在旁边看。乔治在二号桌坐下。没有任何外在的迹象表明里卡多意识到乔治的到来，他对亚历克斯（亚历克斯刚刚加入观看游戏的人群）说："亚历克斯，你愿意玩游戏中我这一方吗？这是个非常幸运的位子。"

"所有的男孩都喜欢乔治，所有的女孩都喜欢希瑟。"保罗对老师说。

"是什么让你这样认为的？"教师问道。

"看。看到大部分的男孩都待在乔治旁边了吗？"然后，保罗决定去坐里卡多所说的位置，因为里卡多正在对大家而非某个人说："我必须做点什么事。"

他先前的游戏伙伴拉里也想起来做点什么，于是站起来对老师说："很抱歉。"

然后，里卡多和拉里"漫不经心地"移向二号桌。保罗意味深长地看了老师一眼说："看，我告诉过你的。"

需要观察的细节

除了观察儿童与其他儿童的关系之外，我们还需了解该儿童在整个群体中的位置如何。

- 该儿童融入整个群体时，处于何种位置？
- 他和任何一个孩子都能玩得很好吗，无论是男孩还是女孩？还是只和一个孩子能玩到一起？或者和许多孩子都可以？
  » 他是该群体的既定成员吗？他是否正努力融入群体？他是否独自玩？
  » 对新加入该群体的儿童，他有何反应？
- 该儿童在群体中的地位是什么？（领导者/跟班/发起人/捣乱分子/小丑/影子般的存在）
- 该儿童拥有什么地位？
  » 该儿童是否会被其他儿童选作玩伴？（比如，通过游戏）
  » 该儿童被其他儿童选中的频率如何？是否令其他儿童反感？
- 该儿童是否被大家接受？是"边缘人"？是替罪羊？

群体归属模式

通过对儿童行为细节的理智概括，我们能够活灵活现地勾画出儿童在生活的重要领域中是如何做出反应的。在此基础上，我们可以形成理论假设和行动计划。当然，所做出的判断将以客观数据作为依据。以下是一份关于一个儿童与其他儿童关系的模式总结。

在6岁的奎恩与同伴交往的困难中，自制力问题是一个因素。奎恩一次又一次地不回应其他孩子的问题或者评论，甚至当她和卡姆一起非常有效地解决问题的时候，奎恩也只是在活动快结束的时候说话（或许当她确信她的思路或者答案正确的时候）。她是因为非常关注活动才不与其他儿童交流的吗？但是，在室外、吃点心的时间以及"自由"研究番红花的时间，奎恩却侃侃而谈。我想知道，是不是因为奎恩与同伴互动时的不一致性阻止了她与更多的同伴建立友谊。

最近几周，她与塞思刚刚建立的友谊破裂了。塞思开始刻薄地对待奎恩——嘲笑她，打她，还告诉别人不要做她的朋友。我不知道是什么导致了这一后果，但是受此影响，奎恩再也未能与其他同学建立友谊。奎恩貌似不是一个不合群的人——她向别人寻求指导和主意，只是很少进行言语交流。几乎所有的孩子都能和她一起游戏，在搭档工作中她可以和许多同学结伴。她乐意与同伴合作，尽管通常是默不作声。好像大家都很喜欢她（塞思是近期的一个例外），所以她没有和伙伴形成更加牢固的关系是很反常的。

儿童的年龄越大，群体在他们的生活中就越重要。尽管在男子学校就读的三年级学生本想出了一个成为群体中一员的办法，但是这个办法注定要失败。

本是一个高大肥胖的男孩。到了吃点心的时间，当其他男孩取出他们的点心时，本却饥饿地四处张望。他请求每个孩子分给他一点，因为他没有（他的父母控制他的饮食）。尽管有几个孩子最后分给了他一些，但本还是抱怨不够。

第二天，本带着一个大大的便签本来到学校。当其他人向他询问便签本的作用时，本微笑着说道："给我的俱乐部用的。""什么俱乐部？"他们央求说："我们可以参加吗？"本自豪地说："私人俱乐部。只有向俱乐部捐献点心的特殊人才可以加入。"几乎班里的所有学生都跑向本，向俱乐部捐献点心。本咧开嘴笑了，他把每一个孩子的名字写到便签本上，并在点心收条上画上记号或者星星。然后，他偷偷地溜走并且贪婪地吃光了所有的点心。

几天之后，孩子们明白过来并且相继停止了捐献点心。俱乐部的成员只剩下了本，他像以前那样孤独饥饿地坐着，乞求大家分给他一点点心。

在另一个小组，对本来说，可能会有截然不同的结果。反思儿童与群体的互动情况和关系可以深化对儿童个体的认识，同时也可以提醒教师：群体的风格会随着时间的推移不断变化。

第五章 记录儿童在戏剧表演游戏中的行为

戏剧表演（假装）游戏通常源于儿童间的互动，但是当儿童独自游戏时也会发生。不管儿童是独自游戏还是和其他孩子一起游戏，都有许多方面需要考虑，这是因为儿童不仅将自身投射到游戏中，同时还在解决智力问题（"开公共汽车与开飞机不同吗？"）和情感难题（"现在我就想要我想要的，但是如果我这样说，拉希德可能就不和我玩了"）。大多数情况下，戏剧表演游戏很好玩，令人感到非常满足，它也是儿童探索成人世界中活动与关系的意义的方式。当然，这种游戏也是儿童学习与其他儿童相处之道的途径，如分享与商讨、比较与评价、竞争与合作、给予与索取等。同时，假装游戏的魔力使儿童可以表现他们的愿望、志向、恐惧及幻想，他们通过扮演角色或者制作物品——真实或者虚构——来实现，假装这些物品或者自己是动物、人或者超级英雄。他们所扮演的角色和运用象征性物体进行游戏的内容都来自真实的世界和他们内心的零散片段。在成人的眼中，这些零零碎碎的东西通常不能构成一个逻辑整体，也许这就是为什么儿童的游戏看上去通常是琐碎的、难以理解的，或者在成人看来没有可供切分的标志。

但是对儿童来讲，游戏具有逻辑性，最有力的证据就是发生在整个儿童期的象征性游戏的数量。几乎互不相识的儿童也能一起进入虚构的世界，在我们看来他们根本不可能相互理解，但是他们都讲着戏剧表演游戏的语言。一旦拥有了游戏目的，儿童就会全身心地投入游戏中。游戏不仅具有目的性，根据维果茨基（1976）的观点，游戏还是"发展的源泉"，在游戏中"儿童总是会超越他的正常年龄"（p. 552）。

下面来听一听威利和特蕾西这两个 4.5 岁孩子的谈话。当他们各自以及共同解决问题时,他们的想象力重合、分离、再重合并共同发展的情况。

威利正在用大型硬纸板积木玩搭建游戏,而且在他的建筑中使用了与儿童身高差不多的卡车。他一边围着卡车小心地把积木堆放成长方形,一边开始大声地"唔——唔"叫着,听起来像警车的警笛声。特蕾西走了过来,上了卡车,和威利把车开到了附近的游戏屋,然后走了进去。

威利一只手拿着一根鼓槌,开始在鼓上敲打节奏。"给我一根。"特蕾西指着鼓槌兴奋地说。

"我必须练习。"威利聚精会神地回答道。又敲了几下之后,他把鼓槌给了特蕾西,做出演奏完毕的样子说:"我练完了。"他起身离开,走出了游戏屋。

特蕾西探出头来,招呼威利。"我必须去工作。我怎么去呢?"她满怀期待地问道。威利正忙着推车,一块垫子阻止了卡车的前进,他没有回答。然后,两个人一起上车,威利把车开到之前他用硬纸板积木搭建的地方。

"我们终于拥有了一间新车库。"当卡车滚进他之前搭好的围墙的时候,他自豪地宣布。

"这是我的家。"特蕾西快乐地大叫道。

"这是车库。"威利反驳说。

"那我睡在哪里呢?"特蕾西关心地问道。

"在我的房间里。你和我一起睡。"威利肯定地回答。"我们必须走。"他命令道。

特蕾西迅速地走向娃娃家。"亲爱的,不要离开。"威利用男子汉的声音大声说。然后,他开着卡车绕道去了图书角,在那里他拿起了两个枕头,又开车回到了游戏屋。

特蕾西带着一块毯子和枕头回到游戏屋。"我有毯子。"她高兴地说。

"愿意的话,你可以躺在上面。"威利用不在乎的口吻说。他们都进了游戏屋。

"让我这样睡。"特蕾西说着就躺在了枕头上。

"我必须练习。"威利一边说着一边用节奏槌敲鼓。

"谁把我吵醒了？"特蕾西抱怨道，听起来很生气。

"我在练习。"威利为自己的行为辩解道。

"亲爱的，你可以睡觉吗？"特蕾西哀求道。

威利放下鼓和鼓槌，说："我明天练习。"他的声音听起来有些疲惫。他也把头放在枕头上，在特蕾西身边躺下。

突然，他生气地大喊道："谁把我吵醒了？"他从门口探出头去，看到有一些儿童在附近的攀爬架上玩。"他们是大男孩了，可以熬夜。"他很肯定地说。"别理他们，睡觉吧。"他深情地对特蕾西说。当他们安静地躺在一起的时候，他们互相对视了一会儿。

特蕾西和威利一起用符号表征他们各自生活中的某些方面。尽管他们的个人经验不同，但是对游戏本身的兴趣让他们能够一起合作。

符号表征能力

符号表征——用一种事物代表另一种事物——是所有人都具有的能力。这种能力的发展按照一定的顺序进行，而且它是持续学习的基础，因为它使学习他人的经验成为可能，从而可以使一个人的视野得以开阔。存在于儿童行为和活动中的符号表征能力是智能的一种表现；在童年早期阶段，它最有可能出现在戏剧表演游戏和游戏材料的使用中，而非书写和阅读中。尽管研究（1976）表明，游戏和语言发展之间存在联系，但语言——象征性行为的一种形式——仅仅是增强儿童学习的次要方式，而非激发思维的主要载体。

符号表征可以采取多种形式，它在两种基本水平上出现。

- 认识到一种事物（如杯子的图片）可以代表另一种事物（如杯子本身）的能力，比如用玩偶代表婴儿，用玩具车代表真正的车，等等。
- 创造符号的能力——创造一个事物来代表另一个事物。儿童在戏剧表演游戏中（儿童自己代表爸爸，用一根木棍代表锤子）、搭建积木的时候（一排积木代表一条路）、画画和玩黏土的时候可以创造符号。

意识到符号的作用并能自己创造符号的能力，是使用社交符号系统（如词语、数字、字母表中的字母）以及学习其他一系列符号（如交通信号灯和标志、数学和科学符号）的重要基础。在戏剧表演游戏和游戏材料的使用中，未能发展符号表征能力的儿童在学习阅读方面可能会遇到困难，因为基本的符号功能意识有可能会缺失。象征性游戏与读写之间有非常重要的关系（Genishi & Dyson，2009）。

以下记录显示了5岁的特里西娅能够非常轻松自如地使用一个又一个符号。

特里西娅推着婴儿车里的霍莉慢慢地绕着游乐场走，就像一位妈妈推着婴儿。她停住车，俯身捡起一个小木头轮子，递给霍莉，说："给你炸面包圈。"她继续推车，偶尔停下来，给她的孩子更多的炸面包圈和曲奇饼干。她用两只手稳稳地把车向后拉了一下，成功地控制住了婴儿车的移动。她一边紧紧地抓住婴儿车，一边留意阶梯看台上的游戏。艾伊莎和乔伊走上前来问她："我可以玩吗？""不可以，"特里西娅说，"我们要去购物，然后回家"。

特里西娅用一只手拉着身后的婴儿车，向前探着身子以对抗载重拉力。她把手伸进马里奥的小推车，抓起一个假想的冰激凌蛋卷筒（令马里奥非常吃惊），舔了舔，然后扔给他一个假想的硬币付钱。她继续推着婴儿车，来到攀爬架前。她放开把手，够到攀爬架上的绳子，开始往上爬。霍莉尖叫起来："我要妈妈。"特里西娅低头看了她一眼对她说："等一下，宝贝。我就来。"

在这份关于戏剧表演游戏的记录中，因为特里西娅意识到一种事物可以代表另一种事物，所以她能够创造符号（用小木头轮子代表炸面包圈，她自己代表妈妈）。她也用动作创造符号（舔假想的冰激凌蛋卷筒，扔给马里奥一个假想的硬币）。

以下是儿童在绘画中创造符号的例子。

6岁的拉乌尔和杰里米在桌子旁边画画。拉乌尔用缓慢、平稳、向上的笔触从纸的下端开始画。他用绿色颜料画轮廓，慢慢地添加更多的线条。最后，他指着自己的画说："我画了一棵仙人掌。"看起来的确很像。然后，他把画笔浸在黄色颜料里，为仙人掌添上黄色。他噘着嘴，表情一本正经。杰里米告诉拉乌尔他画了一个捕虫草（前一天，教师向孩子们展示了吃昆虫的植物的图片）。拉乌尔跳起来说："让我看看。"杰里米指着他的画，拉乌尔问道："虫子在哪儿？"杰里米告诉他还没把虫子放进去呢。

拉乌尔回到座位上，小心地在橙色颜料里转动他的画笔。然后，他认真地画出了另外一个轮廓，说："这是黄油植物。"老师问他的意思是不是捕虫草[①]，他说："哦，是的，是捕虫草。"他开始在纸上慢慢地添加更多的颜料，而且一边画一边说："现在我要给自己画一只鸟。"随后，他把画笔浸在棕色的颜料里。他慢慢地在一片树叶上画出一只鸟的轮廓。他画了一个小点，大叫起来："看！有一只虫子，植物在吃虫子。"他邀请杰里米来看。杰里米站起来，来到拉乌尔身边。拉乌尔指着他的画，说："植物在吃虫子。看这个捕虫草。看这个（指着一些红颜色），是虫子身上的汁液。"他指着虫子，兴致勃勃地说："那是虫子。"随后，他开始画另一只虫子。

与拉乌尔相比，3岁儿童较少意识到他们是符号的创造者。对朱利叶斯来说，符号、绘画行为及画作本身是同一事物。

朱利叶斯一边发出发动机一样低低的"呜——"的声音，一边沿着一条线有节奏地前后移动画笔。他用克制但是激动的语气对教师说："看！他们在滑雪。他们这样滑雪。"他一边移动画笔，一边快乐地说道："准备往下跳！""从哪跳？"教师问道。他指着纸上的一个矩形："看。这是雷。在雷的下面。"他的画笔俯冲下去。"然后到雷的上面。"他又把同一条线向上猛冲回去。"在雷的下面"，俯冲下去。"上面"，猛冲回去。他持续着同一个动作，快乐地发出"呜——"的声音。

---

① 捕虫草的英文"butterwort"与黄油的英文"butter"有部分相似。——译者注

材料的使用与符号表征水平

如果一段时间内有可供使用的各种游戏材料，那么儿童在材料使用上就会随着年龄和发展水平呈现一定的顺序。由此可见，如果一个年龄大一点的孩子第一次接触材料，他便有可能快速地经过所有的前期阶段，到达自己的阶段。儿童似乎趋于稳定的那个点可以视其为当前水平。

符号表征依赖于技术能力水平和直接体验材料的机会，后者让儿童能够熟悉材料的特征。既然二者密切相关，那么能力水平欠缺则表明可能缺乏使用材料的经验，符号表征能力的发展缺乏支持。比如，在儿童使用积木的过程中，可以观察到哪些有关符号表征能力提高的证据呢？

搭积木时的符号表征顺序。根据哈里特·约翰逊（Harriet Johnson）的理论（转引自 Hirsch，1996），在搭建积木的时候，儿童形成了四种基本模式，即塔、排、桥和闭合空间。这几种模式是逐个阶段发展的。复杂的积木建筑是这四种模式的变形和组合。根据广泛的观察结果，搭建积木的阶段如下所示。

1. 排成一排，水平或者垂直方向。
2. 在两块积木上架桥，会有两步的发展顺序。
   » 垂直竖起一块积木，试图在上面水平放置一块积木，然后再追加第二块垂直积木，与第一块平行。
   » 垂直竖起两块积木，再用第三块在上面架桥。

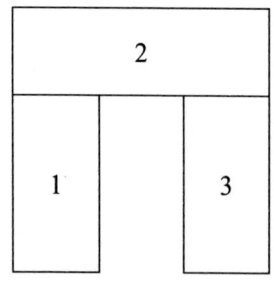 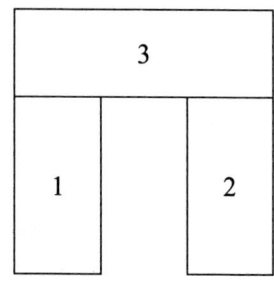

3. 用四块积木做成闭合空间。
4. 装饰未命名的建筑物（对形状的改进）。

5. 根据功能给建筑物命名（如家、车库、消防站等）。
6. 搭建真实建筑的复制品或者象征物（如乔治·华盛顿大桥、太空飞船、动物园等）。

分辨搭建积木的基本模式与阶段可以为观察提供信息，有利于理解儿童在符号表征领域的灵活水平。以下问题可以作为记录指导：

- 儿童试图解决的空间问题有哪些：架桥？闭合空间？重复？装饰？
- 5—7岁儿童是否提前做计划？是否执行计划？其意图是否有所变化？
- 该儿童是否给建筑物命名？
- 该儿童能否预测某些放置方式会发生哪些问题？
- 该儿童能否重新搭建被破坏的建筑物？
- 该儿童的工作是直接参与（他坐在搭建的建筑物里）还是进行符号表征（他在外面操控建筑物的使用）？

戏剧表演游戏中符号表征能力提高的证据

在儿童的戏剧表演游戏中，也存在发展性变化。教师通过回顾一个学年中所做的儿童戏剧表演游戏记录，或者通过教授不同年龄的儿童，会意识到变化的发生，即随着儿童年龄的增长，他们的游戏变得更加复杂，细节更加丰富。

下面是一些教师可能会意识到的关于变化的例子。

- 在一个游戏时段内，不同符号表征行为的数量在不断地增加。换句话说，游戏的区分变得更加精细。
- 儿童更加频繁地表达角色的情感特征（通过行动、语言、面部表情或者身体动作）。
- 游戏倾向于更加有条理，组织得也更好。
- 儿童倾向于一起而非独自游戏。
- 当两个或者更多儿童一起游戏的时候，他们更有可能扮演不同的角色而不是所有人扮演同一个角色。

尽管在每个儿童的记录中通常都会有从简单到复杂的许多游戏,但是以上这些倾向一般都可以被观察到。

儿童在运用符号的时候,变化也随之发生。随着儿童不断地成熟,他们能够使用与他们所表征的事物越来越不同的东西。儿童的年龄越小,越需要依赖与他们所假想的东西相像的道具——让玩具飞机像飞机一样"飞行",把玩偶当作婴儿。随着儿童不断地成熟,他们不再需要此类密切的相关性。铅笔一样可以轻易地"飞行",硬纸盒可以是卡车或者玩偶的床。

随着儿童的成长,他们也能够不断地远离自己的符号。年幼的儿童经常会自己坐到玩偶床上或者积木建筑中。随着他们年龄的增长和心理表征能力的成熟,他们会使用玩偶、填充动物或者木头人像而不是他们自己。奇怪的是,当儿童接近七八岁,开始进行逻辑性更强的思考的时候,或者当他们在搭建一个迷你世界的时候,他们再一次对与真实物品相像的玩具情有独钟,甚至比例也要仿真。比如,椅子必须像真实的椅子,而且不能比床大。

在观察中,意识到文化和父母的价值观对儿童游戏本质的影响,这非常重要。有些儿童在家里可能没有充足的游戏玩具、空间或者时间,在学校里其游戏内容好像也不会太复杂。有些儿童在教室里可能不会参与复杂的游戏,但是在室外却会去参与。因此,教师应该不断地评估教室环境,从而决定如何让环境支持儿童的游戏水平发展,拓展儿童的游戏内容。

戏剧表演游戏记录的框架

当你开始记录游戏的时候,你可能会感到应接不暇:从哪里开始?应该关注什么或者谁?哪些细节最重要?请尽力关注你选择要研究的儿童,对于其他儿童,则只在与目标儿童相关的时候再关注他们。比如,如果有4名儿童在游戏,请将注意力集中在被选中的儿童身上。下面的清单会指导你观察戏剧表演游戏,随后的记录可以提供一些例子。

需要观察的细节

- 游戏是怎样开始的？
  » 是由该儿童发起？还是由教师或者另一名儿童发起？
  » 该儿童参与另一名儿童或者另一组儿童正在进行的游戏吗？如果参加，使用什么方式？
- 游戏发生在什么地方？（积木区、假装游戏区、户外）
- 行动方式或者事件的顺序是什么？
- 关于游戏，该儿童有哪些评论及语言互动？比如：
  » 发生了什么事？（"汽车开进车库"）
  » 每个儿童选择什么角色以及怎样扮演这些角色？（"我是医生，我给你扎针，你是婴儿"）
  » 该儿童为那些代表人物的象征性物品配音时使用哪些词语？（吉姆为一个木头人"孩子"配音，他大声尖叫："我要打扮得很时髦"）
- 该儿童在扮演角色（妈妈、消防员、怪物）时说些什么，包括发出模拟的声音（奶牛的"哞哞"声、火车呼啸而过的声音、野生动物的"呃——"声）？
- 参加游戏的其他儿童说了什么？做了什么？
- 该儿童在扮演角色时采用了哪些象征性行为？（比如，贾斯汀拣起一个很小的塑料婴儿奶瓶，拿起一个玩偶，然后坐下把奶瓶放进玩偶的嘴里，举着待了一会儿，之后站起来放下玩偶，把奶瓶放到架子上，拿起一个玩具围嘴给玩偶戴上）
- 该儿童使用了哪些配件？（夹克衫、消防员的帽子、披肩、代表交通信号灯或者食物的彩色立方体等）
- 该儿童有哪些可以表现角色情感特征的面部表情、身体动作和声调？（比如，他围着教室疯狂地跑，神色紧张，大声喊着："着火了！着火了！快拿水龙带！"）
- 该儿童在游戏过程中，比如制作物品（真实或者想象的）时，是否使

用象征性的物品或表演象征性行为？（比如，从空壶中倒咖啡；在用积木搭建的路上移动玩具车或者代表车的东西）
- 游戏可以展示儿童在其所处文化中的哪些经验？

当你完成记录的时候，一定要说明游戏结束的方式。如果是独自游戏，该儿童是如何结束游戏的？如果与其他儿童一起游戏，该儿童是如何离开这个群体的？这就像记录儿童是如何开始游戏或者进入别人的游戏一样，有助于我们理解儿童的游戏行为。

- 该儿童是否离开去参加另外的活动？
- 如果与其他儿童一起游戏，其他儿童是否先离开？
- 教师是否会干扰游戏？（要求幼儿吃点心、为幼儿讲故事等）该儿童对教师的打扰做何反应？
- 该游戏是否会发展成其他类型的游戏？
- 该儿童的参与持续了多久？
- 什么或者谁该对游戏结束负责？
- 儿童如何散去？
- 情感基调是什么？（高兴的/焦虑不安的/恐惧的/满足的）

戏剧表演游戏记录

以下记录来自真实生活，是儿童使用象征性物品进行的简单重复性游戏。

4岁的胡安拿了一些建筑设施的零件，把它们放在一起，做成了飞机的形状。他拿着"机身"中部，在空中迅速移动，发出发动机的声音。他让飞机"飞"进了图书角。

他对正在观看的凯文说："我做了一架飞机。"然后，他走到老师身边，说："看，飞机。"教师很欣赏它。他离开老师，来到阅读区，迅速地移动着飞机。

凯文也有一架飞机，他加入了胡安，然后他们四处迅速地移动飞机，发出发动机的声音。胡安躺在地板上，让飞机在他身体的上方"飞行"，他一边这样做一边翻滚。他把飞机放在地板上，发出缓慢加速的声音，让飞机起飞，迅速移动，然后着陆，同时发出发动机的声音。当他经过桌子的时候，他让飞机碰到桌面，又再次升到空中，当飞机越飞越高的时候，他模仿着发出更大的噪声。

教师说户外活动时间到了。胡安把"飞机"放进盒子，然后和其他孩子一起排队。

在以下的记录中，两个5岁的男孩正在用塑料雕像玩超人游戏。

雅各布和艾伦每个人手里都拿着一尊超级英雄雕像，走到戏剧表演游戏区，那里有一个空的大包装盒，大包装盒的一边敞开，另一边有一个被割开的像窗户一样的洞。现在雅各布来到盒子后面，开始把他的雕像推过"窗户"。

艾伦（站在盒子前面）：很好，雅各布。好，这儿有个陷阱。（然后把他的雕像也推进去）

雅各布：一个好陷阱。现在我们假装他们出来了。

艾伦：好，现在假装他上了卡车并且被关起来了，然后他仍然逃脱了。

雅各布：现在他出来了。他逃走了。

艾伦（替他的雕像说话）：超人，来玩吧。

雅各布（替他的雕像说话）：我就来。我逃出了陷阱。（然后，雅各布把他的雕像推进窗户，艾伦把它拿走了）

雅各布（站着大叫起来）：哎……还给我。（艾伦把它递回去，雅各布接着坐回到地板上）

艾伦：太有趣了。让我们再玩一次。

雅各布（明确地）：不要。（两个孩子离开，去了图书角）

由于游戏内容或儿童的角色意识通常模糊不清，所以儿童的所有行为和语言，不管当时看起来对记录者是否有意义，都应该记录下来，就像下面这两份简短的记录所展示的那样。

埃蒙（3岁）拿起一尊人物雕像，然后头枕着一只胳膊，躺在地板上。他边四处挪动雕像，边说："邮递员，邮递员，轰隆隆——哒——轰隆隆——哒——轰隆隆。"

吃点心的时候，毛拉仔细研究了手里的面包条。她轻轻地用双手抓着面包条的底部。当她在面包条上小心翼翼地挪动手指的时候，断断续续地说："停，停，停！"然后，她再一次断断续续地说："停，停，停！"同时，重复手指的挪动。说完最后一个"停"之后，她从面包顶端咬了一口，开始慢慢地吃剩下的部分。

游戏不可避免地会被定位在儿童自身所处的独特文化环境中。在下面的观察记录中，这三个6岁的女孩曾经参加过葬礼，她们把自己的经验融入了游戏。

一个女孩一动不动地躺在地板上，身上盖着一张大床单。另外两个女孩静静地坐在她的脚边，轻声地说着话。突然，她们张开手臂互相搂着，抽泣起来。教师悄悄地走过去，问："你们在玩什么？"她们抬起头看着老师，说："我们在葬礼上。"说完，继续抽泣。

聚焦戏剧表演角色

戏剧表演角色涉及多个层面。这里将会研究角色本身（它的内容）和角色中的情感投入。

角色本身与角色的内容

儿童创造角色的想法有多种来源。它可以来自看得见、摸得着的现实世界，包括儿童了解或者见过的各类人，如家庭成员（母亲、父亲、祖父母、婴儿或者长大的兄弟姐妹、叔叔、姑姑）、警察、小商店的店主、消防员、医生或者公共汽车司机，也可以受到无生命物体的启发，如火车、船、飞机、卡车、玩偶、帽子、披肩等。关于角色的想法，还可以来自电视或者他们特别喜欢的故事。

通过再现他们经历过或者渴望经历的真实世界的某些方面，儿童努力将已经遇到过的事物的特征、过程及关系安置在头脑中。教师可以运用戏剧表演游戏来评估儿童对正在经历的事情的理解程度。以这类信息为基础，教师可以提供更多的机会来增强或者澄清儿童对真实世界的理解。

不管游戏的内容是与真实世界相关还是与故事或者电视相关，儿童都是在运用游戏来体现他们的情感、想法和概念。游戏有利于发展儿童的灵活思考能力——游戏时带着想法和解决问题的方案。通过游戏，儿童"可以学会那些别人不能教给他的知识"（Frank，1974，p. 17）。教师可以通过儿童游戏的内容了解什么对儿童非常重要；他们怎样建构、观察及改变周围的现实；他们有哪些误解；对什么产生情感；社会等级和文化对他们有何影响；他们如何与其他儿童建立关系以及他们的语言特征等。

儿童在假装游戏的角色中会融入那些对其思考能力和有限经验来说有意义的人或事物的性质和特征。就动作、声音或者情感的显著特征而言，儿童可以相当准确地定位火车、飞机、动物或者父（母）亲的实质！他们需要花费更长的时间来观察和理解技术细节、构成整体的各个部分、许多难以预料的后果、复杂性和多样性。然而，我们必须非常谨慎，不能匆匆忙忙妄下结论。幻想是儿童游戏非常重要的组成部分，儿童可能会坐在看起来像火车的东西上，但是他到底是火车司机、火车本身、乘客还是货物，却未必给我们提示。

对戏剧表演游戏所做的记录，可以展示儿童的理解水平以及角色内容和该角色如何被扮演，如下文所示。

当4岁的阿梅德来到教室的时候，他径直走向积木区。这时，保育中心的另外两个孩子都坐在黏土桌旁。阿梅德开始搭建看起来像火车似的东西。他在地板上把5块积木排成长长的一排。他在其中一端摆上两块积木，并且坐在上面。丹尼走进来，走向阿梅德。

"那是座桥吗？"丹尼问道。

"不是，是火车。"阿梅德回答道。

"它要去哪儿？"丹尼问道。

"芝加哥，"阿梅德回答说，"我是火车司机。我制造大火车。"

"我是售票员，我开火车。"丹尼吹嘘说。

"不是，不是。我是火车司机。我造的它。"阿梅德不耐烦地回应道。

"我能做什么？"丹尼询问道。

阿梅德回答说："你来检票。"

"什么票？"丹尼问道。

"乘客给你的那些票。"阿梅德解释说。然后，他大声宣布："谁想坐火车？……都上——车……都上——车。火车开了。呜……呜……它跑得真快。"

弗朗西丝卡走进教室，跑向火车。"我要上车。"她从架子上取了另一块积木放在火车的中间。然后，她从地板上捡起一块很小的积木，举到嘴边，就像拿着一部电话，大声喊道："你好，你好。你怎么啦？我们正在带着食物离开。带了几百箱……马上，你听到了吗？"她"啪"的一声挂了电话。

"我们有一个轮胎漏气瘪了。"阿梅德大叫道。"我来修一修。现在开始修理。"他大摇大摆地从整排积木中移走一块，把它倒过来，重新安上。然后，他又坐回到那两块积木上。

米切尔走过来，上了火车，但是阿梅德命令道："下去，下去。它是我的火车……走开。"他把米切尔推下车。米切尔试图再上来，阿梅德又一次把他推了下去。教师称赞阿梅德的火车，建议他允许其他孩子和他一起分享。阿梅德没有回应，但是当米切尔再次上车并且坐在他后面的时候，他没有拒绝。

然后，阿梅德大叫道："没有汽油了，没有汽油了。嗨，米切尔，没有汽油了。哈，哈！现在没有汽油了。先是轮胎瘪了，现在没有汽油了。"

丹尼取下弗朗西丝卡刚才当电话用的积木开始打电话。"嗨，你快点拿汽油来。火车需要汽油。快点，你这个笨蛋。"

阿梅德宣布道："都下车！现在是午餐时间。让我们吃点饭。跟我来。我带你们去，伙计们。"

我们可以从阿梅德的火车游戏中推断出他对火车的了解（火车很长；火车司机坐在火车的前部；火车要搭载乘客；售票员负责检票）。他和其他儿童把火车和汽车搞混了，这在游戏中也体现得非常生动（必须修理的"漏了气的瘪胎"，火车需要汽油）。对教师来说，这个游戏提供了一条线索，在将来的某个时间，教师可以创造机会，通过对火车和汽车的讨论或者通过故事书，或者通过乘坐或参观火车来拓展儿童的知识。

在以下记录中，游戏内容的来源是电视。6岁的弗朗姬通常独自玩耍，他与其他儿童的偶然接触持续的时间非常短暂。

当弗朗姬到达院子门口的时候，他咧开嘴高兴地大笑起来，并且沿着台阶冲进院子。他高兴地大喊："怪物！"然后，用一只脚跳跃，再换另一只脚，同时向各个方向拼命地挥动着手臂。他对附近的儿童大喊："快来吧！"说完，他开始围着游乐场的边界奔跑，兴高采烈地挥动着手臂。他的两三个同学沿着他的路线跑，模仿着他的动作。

弗朗姬随后走向一个大的圆形的木头转轴，毫不费力地爬了上去，盘腿坐在上面。他只坐了几秒钟，然后起身跳下来，手臂呈飞翔的动作。他好像对这些动作感到非常兴奋和高兴，因为他笑容满面，发出快乐的呼喊。

他再一次围着院子奔跑，跳上木头转轴。他待了几秒钟，大声喊道"我要离开这儿"，然后又一次跳下去。他转过身来，又跳上去。他既不看转轴上的其他孩子，也不和他们交谈。这时，他好像只顾自己的动作。

他突然停下，从转轴上跳起来，大喊道："我是蜘蛛侠！"他跳下转轴，跑开了。他跑到篮球网那里，开始爬其中的一根柱子。他用面前的砖墙支撑双脚，沿着柱子伸展手臂，先是一只手，再是另一只手，每够到一次就向上拉动身体。他到达顶端后，两手握着柱子滑下来。

克丽斯特走过来要求道："让我试试。"弗朗姬转向她，兴奋地大喊："试试抓住我。"他跑开了，克丽斯特在后面追。他又一次围着院子的边缘奔跑并且回到篮球杆那里。他又开始爬,大声嘟囔着把自己拉上去。他一到达顶端就大叫"当心",然后滑下来。他跑向一群孩子,冲着他们大喊:"公牛。"他围着院子一边跑一边大声地喊:"公牛!公牛!公牛!"同时,他把两个手指放在头上来模仿牛角。

弗朗姬找到了他扮演的人物角色最明显的特征:跳跃、攀爬以及"飞行"。

这个游戏中很少有其他发挥的内容,因为这个游戏受到他从电视上看来的脚本的局限。他迅速地从一个角色转换到另一个角色,但是身体动作保持不变。

当儿童扮演超人或有魔力的角色时,与扮演关于现实生活的角色相比,他们可以更加充分地满足情感需求。但是这些需求非常有限。

- 希望比人类更为强大——由于儿童缺乏力量,这成为他们常见的需求。(作为超人,他们可以飞,展示非凡的力量)
- 富于攻击性。(作为蜘蛛侠,为了匡扶正义,保护弱者,他们可以富有攻击性)

比较一下上面的弗朗姬的游戏和以下记录中 7 岁的诺兰的游戏,诺兰也扮演了几个角色,他的角色或许是受到电视内容,或许是受到观看学校体育馆里年龄大一些的学生打篮球的启发。注意诺兰在准确详细地复制现实生活方面的兴趣。

诺兰在体育馆里投篮,同时创造一个情节——波士顿凯尔特人队和克利夫兰骑士队之间的一场球赛。比赛涉及四名队员,一个是勒布朗·詹姆斯,一个是乔,和另外两个人。诺兰表演每个人的动作。他投中一球,说:"干得不错,乔!"从这句话可以看出,他同时扮演两个角色。除了刻画四名队员的形象,他也是解说员,为假扮的观众提供有关比赛进展的信息。"比分是 5∶3,凯尔特人领先。"投中一球之后,他说:"观众疯狂了。"他打了半小时的球,不断地在五个角色之间变换。当教师问他谁领先,或者已经得分的时候，他可以马上回答，就好像在他的脑海中有一个关于正在发生的事情的清晰画面。当游戏结束，凯尔特人队赢得比赛的时候，他倒在长凳上，仰面朝天，喘着粗气，手臂无力地垂到长凳下面。他的脸上浮现出满意的笑容。

在下面的记录中，6.5岁的布里安娜对她选择扮演的角色有一些非常明确的想法。

布里安娜一蹦一跳地走着。她满面笑容，两眼发亮，把一把椅子从桌子下面挪出来，让它朝外。她走到玩偶床边，猛地从玩偶下面拉出床单，把床单放在椅背上。

她故意四处走动，从橱柜里搜集叉子、勺子、杯子及盘子，并把它们放在桌子上。她盯着这些东西看了一会儿，然后把叉子和勺子放到盘子上。她把杯子装满水，放到盘子旁边。

亨利盯着布里安娜看了一会儿，然后一脸好奇地走了过去。"你在做什么？"他问道。布里安娜热情地说："我正在为我的牙科诊所做准备，好让大家来补牙。这是我的病人要坐的椅子，这是围在他们前面的床单。"亨利开始大笑起来。"你不能当牙医，因为女孩不是牙医。"亨利说。

当布里安娜双手叉腰走近亨利的时候，她双唇紧闭，生气地说："我也可以当牙医，因为我知道牙医做什么！"她迅速转过身，微笑着，高昂着头走向雷娜，问："你愿意成为我的第一个病人吗？"

角色中的情感投入

当儿童扮演以真实生活为内容的戏剧角色时，如医生、母亲、婴儿、警察等，他们可以赋予该角色非常个人化的情感基调。他们可以根据自己对他人的情感和态度来扮演角色。尽管儿童扮演的是小商店的店主、母亲或者消防员等固定角色，但他们可以选择的角色性格可以是盛气凌人的、专横的、认真的、宽容的、坚强的、卑躬屈膝的或者呵护他人的。在戏剧表演游戏中，儿童可以表现出在其他活动中没有展示的情感，比如：

- 他们怎样思考人们对彼此的感受？（医生可能是友好的 / 寡言无礼的 / 好数落人的；母亲和父亲可能是友好的 / 寡言无礼的 / 好数落人的）
- 他们希望人们怎样对待他们？（父亲是善解人意的、坚强的、乐观的、宽容的，是一位朋友；兄弟姐妹是慷慨大方、乐于助人的，是伙伴）
- 如果允许，他们会怎样表达自己？（扮演"婴儿"，所以可以假装被保护和有依赖性；变成"老虎"，所以可以大声吼叫且免于惩罚；扮演"老板"，所以可以主宰一切；扮演"动物园里不乖的海豹"，所以可以做淘气的事情）

在任何一种类型的游戏中，幼儿都可以一直保持这些态度中的任何一种。不管他们是扮演父亲、母亲、警察、叔叔还是姑姑，儿童都可以总是专横的、宽容的或者温顺的。但是态度极有可能会随着玩伴的不同而发生改变。儿童可能会对高大强壮的玩伴非常恭顺，但是对矮小的同伴很专横。我们必须不止一次地观察一个儿童与许多儿童一起玩戏剧表演游戏的情景，以便发现表明他与其他儿童关系特征的行为。

在以下这些 5.5 岁儿童扮演的比萨饼店里的角色中，你可以发现哪些态度？他们与其他玩伴一起时角色会有所不同吗？

肯德拉和所罗门与教师一起坐在橡皮泥游戏桌前。"我要给你做比萨"，肯德拉告诉教师，然后开始用手掌把橡皮泥压平。所罗门大声呼喊着："肯德拉和我是老板。"肯德拉看了一眼所罗门承认他的声明，并且扫视了一下桌子，问道："谁在比萨饼店里？"她又看着所罗门，宣布道："你是老板，我是助理老板。"所罗门坚定地说："我是真正的老板，我来说谁是老板。"他张开手臂，用手指指着肯德拉，说："你是。"肯德拉同意地点点头并且补充道："你和我是所有人的老板。""是的，"所罗门表示认可，"如果有人把水弄洒了，我们让他们清理干净。"肯德拉沾沾自喜地笑着补充道："是的，我们在比萨饼店里工作。"她从她的圆形饼上切下一块三角形的比萨薄片，炫耀道:"这是我们的比萨乐器。它经常为你演奏歌曲。它一直在吹奏。"然后,她把它抛向空中,递给教师。

"你付给我们多少钱?"她问教师。教师问道:"你们想要多少钱?"肯德拉回答:"5美元①再加1美元的税。一共是6美元。"教师假装递给她钱。"我来保存。"肯德拉大声喊道。"不,我来保存。"所罗门命令道。一阵小小的争论之后,肯德拉说:"好吧,好吧。"

肯德拉转向教师:"你想要我们的新式饮料吗? 10美元。""不,"所罗门纠正她说,"是1美元。"肯德拉有点生气地回应道:"不。打折减掉10美元。原来是11美元,所以是1美元。"所罗门一脸疑惑,大喊道:"免费啦!"肯德拉更生气了,重复着她先前的报价。她压低声音补充道:"我认为他不擅长数学。"她转向教师,说:"我们会送到的。"

儿童游戏内容的来源似乎对他们能够将内容改编成假装游戏的程度有很大影响。与感知不充分或者令人困惑的经验相比,他们可以再现的真实生活经验,一般可以形成更加成熟、持久和内容更丰富的游戏。真实的生活经验使得儿童与教师可以运用更多的信息或者补充说明来拓展儿童的知识。

戏剧表演游戏的社交方面

当两个或者更多儿童一起参与戏剧表演游戏的时候,他们不仅表达对世界的认识,表达自己的恐惧、愿望和志向,还通过别人的反应来测试和调整自己的社交态度和方法的有效性。在群体中的地位及被群体所接纳的程度在某种意义上依赖于儿童个体的行为,但是也受到其他儿童从其自我概念、愿望及需求方面看待这个儿童的影响。想帮助儿童发展更多成熟的社交行为的教师,必须用两种方式来了解儿童对彼此的影响:客观的角度(发生了什么)和对所涉及的儿童的主观意义(该儿童认为发生了什么)。

---

① 美国货币单位,按外汇汇率兑换,时价1美元约合6.5人民币。——译者注

当你观察假装游戏的时候，要意识到儿童彼此间是如何互动的和他们对于互动的理解。以下是一些指导性问题：

- 哪些儿童做出反应？对象是谁？
- 他们做了什么？是怎样做的？
- 他们说了什么？是怎样说的？
- 他们能否适应别人的计划？是否抵制别人，或者在无奈之下追随别人？
- 儿童对地位、威望、情感或者关注的渴望是否会妨碍或者鼓励游戏情节的发展？
- 儿童在游戏中总的态度基调如何——亲切的、怀有敌意的、引起不和的？

在以下关于一群4岁儿童的记录中，请注意支配地位的变化和对性别角色的理解在儿童的社会交往中是如何出现的。

特里萨穿了一条长裙。她正在炉子上挪动锅，同时阿伦在桌布上使用一个木头熨斗。阿伦说："假装这是一个饭桌。"

特里萨没有回答，继续煮饭。阿伦对她的沉默未做理会。他放下熨斗，从化妆区拿来另外一顶帽子。他说："看我给你带来了什么，妈妈。它是不是看上去很好看？"他把帽子给了特里萨，拿走了那顶旧的。特里萨把新帽子戴在头上，但是没有说话，只是继续煮饭。

阿伦拿了一个围裙穿上。特里萨转向他，责备说："不。那是女孩的衣服。"阿伦脱下来，特里萨把它穿在长裙外。

阿伦拿了另外一个带围兜的成人尺寸的围裙，问道："这是男孩的吗？"特里萨点点头。阿伦反复地问："这是头吗？"

特里萨愉快地说："是的。"她帮他穿上，特地帮助他整理了一下，调整了长度，以防阿伦绊倒。特里萨拿起一个手电筒，努力想打开它。"开灯。"她说。手电筒没有亮，尝试了几次之后，她放下了手电筒。阿伦和特里萨肩并肩站着，假装煮饭。他们小声地讨论正在做的事情，好像在给自己做指导。

有时候，他们更直接地与对方说话，好像在期待一个答复。比如，"你摆好餐具了，对吧？"埃迪走上前来，笑着说："这是一所真正的房子吗？"

阿伦回答说："你愿意来这所房子做客吗？"

"好的。"埃迪同意了。唐尼也来了，他们做出接近的样子。之后，他们敲了敲假想的门。

阿伦开门的时候说："这里是餐馆。"特里萨点头确认。马克斯和埃迪进来，坐在桌子旁边。

埃迪蛮横地大喊："点餐！点餐！"

特里萨走过来说："好的。"

埃迪回答道："我想吃晚餐。晚餐有什么？"

特里萨回到炉子那里，痛快地扭头喊道："热狗。"

"好吧，"埃迪表示同意，"热狗夹蘑菇。"

特里萨继续煮饭，阿伦过来帮忙，挪动锅和盘子。埃迪和马克斯感到无聊就离开了。

特里萨在咖啡壶里煮咖啡。阿伦拿了壶，评论说："这是咖啡。"

特里萨反驳他："不是，那是茶。"

阿伦指出："你最好快点儿。有更多的顾客来了。"

这一次顾客是假想的。他们一起摆放餐具，特里萨说："黄杯子盛咖啡，其他杯子盛茶。"

埃迪又回来了，好像想参加这个游戏。阿伦粗暴地把他推开："你没有玩。你不能玩。"埃迪执意要参加，阿伦再一次将他推开。

与此同时，特里萨站起来，走到角落里，把裙子快速地转呀转呀，她看着并用手掌感觉长裙的运动。

埃迪放弃了，他一离开，阿伦和特里萨就返回游戏中。他们积极配合着继续玩游戏。

在这份记录中，特里萨对阿伦的态度随着游戏的进行发生着改变。一开始她不理阿伦,然后不赞成他的一些行为,最后变得合作和更亲切。很显然,阿伦非常渴望与特里萨一起玩,一开始他接受了她的责备,但是他坚持着并且取得了成效。随着特里萨态度的改变,他成了她平等的游戏伙伴。当特里萨快速地旋转裙子的时候,她是否在有意地避免埃迪与阿伦之间的冲突?

在游戏时相对于其他儿童的地位

群体成员之间互动时,他们往往会在群体的等级制度和结构中寻找自己的位置。有些儿童是领导者,有些是跟班的,有些是调解人,有些是代表成人观点的"卫道士",也有一些儿童始终没有融入群体中成为合适的成员。

儿童在班里的地位可能是显而易见的,也可能被巧妙地隐藏或者伪装起来。看起来像是合作者的儿童可能仅仅是被动的,他们渴望被接纳或者担心自己提供东西可能会导致自己彻底失去作为合作者的地位。班里最吵闹的儿童看起来好像是领导者,但是真正的管理者可能是以自己的想法影响或者控制游戏的安静的儿童。

在班里的地位是相互关系的重要构成要素之一。对一个儿童来说,领导者的地位可能太重要了,所以他会诉诸任何他可以想到的花招来达到目的;而对另一个儿童来说,没有受到挑战则心满意足。地位具有两方面的含义——成人怎样看待儿童在班里的地位,以及儿童怎样看待和感受它。地位可以以多种表现形式出现——专横的老板、积极的领导者、协作伙伴、旁观者、妥协者、煽动者。儿童可以通过各种方式,如恐吓、说服、找借口、哄劝、贿赂或者思想影响来维持自己的地位。沉默可能是维持地位的另一种方式。

在下面的记录中,5岁的彼得在班里的地位、维持地位的情感以及其他儿童的反应似乎非常清楚。

孩子们分成几拨分散在游戏场地上长满树的地方,有的在挖掘,有的在装罐子,有的在他们假想的家里用石头当餐桌。彼得和伙伴们已经用罐子收集了当正餐用的东西,然后从树上收集枫糖浆。彼得把罐子放在一棵树旁，大摇大摆地走过丹尼丝的石头。

彼得宣布说："我要去拿我的鱼竿，还要乘船出去。妈妈（对丹尼丝说），我钓鱼的时候你能为我划船吗？"没等丹尼丝回答，他就继续找钓鱼竿。他远远地喊："妈妈，快来！"

丹尼丝非常坚决地说："我需要在家里的炉子上做午饭！"

彼得发现了一根像钓鱼竿似的杆子，返回来，又被丹尼丝阻止了。"快来，妈妈。现在你要认真地做午餐。"他大步走向被当作船的石头。"快来，妈妈。快来，我们必须走了。你必须划船——那是船坞，你跟我来。"

丹尼丝继续做午餐，但她也在彼得身后喊了一句："再见！"

彼得现在回到了石头上，他的钓鱼竿放在船上。他站在那里抓着一根树枝，透过树枝看到丹尼丝并且大喊起来。因为被阻止，他的语气开始有些不耐烦了。"快点儿！你必须为我划船。"

丹尼丝轻蔑地说："你继续。我不干。"

彼得尖叫道："快点儿！你必须干！"每说一个字他就用短木棍敲一下树枝以示强调，因为他不能打丹尼丝，但是本来极有可能想要这样做。

丹尼丝用表示和解的语气但是不高兴地说："好吧。让我做完洋葱。带上孩子。快来，詹娜。"她和她的伙伴向那艘船走去。

现在彼得让亨利、杰克逊、罗伯特、丹尼丝及詹娜坐在石头船上。他用一根木棍当船桨。然后，他看到尼基和朱莉在忙着挖掘。（有新的领域要征服！）"快来，伙伴们（对尼基和朱莉说）。你们愿意为我们划船吗？伙伴们。"她们很快地就来了。但是，很快地，朱莉就哭了。丹尼丝正在用力拍她的手，因为她从罐子里往外倒土，把船弄脏了。

"不要那样，丹尼丝！"彼得命令说。朱莉下了船，很伤心，低着头。

詹娜慢慢地挪到彼得旁边的石头上。"这是妈妈要坐的地方。请让开。"他把她推开，这样丹尼丝可以过来。

然后，丹尼丝拿起彼得的长棍。"停下！那是我的鱼竿。"彼得告诉丹尼丝。丹尼丝下了船，给自己找了一根长的鱼竿，回到船上。

彼得问杰克逊："兄弟，你来划船吧！"杰克逊拒绝了他。

彼得四处张望："嗨，谁来划船？"看到丹尼丝正在用她自己的鱼竿，他说："妈妈，你来划船。我们只需要一根鱼竿。看！我钓到了一条大鱼（他的木棍头上的一片树叶）。听着，谁来划船？妈妈，你去那里钓吧。它是船上最好的地方。""现在，哥们儿（对杰克逊说），用这根木棍划船。"

最后，看到终于有人划船了，他转过身去钓鱼。

游戏中，彼得努力成为头儿，但是很少成功。他运用几种方法来达到目的——语言上的坚决要求、行为上的坚持以及偶尔的诉诸武力。他的方式让其他儿童非常抵触。

这则轶事可以引发教师的进一步调查。彼得在戏剧表演游戏情境中是否总是一个不成功的"头儿"，还是在其他时候他可以自在地听从其他游戏者的安排？在其他情况下，他能否用不太专断的风格进行领导？来自其他记录的信息可以指导教师决定，在交朋友和维持朋友关系方面，彼得可能需要教师提供哪些方面的帮助。

在接下来的记录中，一个参加了"放学后项目"中的一年级儿童凯特琳展示了一种完全不同的领导风格。

有4个女孩：凯特琳、哈娜、阿利克斯及玛丽索尔。哈娜问："谁想当爸爸？""我真的不介意，"凯特琳回答说，她从篮子里拽出一个玩偶，举过头顶，说："她1岁。"她紧紧地抓着玩偶，命令说："你，先生，必须去睡觉。现在是睡觉时间。"然后，她宣布："我正在摆放晚餐的餐具。"她在每个座位上放了一个盘子。阿利克斯和玛丽索尔靠近凯特琳，她严肃地注视着两个女孩问道："谁是妈妈？"两个女孩同时大声喊道："我是！"凯特琳指着阿利克斯用命令式的口气说："她先说的。"她对玛丽索尔说："你可以当大姐。"

"亲爱的，"她对阿利克斯大喊，"我不能摆餐具。我必须打电话给我的老板，不然就被老板炒掉了。"阿利克斯靠近凯特琳，冲着她同情地笑了笑。凯特琳拿起电话，说："你好，老板。我的孩子管不了了。是的，我的孩子。是的，我正在吃饭。"她突然挂断了电话，然后溜达到一个架子前，抓起一个盛着六个小的白色牛奶瓶的容器,对阿利克斯说:"我要喝几杯啤酒!你想来一杯吗?"阿利克斯鄙视地把脸皱成一团,说:"不要,谢谢。电话响了,亲爱的。你必须按零。"

凯特琳不理会这些话,把一顶男式帽子牢牢地戴在头上,抓起一个很大的黑色女士手提钱包,对阿利克斯说:"我要去上班。"她"扑通"一声坐到椅子上,把帽子和钱包扔到桌子上。休息一会儿之后,她站起来,走近阿利克斯。她用雷鸣般的声音宣布:"亲爱的,我回家了。"

哈娜一直在玩积木,她爬到凯特琳的脚边,用婴儿的声音说:"爸爸,爸爸。"阿利克斯强调说:"孩子可以吃她想要的任何东西!"凯特琳从容器里拿走了三个白色牛奶瓶。她关切地补充道:"她不能喝啤酒,只能喝牛奶。"凯特琳蹲下,抓住哈娜的肩膀,说:"嗨,小南瓜。"哈娜、阿利克斯和凯特琳走向一把大椅子。哈娜说:"它不是椅子,是电冰箱。"哈娜注视着凯特琳的脸,轻轻地说:"我想要早点儿睡觉。"凯特琳一脸微笑地点点头,对坐在她膝盖上的玩偶说:"你也必须要早点儿睡觉,先生。"然后,她宣布:"现在你需要洗头发。"她看着阿利克斯,温柔地说:"亲爱的,现在我正在给他洗澡。"阿利克斯关心地说:"绝对不要让他泼水。我们有三个孩子。"

凯特琳凭借她的好主意和包容其他成员的能力成为游戏的领导者。这是否总是她的风格?她是不是有时候用威严和雷鸣般的说话声来支配别人,而非戏剧性地表现角色?

游戏和比赛规则

在以上的记录中,阿利克斯和凯特琳根据他们构建的为人父母的规则玩游戏。比如,禁止泼水是阿利克斯的规则之一。皮亚杰(1965)和维果茨基(1976)都对儿童所创建的基于规则的游戏和比赛结构进行了描绘。维果茨基提出,"……没有无规则的游戏。"(p.541)预设的比赛规则和游戏中的规则有所区别。在游戏中,规则取决于儿童已经创造的事实,如他们选择要描述的家庭事实。对参与有规则的比赛的儿童进行记录可以提供对儿童游戏社交方面的进一步理解，展示规则形成的协作过程。遵守外部规则的儿童经常一起重建规则。他们重建的方式取决于儿童的年龄和经验。下列片段中的4岁儿童快乐地参加一项游戏，所有的儿童在游戏中默默地理解了轮流与模仿的简单规则。

塞勒姆、艾梅及查纳正在为谁坐在谁的旁边和谁握着谁的手争吵。艾梅大声喊道："不！他抓着我的手！"塞勒姆突然摆脱另外两个孩子，指挥说："这样做！"他把一只手平放在桌子上，把另一只手放在它上面。其他人立刻把手叠放在他的手上。之后，这些手立刻在快乐的欢呼声中四散开来。他们热情高涨地重复这个游戏。

年龄大一些的儿童依赖更加复杂的互动来制定游戏规则。一群五六岁的儿童组织了一场棒球比赛，他们正在外部规则与自己制定的内部规则之间挣扎。

"我们打球吧！"肖恩跑去拿球和球棒的时候大声喊道。一大群儿童聚集起来，开始讨论规则和垒次。肖恩和达拉主持讨论。他们争论谁先打第一棒。"不公平。我想第一个来打。"肖恩噘着嘴说。达拉决定第二个打。肖恩继续说："我有球棒，所以我先来。你和我一组。你去那儿，你来当投球手，安杰尔可以当接球手。"大家进一步讨论规则、位置及轮流的机会。肖恩已经牢牢地握住了球棒和球，尽管其他儿童已经试图让他松开手。

比赛开始，肖恩握着球棒。他从地上把球弹起来，用力击打它。每个人都跑去接球，忽略了肖恩。孩子们一个接一个都摔倒在地上，大笑起来。肖恩跑垒，没有接触或者靠近其他孩子。他迅速地绕场一周。当他触到本垒板的时候，转身面向其他人，咧开嘴笑起来。他四处看看，捡起球棒，再一次站好位置准备击球。比赛重新开始，肖恩再一次击球。他又一次击中，所有人都追着球。肖恩依然站在本垒板上。

"你为什么不跑？"达拉问道。

"我没有必要。"肖恩毫不担心地说。

"为什么？"达拉问道。

"因为我要出局。"肖恩回答。

"那不是你打棒球的方式。"达拉提议道。

肖恩不理会达拉，摇晃着球棒热身。尼克走过来告诉肖恩轮到他击球了。

肖恩回答："不，我还要跑。"

"但是你已经跑了。"尼克回答道。

"那又怎么样？"肖恩极具权威地反驳道。

肖恩击球，但是第一投没有击中。他击中了第二投，跑到第一垒，他停在那儿。尼克击中下一投，肖恩跑到第二、第三垒，一直到本垒，但是没有接触他们中的任何一个人。因为他们都忙着追球、追尼克，满场跑，所以没有人在意。

"两分，我们赢了。"肖恩笑容满面地说，再一次拿到球棒。"嘿，你不能再跑了！"有人大声喊道。肖恩很不情愿地放弃，慢步离开。他走到场地的另一边，加入了对方球队。他站好位置，当球被击中之后，他迅速地奔过去，接住了腾空的球。他追上跑垒员，碰了他一下，大声喊："他出局了！"当球队交换位置的时候，肖恩成了投球手。

行 为 模 式

对参加戏剧表演游戏的儿童的记录总结不仅要包含以下方面的游戏行为，而且要反映一段时间内的行为变化。有其他儿童参与的游戏记录也可以为了解该儿童与其他人的互动模式及制定规则的能力提供启示。

1. 游戏内容在多大程度上涉及真实生活或者虚拟的人物？（超级英雄、怪物）
2. 常见的、具体的游戏主题有哪些？（太空行走、煮饭、进餐、生病、餐馆、死亡）
3. 儿童通常选择的角色有哪些？（司机、父亲、母亲、婴儿、动物、超级英雄、火车）

4. 该儿童往往独自玩耍还是与别人一起玩？
5. 当与别人一起玩的时候，该儿童是否通常选择与别人不同的角色（比如，通常扮演公共汽车司机，其他人是乘客）？
6. 当独自玩耍的时候，是否以具体内容（如游戏屋、灭火）或者角色（汽车司机或者超级英雄）为主？
7. 在承担角色的时候，该儿童取得的相对于其他儿童的地位如何？（比如，在扮演母亲、婴儿或者店主等角色的时候，其地位可以是老板、下属、领导者、合作者、卫道士、替罪羊）
8. 他取得的与具体个性相关的地位有哪些？（比如，他是否总是领导者，或者只跟胆小的 / 年龄更小的 / 年龄更大的 / 好斗的 / 男孩或者女孩在一起？）
9. 该儿童维持地位的方式有哪些？（观点诱导 / 找借口 / 多说话 / 幽默 / 语言或者身体攻击 / 恐吓 / 贿赂 / 抗议 / 扮演无助者）

关于儿童的丰富信息正等待着对假装游戏不加干涉、只专注地进行观察并记录的教师！儿童的戏剧表演游戏记录展示着他们万花筒般朝气蓬勃、热情洋溢的生活；善于思考、反思的生活；积极的社交生活；安静的独处生活。当我们在现场潜心聆听他们说话的时候，儿童可以通过游戏告诉我们关于他们自己的许多事情。

第六章　记录师幼关系及教师主导活动中的儿童行为

在相当长的一段时间内，儿童很大程度上一直依赖成人。向独立阶段发展的时间长短因个体和文化而异。然而，要达到成熟的成年期，儿童必须经历某种方式的过渡时期才能达到相对的独立。他们通过许多步骤和阶段到达成年期，有的时候是显而易见的且富有戏剧性的，有的时候则是波澜不惊的。为争取独立而进行的奋斗并非没有顾虑和恐惧。在打破依恋关系的同时，儿童仍然需要成人，不仅仅是为了身体的营养需求、对关爱及理解的需要，还是为了在争取独立的道路上得到需要的道德支持。

从生命中最初几年里非常重要的成人那里——父母、养父母、祖父母及其他亲戚，儿童学会了很多东西。通过每天与这些重要的成人接触，儿童形成对其他人和对自己的理解，知道可以对其他人有什么样的期待以及哪些是他们可以做的和不可以做的。开始时，儿童相信，所有成人都像他们最初熟悉的人一样；直到过了儿童早期阶段之后，多年的经验可以教给他们辨别人与人之间的差异。他们认为成人告诉他们的关于自己的事情是真实的，除非其他人后来再教给他们其他的东西。所以，当儿童第一次到达学校或者儿童保育中心的时候，他们对待教师的行为将很大程度上反映他们的家庭经历，表明他们在多大程度上走向了独立和发展了积极或者消极的自我意识。

教师的自我观察

儿童需要成人，但是他们也必须逐渐减弱这种关系。教师必须能够带着足够冷静的态度观察自己身在其中的关系，客观地了解儿童的依赖性需求，以及用真实的、不带任何偏见的评价来看待儿童对依赖的拒绝。为了做到这一点，可以就我们与儿童的关系提问："我会提高还是削弱这个孩子的自我能力感？"要想既保持自我又能做一个公正的观察者非常困难。我们的专业自我（客观的与具有学术素养的）必须与个人自我（主观的与涉及感情的）合二为一。

有勇气反思自己的行为对于真实地观察和理解儿童至关重要。或许教学中最危机四伏的方面就产生于"当教师面对自己的时候"（Jersild，1955），公开面对偏见、识别个体文化与经验的影响、承认价值观与信仰及接受情感对行为的影响，这是非常大的挑战。一般情况下，教师忙于教学，所以很难找到时间自我反思。他们需要研究自己的背景如何影响他们对儿童的看法及儿童应该学习的内容。童年时期积累的经验；家庭的特性；社会、经济和政治环境的特点；儿童时期学校里的重要经验，都会影响教师看待儿童的方式。但是或许教师意识不到，他们每天都是以这些信仰和价值观为基础，决定教学内容、儿童要用的材料以及布置硬件环境的。

反思自己的行为有利于清楚地表达自己关于儿童如何学习的教育理念与思想。教师应该学会在实践的同时思考自己正在做什么。观察儿童与自己的关系是这种自我认识的途径之一。

记录师幼互动

如实地对学校里的师幼关系进行观察，可以告诉我们儿童感觉到成人是可以信任的，还是持怀疑的态度看待成人，或是对他们敬而远之。我们也可以分辨，儿童是否相信即使自己做了天大的错事，仍然可以得到成人的爱；或者是否有必要小心地避免去做违反成人的准则，致使成人不再爱他们的事情。

在许多情况下，师幼关系的细节都会存在于日常的偶发事件中，意即常规活动中、使用材料及与其他儿童交往的时候。然而，除此之外，还有特殊的师幼接触，正如教师们所知道的，因为他们自己就参与其中。

有时，有的儿童会抓住教师的手捏一捏，或者从门口冲过来猛扑到教师身上，以此作为晨间问候的方式；有时，儿童会静悄悄地带着珍贵的东西来让教师观看，或者抬起湿湿的鼻子等教师来擦；还有的儿童会高傲地命令教师、与教师开善意的玩笑和分享笑声。每天，组成班集体的儿童个体之间都会发生新的关系。每个儿童在教师的眼里都是"特别的"，与教师进行"特殊的"个别接触（如果儿童不这样，教师就应该对其加以关注）。

在下面的记录中，幼儿教师以真实的情感回应儿童，同时能够面对自己的情感。

当乔纳森激动地爬到桌子上面的时候，教师生气地大喊："从桌子上下来！"他迅速跳下来，一脸惊讶的表情。教师迅速地组织了一个圆圈游戏，乔纳森也参加了，他一直非常小心地盯着教师。当教师看他的时候，他小心地避开教师的目光。玩了一会儿之后，孩子们变得焦躁不安，要求唱歌。唱完第一段"你要唱首歌，我要唱首歌"之后，教师问有没有人知道另一段。乔纳森建议说："你咬我，我咬你怎么样？"唱完那一段以后，他建议把"咬"换成"打"。"你今天很生气，是吧？"教师问。乔纳森直接看着老师，回答说："不，是你心情不好，不是我。"教师微笑着亲切地说："你看，你是对的。你是怎么知道的？""因为今天你已经大喊大叫很多次了。"他回答说。然后他走过来，开始咯吱老师。教师大笑起来，说："你正在让我远离坏心情。"

记录师幼互动可以了解儿童的自尊，正如下面的轶事所展示的一样，使教师知道在制订帮助6岁的莱斯莉适应教室的计划时需要继续做记录。

莱斯莉一个人坐在桌子旁边。突然，她抓起装有拼接方块的桶，把方块倒得桌子上、地板上全都是。老师悄悄地要求她把方块捡起来。她嘲笑老师，大声喊道："你不是我爸爸。你以为你是我妈妈吗？你不是我妈妈！"她歇斯底里地笑起来。当老师反复说"莱斯莉，请把方块捡起来"的时候，她大声吼道："我不叫莱斯莉。我妈妈带我去了可以改名字的地方。我叫新鲜嘴巴。叫我新鲜嘴巴，来吧，或许我会去把它们捡起来的。叫我新鲜嘴巴。"她冲老师伸了伸舌头。重复了几遍"叫我新鲜嘴巴"之后，她开始有些不情愿地收拾一些方块并且放进桶里。

有的时候，儿童用一种方式对待一个特别的成人，用另一种方式对待另一个人，这些情况有助于我们"全方位"地观察儿童。就像一个通常非常独立的7岁儿童，当妈妈带他去学校的时候，他却不能或者不愿意自己脱下外套。师幼关系可能会受到校外情况的影响，比如经历过父母离婚或者目睹过暴力行为。有一个5岁的爱唠叨的女孩，在她爸爸住院的时候，她拒绝与教师说话。

在下面的两则观察记录中，4.5岁的法蒂玛与生活中的成人关系如此不同，以至于当她与每个人交流的时候，就好像不是同一个孩子一样。在第一份记录中，她或许感到教师的要求具有挑战性，这使她存有戒心。在第二份记录中，她进入熟悉环境时的犹豫不决是由于有几天没有上学了。显然，单独一份记录会扭曲我们对法蒂玛与成人关系的了解。

在班里，法蒂玛直接坐在老师面前，把一只胳膊肘放在膝盖上，用手托着下巴，一脸无聊的表情。老师大声说："法蒂玛，如果你有一支紫色的彩笔，你会画什么？"法蒂玛挑衅地回答道："与你无关。"老师反驳说："哦！好傻的答案。我知道有人可以给我更好的答案。"泰勒的手举得比任何人都高，大声喊道："我知道我会画什么。一所房子，那是我想画的。"德里克插话说："我会画一张脸。"托尼大叫道："我会画一本书。"法蒂玛匆匆插入，说："我会画一个怪物，傻瓜！"老师没有回应。几分钟过去了，法蒂玛大声喊道："老师，你的头发太丑了。你有愚蠢的头发！"

下面这则观察记录是教师在法蒂玛病好返校的时候做的。

法蒂玛和爸爸一起走进教室。她身体僵硬地站在他前面，嘴里含着一根手指。她的目光在教室里转悠，双唇紧闭。几个孩子在教室的另一头玩耍。法蒂玛的爸爸身体微向前倾，埋怨法蒂玛说："怎么了？继续走啊。"法蒂玛没有反应。几分钟过去了，戴维非常高兴地大声喊道："你好，法蒂玛！"法蒂玛还是没有反应。老师大声宣布："看！法蒂玛回来了！"几个孩子聚集在法蒂玛身边，但是她对任何人都没有反应。当爸爸脱掉她的帽子、外套和外层毛衣的时候，她非常紧张地站着。她的爸爸在离开教室之前轻轻地拍了几下她的下巴，法蒂玛依然没有反应。老师径直走向法蒂玛，搂着她让她坐在他的膝盖上。戴维走过来再一次跟她说"你好"，法蒂玛没有反应，只是盯着他看。老师说："戴维，法蒂玛离开学校已经有一段时间了，她必须慢慢地适应回到学校的感觉。"当法蒂玛坐在老师的膝盖上的时候，有一个女孩玩着玩具弹簧经过。法蒂玛微笑着说："我有一个玩具弹簧。"老师笑了，用力抱了她一下。她摇晃着胳膊和腿静静地坐着，嘴里含着一根手指，目不转睛地观察其他孩子。她从老师的膝盖上滑下来，在教室里溜达，和几个孩子一起看格蕾琴喂天竺鼠。法蒂玛冲向老师，兴奋地说："请给我一些莴苣。"老师给了她一些莴苣。法蒂玛慢慢地把莴苣放进笼子里。几分钟之后，当老师宣布户外活动时间到了的时候，法蒂玛蹦蹦跳跳地走到她的小衣柜那里取出外套。她认真地把外套放在地板上，弯下腰，把右胳膊伸进外套的袖子里，然后是左胳膊。她迅速地把外套翻到头上，径直走向老师，请老师帮忙扣外套的扣子，然后高兴地走向门口。（改编自 Cohen，1971，pp. 40—41）

在关于法蒂玛的第二份记录中，我们看到在儿童早期阶段屡见不鲜的主题。当儿童离开班级一段时间之后，重回学校或者保育中心时，他们从家庭过渡到学校经常遇到困难。成人与儿童的关系的某一方面既可以通过儿童与父母在分离时刻道别的方式展现出来，也可以通过儿童回应教师的建议的方式展示出来。

在下面的记录中，瑞安在老师的帮助下能够成功地实现过渡，但是没有老师的介入，黑利做不到。

瑞安，7岁，最近进入了一所新学校。这天，老师来接孩子们排队去上美工课。瑞安冷静地问："我必须去吗？""是的，"老师回答说，"我想你会喜欢的。"瑞安变得焦虑不安。"但是我不想去。"他说。教师先把班里的其他孩子送走，然后和瑞安一起留下来。"你想让我和你一起去美工课？"瑞安回答说："是的，但是如果我不喜欢，我还必须留在那里吗？"教师向他保证他不必留在那里。"好吧，"他回答，"我试试吧。"当他们到达那里的时候，教师把他介绍给美工老师库克。库克老师问："你曾经用过毛根吗？""是的！"瑞安兴致勃勃地说，"有一次我做了一架里面带小洞的飞机，好让炸弹掉下来——轰！""现在你想做飞机吗？""是的！"他在库克老师的帮助下挑出几根毛根，开始把它们弄弯。

※ ※ ※

黑利蹦蹦跳跳地来到幼儿园开始一天活动的地方——游戏场地，她的妈妈紧跟在后面。老师微笑着说："你好，黑利！"黑利迅速地走向老师，让她看看自己手里的东西。妈妈叫她回去亲吻，当她在妈妈的脸颊上轻轻地吻了一下的时候，她的脸色变得非常严肃，然后她们相互道别。她妈妈离开几分钟之后，黑利的脸色变得阴沉起来，她直接走向每天向妈妈挥手告别的栅栏。她双手抓着栅栏，站在那里看了好一会儿，然后转过身来，用目光搜索着游戏场地。她的表情显得非常沮丧，眼里含着泪。她像只火烈鸟一样单脚站着，每隔两秒钟望一下栅栏外面的人行道。到了进屋的时间，她把外套挂起来，一脸悲伤冷漠的表情。吃点心的时候，她选择一个人坐，眼睛盯着果汁杯，心不在焉地一小口一小口地咬着饼干。

需要观察的细节

- 该事件发生在哪里？（环境）
- 谁主动进行了接触？

    » 如果该儿童主动进行了接触，是否有目的？（请求帮助；索要材料；展示作品；受伤害的时候寻求安慰——真实的或者虚构的；在常规活动中寻求帮助；请求别人与自己一起玩耍；给予或者寻求关爱；在社交关系、表达想法方面寻求帮助）是否有间接的目的？（通过喋喋不休、不断地送礼物、明知不受欢迎却故意实施挑衅性行为——尖叫、危险的攀爬、搞破坏、藏东西——来寻求注意）

  » 如果教师进行了接触，他有什么目的？（用材料或者设施提供帮助；解决争端；参加游戏；提出建议或者要求；提供指导或者发出指令；对受到伤害或者欺负的儿童给予安慰；提供道具）

- 通过声音、说话的速度、面部表情、身体姿势和动作、身体接触等，儿童展示出哪些态度与情感？
- 发生了哪些对话？（原话）
- 事件的顺序是怎样的？

  » 包括成人所做的事情和所说的话。

  » 说明儿童的反应，包括言语的和肢体上的。

- 该接触如何结束？
- 接下来儿童做什么？

儿童与教师互动的记录

下面这份观察记录中的两个儿童展示了对待教师的不同态度。

5岁的莎伦与妈妈一起来到学校。她面无表情地走在路上，几乎是拖拽着她的双腿。她缓慢地向四周看了看，然后走向老师。老师喊道："你好，莎伦！"但是没有得到回应。老师又喊道："你好，莎伦！"这一次她得到一个淡淡的微笑。莎伦走向秋千，那里已经有一个孩子在荡秋千了。她环抱着杆子，等着。另一个孩子没有理会莎伦，从秋千上下来，而莎伦依然是慢慢地移动，缓慢地坐到秋千上，开始用双腿快速摇动。她再一次露出一丝微笑。几分钟之后，她开始玩泥巴，一个人玩得很认真。然后，她慢慢地站起来，走到老师身边，小心地端着盛在盘子里的泥巴派。她手里端着盘子，一动不动且一言不发地在那里站了好一会儿。老师"品尝"了她的泥巴派，大声说："真好吃！"她向老师微微一笑，走开了。

※ ※ ※

现在是接孩子的时间，4岁的怡敏走到老师身边。"我可以数到10。"她悄悄地对老师说。"我想听一听你是怎么数的。"老师说。怡敏一边用一只脚跳着，一边缓慢而准确地从1数到10，同时一直伸展着手臂保持平衡。她对老师笑了笑，露出了前排牙齿，眼睛眯成了一条缝，她双脚起跳，然后跑开了。

获取关于儿童校外社交的信息

当儿童走进教室的时候，他们并不会将他们的校外社交环境当作背包一样取下来，然后置之不理。他们的整个世界随着他们一起进到教室里来：父母、兄弟姐妹、其他亲戚、朋友、照看人、宠物以及生活的地方与社区的文化、经济、医疗和宗教等方面的内容。在观察儿童时，我们不能脱离社会环境、价值观及信仰这些重要的信息来源。

正是通过与儿童父母或者监护人的持续接触，教师才能了解儿童在更加广阔的非学校环境中的情况。因此，父母支持性地参与儿童早期教育可以实现双重目的：既可以潜在地使父母成为儿童的代言人，又可以使教师熟悉儿童家庭的社交及文化背景。

形成家庭与学校关系最常见的（但不是唯一的）途径是通过家长会及非正式的日常谈话。与儿童父母建立具有实质意义的思想交流的关键在于保持坦诚，反对"告状"，以及通过仔细聆听向儿童的父母学习。父母最了解自己的孩子，在大多数情况下，他们渴望与一位不会动辄评头论足的听众讨论孩子。这种关系为更全面地了解儿童提供了一种途径。家长能够描述：

- 孩子的个性与发展；
- 自己对孩子的学校生活的期望与目标；
- 孩子在学校和社区的活动范围；

- 孩子的玩伴；
- 令孩子懊恼/快乐/生气/伤心/兴奋的情况或者人；
- 孩子的校外保育安排；
- 家庭成员或者关系密切的人（包括宠物）的病情、死亡或者住院情况；
- 孩子与兄弟姐妹、亲戚、朋友的关系；
- 孩子谈论的关于学校的事情；
- 影响孩子的任何事件，如火灾、抢劫、暴力、搬到新社区、父母分居或者离婚等。

因为与家长进行思想交流是双向的，所以教师可以挑选一些从观察和记录中收集到的关于儿童的信息与家长分享。对家长来说，重要的是了解教师对儿童感兴趣以及理解儿童且不妄加评判。

记录儿童在教师主导的集体活动中的行为

每个儿童可能会经历的师幼关系是存在于集体活动之中的。这意味着一对一的接触要经常让位于必须与许多儿童共享一位教师的经历。这种分享会发生在非正式的活动中，比如当儿童必须等待轮流被帮助的时候，以及更加正式的有计划的活动中，如音乐活动时间、集体讲故事时间或者外出参观时。

儿童必须达到怎样的成熟程度才会喜欢与朋友分享共同的经历？保持自我与以自己的节奏和他人相处是一回事。儿童想知道是听从老师的指导、努力取悦她好呢？还是注意其他儿童的提示，让他们接受自己好？对大多数儿童来说，集体活动会对他们适应幼儿园的能力提出挑战。一对一的关系仍然很重要，但个体在亲密的师幼互动之外可以自如活动的程度是不同的。因此，当教师对全班儿童进行指导时，儿童的反应与当教师与每个儿童直接或者单独谈话时的反应是不同的。

一方面，在教师主导的集体活动中，教师通常仅仅通过推断来与儿童谈话，因为他一次要面对全班所有儿童（这也是为什么当教师对全班儿童提出的整理、穿衣服、排队的要求时，儿童不回应的原因）。另一方面，明显且激烈地争抢教师的关注有可能影响儿童对集体活动的感受。如果对教师的偏爱比对故事更感兴趣，那么儿童在听最有趣的故事时也可能会动来动去，同时推搡着慢慢地蹭向深爱的教师。

或者，儿童的行为本身可能会受到不够宽容且经常爱评头论足的同伴的影响，这通常令人难以忍受。与更为松散的集体环境不同，教师创设的集体环境（每个儿童做同样的事情）对儿童来说是一种挑战。在松散的集体环境中，儿童的个体行为与自己的愿望和需求的关系更加密切，与同伴的参与并不直接相关。所以在以教师主导的活动中儿童的行为对其自身来讲有其意义，但可能并不符合教师的意图。

任何学校活动都可能会令儿童回忆起校外经历，这也会影响儿童在班里的行为。比如，如果在家里儿童依偎在成人身旁聆听故事是一件令他们感到愉快的事情，那么在学校里，不与教师进行身体接触，而是与其他许多儿童分享该教师，儿童将如何很好地听故事呢？或者，如果儿童一直在偷偷地努力学习跳绳、双脚跳或单脚跳，那么在音乐时间他或许还不能与协调能力更强的同伴一起大方自然地阔步行走。这就很容易理解某些儿童在开始学习走路时感觉到自己被淹没在周围快速行走的人群之中的恐慌。

需要观察的细节

在观察教师组织的活动中的一名儿童时，需要留意该儿童与所在群体、教师的总体关系，也需要留意她与该活动的特定关系。

- 在教师宣布集体活动即将开始时，该儿童最初的反应是什么？
    » 接受。（急切地/高兴地/乐于立即中断目前的活动/平静地进行）
    » 抵制。（继续目前的活动/磨蹭/拒绝/抱怨/跑开）
- 事件的顺序是怎样的？（音乐时间的内容，步行去班级旅行的目的地，朗读的故事的性质和长度，对项目的指导）

- 教师扮演什么角色？（向儿童展示如何运动；阻止儿童相互碰撞；演奏乐器；大声朗读）
- 当教师帮助其他儿童，或者与另外一位教师或家长交谈，或者指导整个班的某项活动，如故事、游戏、音乐等，或者做出解释的时候，对于同其他儿童、成人分享教师，该儿童有何反应？（轻易地接受；不理会；打断且要求被关注；生闷气、大哭、发脾气；等待教师回来；耐心但不是无奈地等待轮到自己）
- 如果参加活动，该儿童会做什么？
  » 该儿童如何做？（用身体动作、面部表情、话语做出反应；迅速地/冲动地/感兴趣地）
- 如果不参加，该儿童会做什么？（观察全班同学/扰乱秩序/黏着教师/不理会其他孩子/做别的事情/跑出教室）
- 该儿童对教师的指导做何反应？（木然地/愉快地/不情愿地/任性地/流眼泪/生气地）

行 为 模 式

师幼关系模式可以通过学校生活中的许多方面反映出来，比如，通过一天中非正式的师幼接触（儿童所说的与所做的事情）；常规活动中及使用材料和设施时的关系；戏剧表演游戏中儿童所扮演的角色（和赋予角色的意义）；教师主导的活动中的儿童行为，等等。

师幼关系小结

这份总结可能是关于某个方面的，也可能涉及许多方面，这取决于你能够做多少记录或者该儿童在与教师的交往中的稳定或变化程度。请留意以下问题。

1. 师幼接触的频率如何以及在哪些情况下接触？（常规活动；请求批准，发生冲突时请求帮助，索要材料，征求意见；给予或者得到关

爱，寻求安慰；表达敌意；请教师参与游戏；寻求关注——直接或者间接地；集体活动）

» 与教师接触时，态度怎样？（哭哭啼啼的 / 难以满足的 / 轻信的 / 胆小的 / 好斗的 / 缠人的 / 平静的 / 热情的 / 矜持的）

» 儿童有哪些获取注意的方法？（多说话；打小报告；展示衣服、玩具、作品、瘀伤；带礼物；告诉别人自己家里的事情；悄悄走上前去触摸，紧紧抓住）

2. 面对别人的给予行为时，该儿童如何反应？

» 当教师表示关爱的时候，该儿童有所回报 / 看起来不舒服 / 扭来扭去 / 好像受到了惊吓 / 身体僵硬 / 变得热情奔放 / 拒绝教师吗？

» 当教师提供帮助的时候，该儿童将其作为一种权利而接受 / 变得依赖性强且无助 / 置之不理 / 生气 / 进行讨论 / 对过程感兴趣吗？

» 当教师提出建议的时候，该儿童心甘情愿地全盘接受 / 不理会 / 表示感激 / 机械地接受 / 拒绝建议 / 讨论问题吗？

关于儿童对教师作为给予者的整体反应可以表明该儿童：

» 对该成人的依赖（也可能是对所有的成人）；

» 对该成人的拒绝（也可能是对所有的成人）；

» 在平等的条件下与成人接触的能力，接受或者拒绝成人的建议的能力。

3. 当教师以限制约束的方式行事，限制儿童的行动和感受的时候，该儿童如何反应？

» 当设定限制，比如设立集体规则或教师做出否决的时候，儿童是公开反对还是通过磨磨蹭蹭、放慢速度、继续进行其他工作进行消极抵制？抑或公开且严肃地接受？接受但是不投入感情？接受且表述理由？接受且鹦鹉学舌般重复指令？

» 当进行批评的时候，儿童会大哭 / 噘嘴 / 愉快地接受 / 表现出兴趣 / 变得好斗 / 生闷气吗？

关于儿童对教师作为权威人士的反应可以表明该儿童：

» 不折不扣地按照被告知的去做。对他来说，听从成人的指导似乎比自己的想法更重要，他具有从属于成人愿望的一贯模式——百依百顺；

» 通过任何一种方式抵制权威：否认、质疑或者漠不关心；

» 寻求实现自己的独立想法与愿望和接受合理限制之间的平衡。

儿童与教师接触时的行为记录

需要提出下列问题：哪些证据可以证实儿童对成人的依赖逐渐减少？比如在常规活动、材料的使用、与其他儿童的关系、认同其他儿童而非成人（甚至反对成人）中，有此类现象吗？该儿童是否表现出过于依赖？过分坚持自立？害怕陌生的成人？对成人有持久的敌意？向成人过分展示自己，包括陌生人？

下面关于两个4岁儿童的记录展示了乔斯与成人的关系稳步发展，与此形成对比，阿曼达保持接触的方式较为多变。

在学校的前两个月，乔斯好像经常需要向老师确认他正在做的事情是正确的。他很少说话，但是会疑惑地抬眼看，好像在问："对吗？"老师微笑着点点头，他会拿起纸和彩笔，或者其他材料，继续工作。但是他会一次又一次地用眼睛找到老师。做完任何一项工作之后，他通常都会慢吞吞且自豪地走到老师身边，说："看，这是为我妈妈做的！"由于他经常溜达到通往厨房的走廊里，有一天老师问他愿不愿意陪着老师去拿果汁。他用力地点点头，以比平常更快的速度沿着走廊走进厨房。在那里，他开始和厨师建立友谊。观察了几分钟之后，他对厨师说："我喜欢这里。我们要吃什么？"从那以后，乔斯每天上午都会陪着老师去厨房，在厨师准备果汁的过程中，他会与厨师交谈。

乔斯好像会被任何一个来访的成人吸引。他总是会慢慢地挤到他们身边，通常会向他们展示他制作的得到认可和赞赏的东西。有很长一段时间，如果别人与他谈话，他只是微笑着低下头。但是现在如果有人问，他已经有足够的勇气说出自己的名字和年龄。如果他们表扬他的工作且一直停留在附近直到离开，他会非常高兴。

※　※　※

在年初的时候，除了在穿衣服或者如厕等常规活动中成人提供的帮助外，很显然阿曼达对成人表示的任何关注都会感到尴尬。这一点会通过她的身体姿势、手势、说话的声音、面部表情及发抖的身体表现出来。后来，她通过大声且滔滔不绝地讲话、大笑、滑稽的动作、攀爬表演及假装自己不能穿衣服（关于最后一项，事实上起初的时候她穿衣服从不需要帮助，除了要求成人把大衣放到合适的位置外）来寻求关注。现在，她仍然表现出这种寻求关注的方式，但是不如以前频繁。她来向我们展示她的裙子（通常她穿宽松长裤），请求在需要的时候让她分发物品。她上厕所的时候也会寻求帮助，当然她并不是真的需要帮助，她只是想要老师出现在厕所里。

第七章 认知功能的线索：发展的方式

我们如何辨别一个儿童是否有知识、能够理解世界和自身经验？正如在前几章中关注的其他功能领域一样，这一章将关注方式与内容：儿童怎样进行学习；儿童知道什么。

儿童学习的方式

在众多研究中，皮亚杰（1962a，1962b，1965）、维果茨基（1976）及加德纳（Gardner，1999，2006）的研究让我们认识到，儿童努力学习而且不断发现他们遇到的每一件事情的意义，同时"智力"实际上是多层面的能力的集合，并不局限于语言能力和数学天赋等较为传统的能力。根据日常生活中他们与人、环境及事物之间的互动，儿童不断地勾勒出他们所理解的现实世界。很自然，他们的理解力局限于以自我为中心对遇到的事物所进行的阐释；但是，除非成人限制他们只学习成人要他们学习的内容，否则他们一般会向多个方向自由且快乐地探索。当然，儿童需要向成人学习，但他们不会仅仅关注成人指导的途径，除非父母和教师误解童年时期好奇心的推动力量，并且一直进行压制。

因此，好奇心是学习能力的源泉（从儿童出生的那一天就开始生效的人类与生俱来的权利）和欣欣向荣的基础。请阅读下面来自1900年的关于一个不足1个月大的婴儿的描述，看一看早期阶段的好奇心是如何出现的。

这是第25天，接近傍晚时分，这个婴儿非常健康且满足地躺在祖母的膝盖上，靠近炉火，用专注的表情注视着祖母的脸。我来了，在旁边坐下，伏在婴儿身上，所以我的脸肯定在她的视线范围。就在那时，她的目光转向我的脸，用同样专注的表情注视着，甚至通过眉毛和嘴唇的些许紧张表现出努力的迹象，然后，她的目光又转向祖母的脸，再一次回到我的脸上，如此重复几次。最后一次，她好像看到了我的肩膀，灯发出的一束强光照射在上面，她不仅移动了目光，用力扭过头去想看得更清楚，并且盯着看了一段时间，脸上出现了新表情——"一种朦胧且基本的渴望"，我在笔记上这样写道。她不再紧盯着，但的确是在看。（Shinn，1900/1985，pp. 65—66）

在探索环境方面的强烈好奇心通常会在整个童年时期持续存在。下面的例子展示的是一个乡村幼儿园课堂里发生的情形。

当班里的宠物沙鼠死去的时候，老师把孩子们带到院子里的一个角落，他们把宠物埋在那里，在坟墓上做了一个小记号。第二天，有几个孩子想知道沙鼠什么时候会上天堂，询问能否把尸体挖出来检查一下。老师同意了。几天之后，他们的好奇心得到了满足，由此停止了这个活动。

以下是一份关于两个一年级学生在学校里参加自主活动的记录。请注意阿丽拉如何通过"自言自语"——关于她的思维能力的线索（Vygotsky，1986；这一概念将会在本章稍后的部分进行讨论）——来使注意力集中到蛇的特征上的。

清晨，6岁的阿丽拉是第一个到达教室的孩子。溜达了几分钟之后，她问老师是否可以拿一拿雄性花纹蛇小臭臭。她得到了允许，在老师的帮助下把蛇从箱子里拿出来。突然，阿丽拉抬起头，好奇地问："它的尾巴上是什么？"她用一只手握住蛇，用另一只手轻轻地抚摩蛇的尾巴。蛇在她的手上盘成一个复杂的结。她自言自语似的说，"看它的外形，"并且继续抚摩、注视着蛇。然后，当她看到蛇摇摇晃晃摆动身体的时候，她开始兴奋地前后晃动。她低下头看着蛇，拉长音节低声吟唱它的名字，"小臭——臭。"她这样呼唤了几次。玛丽安拿着雌性花纹蛇钻石走了过来。她对阿丽拉说："它这下面真的很凉。"玛丽安举起蛇，看它的下面。阿丽拉迅速瞥了钻石一眼，玛丽安走开，去和蛇一起在地毯上玩。

以发展的方式认识儿童早期的思维

对环境的好奇心，对探索新情境和场所的渴望，以及对操作和试验新物体和材料的需求——这些都是童年的自然方式。它们是学习的关键因素，与记忆已学内容的能力同等重要。这些是人类社会的基本特征，所以对于任何地方的儿童，这一点都不必刻意去教，除非儿童的发展已经受到了耽搁或者环境冲击的拖累。

受到这种天生的探求需要的推动，世界各地的人们似乎已经认识了常见的自然界和社会生活的某些方面，并赋予它们形式和意义，尽管方式上或许千差万别，因为这种差异是文化发挥作用的一种表现。这些方面包括物质、数字、空间、重量、时间、视角、体积、距离、道德、社会交往及正义观等。

据皮亚杰的儿童研究（1962a，1962b，1965；Piaget & Inhelder，1969）揭示，每一种社会的每一个儿童都不断努力地探究物质和社交意义，并以此作为理解世界的方式。标志真正心理成长的概念化不仅仅是量（单纯的事实积累），因为质（理解能力的增长）也同等重要。这种增长在儿童的感知和认识方式上产生了一种基本变化，这一质的变化不能用量的方式来衡量。是否可以通过使用标准化测试了解某个儿童对该现象的了解程度尚不明确，尽管目前这类测试应用得非常广泛。因此，为了做记录和思考对课程计划的意义，教师有必要了解儿童早期阶段心理成长的重要过程。这意味着寻找和发现能够证明儿童正在思考，进而得到智力上的发展的证据。儿童知道的事情（比如，信息）也可以通过可靠的观察来进行记录（见第八章）。

两个重要的概念：同化和顺应

作为对儿童进行观察的观察者，我们需要依靠皮亚杰的几个概念赋予他们的思维以意义。所有的人都在不断地获得对来自周围的信息的理解。根据皮亚杰的研究，同化和顺应这两大终生存在的过程可以推动认知发展。

1. 同化是理解经验并且使其适应目前的认知观念的过程。
2. 顺应是调整关于世界的看法以适应现实的过程，与同化构成互补。

当这两个过程处于平衡状态时，儿童个体对目前的认识感到舒适。然而，当新的经验或者信息开始质疑目前的认识的时候，不平衡就产生了。"每一种认知平衡都只能是部分的平衡，因此现有的平衡必然会朝着更高形式的平衡发展——演变成更加充分的认知形式"（Goswami，2008，p. 374）。这里有一个关于同化／顺应在儿童身上起作用的例子。

两个4岁的孩子在研究最近来到他们教室的一只黑色的、大的宠物——兔子。他们称呼它"狗"（他们目前的认知概念）。他们之前从未见过兔子。经过几天的触摸和观察兔子——它跳跃，有长耳朵和长胡须，不会汪汪叫——孩子们经历了一些认知冲突。他们开始同化这些不像狗的特征，最后将"兔子"顺应纳入他们的观念，放弃"狗"的概念。

早期阶段思维的发展顺序

在皮亚杰的阶段理论中（1962a, 1962b, 1965；Piaget & Inhelder, 1969），儿童最初是通过感知运动的方法来了解世界，即儿童通过感觉和身体活动来获取外部世界的信息。比如，一个半个月大的婴儿正在咀嚼软积木的一角，他正在了解积木的质地、重量及形状。随着儿童不断成熟，他们会拥有新的经验，思维方式也会发生改变。如下文所示，在2—3岁的某段时间，他们的思维方式转入前运算阶段，大约7岁的时候，他们的思维方式就进入具体运算阶段。

前运算思维。处于这个阶段的儿童主要相信他们能够明显感觉到的事情。他们不能由此及彼；必须结合具体事物进行思考。他们局限于感知。"几个1分钱硬币加起来不能等同于一个10分钱硬币。"处于前运算阶段的儿童会说："一个10分钱硬币要比几个1分钱硬币加起来少。"根据皮亚杰的理论，处于前运算阶段的儿童主要运用"自我中心主义"的观点看待物质世界，意思是儿童不能从别人的视角看问题。对儿童来说，理解一个人可能会有多种角色是很麻烦的事情，比如，理解一位消防员同时也可以是一位父亲，一位医生同时也可以是一位母亲，等等。

在下面的记录中，处于前运算阶段的4岁儿童不能理解：教育4岁儿童和"在广场工作"都是工作。

扎克问老师她是否上班。（他的妈妈在镇上大广场的一家大商场做售货员）

"是的，我的确上班。"老师说。

扎克回应道："你在哪里上班？广场吗？"

关于前运算思维的其他例子可以揭示，因为儿童常常难以理解有生命和无生命之间的区别，所以他们经常会将生命投射到无生命的事物之上。他们可能会认为，移动的树叶的影子或者迅速移动的云是活的。也许当真正涉及死亡的时候，他们会更难理解这一区别。请听一下这几个3岁儿童的谈话。

凯蒂亚和安东尼奥发现班里的宠物鱼肚子鼓了起来，而且在鱼缸里漂着。他们大声招呼老师："我们的鱼出事了。"老师告诉他们鱼死了。她用一个小网子把鱼捞出来，放在一张纸上。

"看，它不动了。"安东尼奥说。"它不动了是因为它死了，"老师解释说，"你认为我们该怎样处理它呢？"

"把它放回水里，这样它就可以游来游去了。"凯帝亚回答说。

教师把鱼放回鱼缸，并指导儿童观察鱼还是漂浮在水面上，用这种方式引导儿童理解鱼死了的事实。然而，儿童个人的体验，比如家庭成员或者宠物的死亡，也会影响其对外部世界的理解，使他们对死亡有更加深刻的认识。

过渡时期。在前运算阶段和随后的具体运算阶段之间有一个过渡时期，根据皮亚杰和英海尔德（Piaget & Inhelder, 1969）的研究，儿童在这一时期开始摆脱前期的思维方式。正在接近这一理解力和水平的儿童并不仅仅依赖他们的感知。他们开始具有"守恒"观念。比如，他们不再相信，把饼干分成几块可以让他们吃到更多。尽管发生了感知变化，他们还是可以在头脑中使原来的整体数量"守恒"。

他们的守恒能力并非均匀地在每一个领域同时形成。一个6岁儿童会误认为，沿对角线切开的两半三明治比垂直切开的两半三明治要大。一年以后，当他7岁时再提起这件事，她会大笑。这就表明，她现在已经明白，形状不决定数量。另一个6岁的儿童可能对数量的抽象概念（即整块饼干等同于每一块加起来的总和）很有自信了，但有可能还是不确定10个1分钱硬币与1个10分钱硬币一样多。

具体运算思维。儿童一旦完成了过渡，或者用皮亚杰的话说，实现了"守恒"，不管眼睛看到了什么，他们都会肯定地说他们知道的事情是真实的，并且可以解释原因。他们不再局限于感知。对抽象特征的理解，比如体积或者质量，令儿童认识到，一块黏土可以先变成一条长长的滑溜溜的蛇，然后变成许多小球球，再变成一个大球，最后变成一个雪人；但黏土数量自始至终保持不变。

物体与事件可能具有的特征对视觉、听觉、触觉、嗅觉或者味觉来说不一定非常明显，但是尽管如此，这些特征确实存在。儿童掌握了这一观念之后就很少再将其感知觉作为主要的意义来源，因此就不再那么以自我为中心；他们可以处理某些非具体的事实。比如，有了经验之后，他们认识到许多看起来彼此非常不同的事物都可以让人感觉温暖，由此他们会掌握一个抽象的概念，即温暖；了解了光线和黑暗并不总是与他们自己的起床和上床睡觉有关系，他们就可以掌握光线和黑暗具有客观存在性这一概念；了解了相同的数字符号，比如4，可以用于度量年龄（4岁）、时间（4点）、地点（4楼）、重量（4千克）、数量（汽车上的4个轮子）等，儿童就可以把数字概念视为具有自身意义的抽象概念来掌握。数字不再被视为儿童、建筑、汽车或电视机等事物不可或缺的一部分，它独立存在。儿童一旦掌握这一点，就可以理解和发展与数字相关的关系，玩味整体与部分、部分与整体的关系。

他们逐渐能够应对多种多样的抽象概念——只要这些概念可以联系具体的行为来认识。比如，在使用天平称量许多不同大小和重量的物品（一把铁锤、一支铅笔、一袋叉子、一个小订书机、一个大硬纸盒）的同时，儿童可以认识到，大小和重量之间不一定有关联。根据皮亚杰的理论（1962a，1962b；Piaget & Inhelder，1969），如果仅仅通过语言教给他们，他们就不能理解这一概念，而在前运算水平的儿童更是根本无法掌握这样的概念。但是，如果他们可以通过具体体验发现许多具有抽象性质的关系，而且他们的发现被老师、自己或者同伴标记下来并得到验证，具有守恒观念的儿童就能够理解这些关系。他们的思维已经改变，所以他们通常可以依赖心理过程，而不再仅仅依赖与感知的联系。

我们如何了解儿童的思维方式

儿童的思维方式受到两种因素的影响：一种因素是依照顺序而发展的，另一种则不是。思维方式的顺序发展，与发生在社交和文化背景下儿童的成熟和经验有关。非顺序因素是个人的独特方式，儿童个体以这种方式运作终生；尽管有可能会伴随着自学或他人的指导而发生调整（见第八章）。尽管我们可以分别看待影响儿童思维方式的每一种因素，但事实上它们共同发挥作用（伴随着情感），因为儿童总是作为完整的人而行动。

当儿童使用材料全神贯注地画画、写字或者口述故事，或者进行具体的学业活动、实验及彼此交流的时候，人们可以借此观察他们的思维方式。

作为思维线索的语言与学习

大多数儿童喜欢讲话，自从开始掌握语言起，他们就不断地使用语言，其语言技能不断增长。通过聆听儿童相互之间或者对教师所说的话，教师不仅可以了解儿童知道或者误解的事情，还可以了解他们的思维是什么样的。在童年早期阶段，与儿童是否知道成人提出的许多问题的正确答案相比，儿童参与思维过程的作用更大、意义更深远。错误答案是了解儿童思维的线索。

例如，4岁的詹娜靠近腹部显著的孕妇教师站着，说："你知道我为什么不能生宝宝吗？""不知道。"教师说。"因为我不能走路。"詹娜说。于是教师问道："你为什么那样说？"詹娜回答道："因为长这么大一个肚子我没法走路。"

因此，儿童为得出结论所经历的过程在这一阶段比答案更有意义，尽管答案也很有价值。除了观察儿童之间和儿童与教师在一起时的语言使用情况之外，注意他们的自言自语——私人语言（private speech）也富有成效。皮亚杰（1962a）称其为自我中心语言，是儿童认知不成熟的表现。相比之下，维果茨基（1976）认为，私人语言源自婴儿与父母交流的社会环境，是通往解决问题和内部言语思维的途径。相关研究表明，当儿童自主地使用私人语言时，他们可以大有作为，有助于儿童理解环境，并且获得对环境的控制力（Berk，2004）。下面的事例可以证实这一点。

3.5岁的乔纳斯在玩一个为大龄儿童设计的玩具。他想把小木钉放进带灯的木板的洞洞里。他一边玩，一边用严肃的口吻说道："太难了。"

私人语言或者自言自语可以让儿童进行自我调节，比如，描述自己的活动，表达情感，开展文字游戏，调节运动活动，集中注意力，参加自主想象游戏以及解决问题（Berk，2004）。

有些来自双语环境的儿童一开始或许不能与单语儿童产生同样多的语言（Tabors，2008）。但是，"具有两种语言系统的经验可以提高思维的灵活性、概念的形成及元语言能力"（National Research Council，1998，转引自Meece，2002，p.263）。

儿童的语言尽管重要，但并不是理解其思维过程的唯一线索。对有些儿童来讲，它甚至不是主要线索。儿童的许多思维是用身体来表现的，所以通常从他们的行为中有可能直接推断思维过程。人们可以很容易地从儿童的眼中和脸上，看到好奇心；从他们活跃的双手中，看到探究和试验；从他们的姿势和表情中，看到专注力和注意力；从他们完成任务的持续性中，看到坚持和投入；从他们的假扮和幻想游戏中，看到创造力和想象力。同样，人们也可以看到表现出思想不集中的行为，其特征是似乎毫无结果的随意的空洞动作。在早期阶段，学习是一个积极的过程，恰恰就是通过儿童的行为，人们可以推断他们思维中专注、努力、目的性、想象力及组织能力等诸多因素的存在与缺乏。请观察一下这个3.5岁的儿童。

埃内达走到桌子旁边，之前老师已经在桌子上放了两盒牛奶、四个摞在一起的纸杯和盛着全麦饼干的餐盘。埃内达一句话也没有说，慎重地拿起并打开一盒牛奶。"看。"她自豪地微笑着说（教师已经向她示范过如何打开牛奶盒但是不碰到牛奶出口，她已经做得不错了）。埃内达把纸杯分开，默默地用眼睛数了数四个杯子，没有用手指点数，然后又用眼睛数了数坐在桌子旁边的三个孩子。她站起来，把其中的一个杯子放回到手推车里。另一名儿童谢丽尔坐到了埃内达旁边，埃内达笑着说"等一下"，然后到手推车上给她拿了一个杯子。

关于"这个儿童正在思考和推理"这一看法，你可有任何疑问？在一种截然不同的情况下，4岁的罗莎莉也专注地沉浸在她正在进行的工作中。她是否在学习？她如何对待学习过程？她是如何开始学习过程的？她的自言自语是如何体现她的思维的？

在玩水区，罗莎莉正在用漏斗向一个高瓶子里灌水。她非常享受地做这件事情——慢慢地，很有节奏地。她注意到水从一个小孔流进瓶子里，她说："撒尿尿。"同时，继续向瓶子里灌水。她停下来，只是看水流出来。然后，她拿了一个水轮，用杯子迅速地往高瓶子里灌水，又拿起另一个瓶子，灌满水，并且把瓶子里的水都倒在水轮上。这让水轮快速地旋转了很长时间。她微笑着并非刻意针对任何人地说："嘻嘻……嘻嘻……"她又对海绵产生了兴趣，她把它放进水里，慢慢地向下压，然后再放开，一次又一次地重复着，这样做的同时，她的整个身体跟着上下运动。

这个儿童做出的努力是有条理且系统的。从智力的角度看，她有所收获。通过探索水的特征，她已经把水流和"尿尿"联系起来。她已经学会如何迅速地做，并且用压力让水轮保持转动。她已经获得了关于海绵的特征的知识。在所有的观察、探索及试验中，她都在增强身体节奏感。

在下面的记录中可以看到，一个2岁的儿童正在一言不发地做"数学题"。

扎伊达坐在沙盒里，拿起四件东西：一把汤勺大小的小铲子、一把半个杯子大小的中号铲子、一把大约两个杯子大小的大铲子和一个非常大的水桶。她把水桶放在两腿中间，把小铲子里装满沙。然后，她把沙倒进中号铲子。她扔掉小铲子，捡起最大的铲子。然后，她把沙从中号铲子倒进最大的铲子，最后倒进水桶里。她扔掉最大的铲子，捡起最小的铲子，开始重复这一过程。她继续这个过程直到桶满为止。她把水桶翻转过来，把沙倒出来。她站起来，在沙堆上跺了跺脚，走开了。

以下是关于努力完成另一种智力任务的儿童的记录。他们一起拼拼图。在这里，尽管他们主要的思维证据同样存在于行动中，但他们的私人语言展示了他们如何指导和标记自己拼拼图的方法。达西提供的帮助对阿比盖尔来说明显是个构成学习情境的要素。

阿比盖尔一个人坐着全神贯注地玩拼图游戏。放好最明显的几片之后，她开始努力地拼剩下的拼图。她试了一片，又试了一片，每一次失败之后她的脸上都会闪现些许痛苦的表情。老师建议说"达西可以帮忙，因为她很熟悉那个拼图"。达西坐在拼图的这边，阿比盖尔坐在另一边。两个人都不说话。达西拿起一片拼图，在找到合适的位置之前尝试了好几次。"放那儿。"她轻声说，更好像是在对自己说，而不是对阿比盖尔说。阿比盖尔安静地坐在旁边仔细看着，两只手各捏着一片拼图。当达西放另一片拼图的时候，她饶有兴致地看着。

然后，阿比盖尔身体前倾，试着放进去一片。"放那儿。"她用权威的口气对达西说。"不——！"达西一边争辩一边把那一片拼图拿出来，放进去另一片。阿比盖尔依然安稳地坐着，虽然看上去有点惊讶，但依然听任达西用她的方式来解决。她们轮流摆放，一起完成了拼图。唯一的语言交流就是偶尔的"放那儿"，或者"放这儿"。

当她们完成的时候，阿比盖尔轻轻地拍了拍拼图，咧开嘴笑了，同时自豪地大声喊道："完成了，贝汉老师。"然后，她把拼图倒出来，开始重新拼，她专心致志地默默拼着。

根据维果茨基（1978）的观点，社会性媒介语言在儿童的学习中起重要作用。在下面的记录中，教师发现了贝蒂娜的思维方式的特征。

7岁的贝蒂娜拆开了一个三层的三维拼图，但是不知道怎样开始拼合。她和其他两个孩子，还有实习教师韦斯一起坐在桌子旁边。奥利沃老师说，拼图的外部边缘是光滑的，内部边缘则是弯弯曲曲的。他们一起找到了外沿光滑的拼图片。奥利沃老师手里拿着相邻的两片拼图，指出拼图的每一层都比上一层厚一些。贝蒂娜开始在奥利沃老师的指导下拼拼图。当拼到第三层，也就是最顶层的时候，贝蒂娜说："请让我自己来拼这一层。"她又继续多拼了两次。每一次都比上一次需要奥利沃老师的帮助少。最后，贝蒂娜把拼图拿给韦斯老师，用奥利沃老师的话和方式教韦斯老师拼拼图。

奥利沃老师的支持性行为可以被定义为"鹰架（scaffolding）"（Berk，2004，p. 83），即教师通过焦点式提问和积极互动指导儿童学习的方式。奥利沃老师的指导性参与使贝蒂娜能够完成一项最初她不能独立完成、后来经过练习能够自己完成，也能够教给别人的任务。维果茨基指出这一不断增长的自立能力发生在儿童的"最近发展区"内（1978，p. 86）。奥利沃老师帮助贝蒂娜提升到一个更高的能力水平，而且在这个过程中了解了贝蒂娜的思维能力、学习风格及她的坚持不懈。

根据维果茨基（1978）的观点，社会交往和非正式教学的作用在儿童学习中至关重要。维果茨基关于儿童的思维和学习的这一观点对教师来说具有启示作用。它鼓励教师因材施教，而非鼓励等待儿童准备就绪，这包括随时随地根据儿童的理解力调整给予儿童帮助的力度。教师负责规划任务和周围环境，以便在任何特定的时间对儿童提出的要求都具有恰当的挑战水平。如果教师能够提供帮助，儿童的能力就会有所提高。

倾听儿童说话

要想发现儿童所了解的事情，最直接且最明显的方式是仔细倾听他们说的话。在以下的记录中，所有儿童的年龄都在6岁以下。

玛丽亚姆在一次班级讨论会上评论说："14之后的数字，15，是我最喜欢的数字。那是我住的楼层。"

※ ※ ※

诺厄到达学校之后径直走向法哈德。他的一只拳头紧紧地握着，但是当诺厄走到法哈德身边的时候，他张开手给法哈德看手里的东西。"它是什么？"法哈德问。

"不仅仅是一个'它'，"诺厄回答说，"是一粒种子。如果你种下，就会得到更多。"

※ ※ ※

正在为孩子们纫针的老师通过提问题来帮助孩子暂时缓解压力，"为什么我一次不能多纫几根针？"

查尔斯说："因为你只有一双手。"

埃丝特突然来了精神，大声说："鱿鱼可以做任何事情。"

"为什么鱿鱼可以？"老师问道。

"因为它有八条腿。"埃丝特回答说。

※ ※ ※

妮科尔在集合时间说："今晚我要飞往伍斯特，是一次短程飞行。"

欧文接着补充说："哦，我坐飞机去过波士顿了，而且波士顿就在伍斯特附近。"

在没有接受正式教育的情况下，儿童开始思考、了解及理解这些不同的事情。仔细倾听他们说的话，教师可以发现儿童误解了什么，或者错误地阐释了什么,或者"知道"的事情与教师所知道的不同。在下面的例子中,利亚姆"知道"他的年龄,而且他可能"知道"怎样数到5,或者死记硬背或者借助物体;但是,他还是不理解数字。在这里,他把注意力集中在对他来说最重要的数数上。

当老师清点3岁年龄组的人数的时候,轻声说着:"一、二、三、四、五。"当她数到五,并轻轻地拍拍利亚姆的脑袋的时候,利亚姆打断了她,严肃地说:"不,我3岁了。"

观察和记录儿童说的话可以了解他们获得的相关信息和解决问题的方法。在下面的例子中,这些学龄前儿童了解一些关于"钱"和数字的知识,但是或许对二者都没有整体概念。他们不理解数量词。

4岁的乔西和梅里尔在制作拼贴画的桌子旁边忙着切割和拼贴。乔西抬起头,说:"我和哥哥拥有整个广阔的世界上最多的钱。我们有100美元。"

塔拉(快5岁了)说:"我们有1亿美元。那比1000美元要少,你知道。"

乔西坚定地说:"我们有零用钱。我有10美分[①]的硬币,哥哥有25美分的硬币。"

"就是这样。"她坚定地补充说。

塔拉回应说:"我每周可以得到5美分的零用钱……当我把婴儿带到楼下的时候。"

下面的例子中的5岁儿童的谈话可以反映他们在社交情景中的思维和解决问题的过程。这可以启示教师聆听并想办法帮助儿童进一步应对类似佐薇存在的疑虑,即下一个婴儿是否可能是黑人。

佐薇(白人)正在洗一个黑人玩具娃娃。威尔(美国黑人)在一旁看着。

[①] 美国货币单位。——译者注

佐薇：你可以看，但是不能动这个娃娃。我姨妈今天要生宝宝。

威尔：你怎么知道是今天？

佐薇：我妈妈告诉我的。

威尔：哦，是吗？会是什么呢？

佐薇：我怎么知道？

威尔：嗯，如果你知道是今天，为什么你不知道会是什么呢？

佐薇（用令人厌恶的口气）：因为我不知道，这就是原因！

威尔：哦，会是黑人还是白人？

佐薇（低头看着玩具娃娃）：可能是黑人。

威尔：你姨妈是什么颜色？

佐薇：她是白人。

威尔：哦。

佐薇：无论如何，当我到家的时候我就会知道了。

第二天，威尔和佐薇坐在一起吃午饭。

威尔：你姨妈生宝宝了吗？

佐薇：是的，是个女孩。我很高兴。

威尔：黑人还是白人？

佐薇：是一个是白人。或许下一个会是黑人。

记录儿童的思维方式时教师要思考的问题

- 该儿童是否会通过实验和使用具体的材料进行归纳？（比如，"加太多水黏土会变得黏软。""如果你太用力压，蜡笔就会断。"）

- 该儿童是否完全或者部分地依赖具体物体或者经验来理解概念和学习？（比如，一个儿童数等待画画的有五个儿童，然后搜集五支画笔并且分给每人一支；另一个儿童则每次分发一支画笔直到人手一支）

- 当缺少具体材料的时候，该儿童理解的准确程度如何？该儿童是否会感到困惑？过一段时间之后，该儿童是否会"理解"？

- 该儿童是否可以从别人的角度理解问题？（在下面的例子中，一个儿童可以站在别人的角度看问题，另一个儿童则不能：两个 5 岁儿童正在看一名同班同学的头发。萨尔玛说："她剪头发了，现在帕特曼老师认不出她了。"迭戈回答说："不，她会的——通过脸。"）

- 该儿童的行为是否具有逻辑性？例如，以下这些 4 岁儿童展示了他们解决问题的逻辑。

佐菲亚和瓦莱丽用大型空心积木搭建了一座"有两个房间的房子"，与本杰明和雷蒙德的房子连在一起。本杰明戴着一顶安全帽，正想把其中的一把小椅子运进自己的房子。

"我怎样才能运进去呢？"他很困惑。尽管积木才到达他的腰的高度，但门的宽度不够。

佐菲亚瞥了一眼，说："把你的帽子摘下来。把它（椅子）举过你的头顶。"

本杰明摇了摇头，但是雷蒙德替本杰明拿起椅子，高高地举过头顶，把它运进了房子。

以下是一个 6 岁儿童写的一封信，这封信展示了她回忆过去的能力和对人类生命及关系的顺序特征的理解。

亲爱的妈妈：

母亲节快乐。我爱你因为你创造了我。如果你的妈妈没有被她的妈妈创造出来，也就不会有你创造我。

爱你的米格德丽亚

- 该儿童是否理解部分与整体的关系？在哪些情境中？有哪些不理解？该儿童是否认为把一块薄脆饼干、一块黏土或者一支蜡笔分成几份就可以得到更多？当儿童理解了部分与整体的关系的时候，他们能够用各种方式展示该知识。例如，马西（接近 3 岁）展示了她了解的事情。

马西在帮助老师整理桌子，把一片一片拼图收起来放在各自的位置上。

当所有的拼图都被放进去的时候，她把手指放在剩下的一个空白处，宣布说："我们发现那儿有一片不见了。那里丢了一片。"老师找到了混在另一幅拼图里的不见了的那一片，递给马西，马西把最后一片拼图推进去，尖叫道："我成功了！"她高兴得在座位上跳上跳下。

- 该儿童是否理解顺序？例如，如厕的时候他是否需要帮助，或者他是否知道如厕之前要先脱掉裤子和内裤？注意到儿童何时理解顺序非常重要，因为这是必要的组织原则。
- 该儿童是否理解因果关系？有哪些？哪些还存在困惑？例如，从罐子向杯子里倒果汁的时候，果汁已经溢出来了，但是有些儿童还是继续倒，并且饶有兴趣地看着；而另一些儿童会在杯子快满的时候就停止倾倒。
- 该儿童将什么原则作为物品分类的基础？兴趣？功能？主题？颜色？任何其他方面？（比如，把同样形状的积木装在一起；把画笔、蜡笔或者塑料钉子放进恰当的容器；根据年龄大小将儿童分组）
- 该儿童是否使用一种以上的分组或者分类原则？比如，他是否知道他的老师既是一位教师又是一位父亲？（上文也有关于认为老师在广场工作的儿童的例子）当儿童对材料和游戏物品进行分类的时候，类别是否会随之变化或者保持不变？

一个由5岁儿童组成的小组在分类活动中创建自己的类别，他们使用了放在托盘里的一大堆纽扣和六个容器。有一个儿童开始分类，带头创建类别。"……有两个孔的，有四个孔的，黄色的，蓝色的，褐色的……"然后他拿起两个纽扣，一个是手的形状，一个是大象的形状。他把这两个纽扣放进第六个容器，说："有趣的纽扣。"

- 游戏、艺术作品、书写、运动都是表征经验的符号。该儿童以什么方式使用符号？传统的？自由的？独特的？常常？很少？比如，该儿童是否在戏剧表演游戏中把材料改造成道具？该儿童是否使用字母编造或者猜测词语意义？

海燕是一个非常精通字母—发音关系的一年级学生。她运用创造性拼写来写故事。在一个关于与家人一起吃龙虾的故事中，她写道："我丝（撕）下一片，占（蘸）着黄由（油）式（试）了式（试）。我告诉姐姐长（尝）一下，但是她没有厅（听）到我的话，所以我说：'主（注）意！我正在告诉你中（重）要的事情。'①"

- 该儿童如何理解关于关系的抽象概念？当一个9岁儿童告诉一个5岁儿童她有个半兄弟（即异父或异母），小一点的儿童就会问："但是他怎么走路呢？"
- 该儿童是否形成和表达概念？何种类型？何种方式？使用了语言？通过动作？在游戏中？

午餐时间，在一间二年级的教室里，莉莉（英语语言学习者）坐在桌子旁边吃午饭。她拿起水瓶，在面前举起来打量着。她说："水没有融化。"然后，她与教师进行目光交流，并且重复刚才的话。

- 该儿童是否有幽默感？他觉得什么事情好笑？

一群4岁儿童正在向学校的体育馆走去，老师说："亨利，和你的伙伴待在一起。"他的伙伴说："把亨利写成扑棱利。"说完，开始大笑起来。亨利和他一起笑起来。

- 该儿童是否喜欢玩文字游戏？

一个3岁儿童正沿着长长的一排室外大型积木蹦蹦跳跳，自我欣赏一般地大声唱："马驹儿，真带劲儿，马驹儿，马驹儿，马驹儿！"

- 该儿童是否是一个有冒险精神的学习者？他是否可以理智地大胆尝

---

① 此处的翻译是以中文大致体现创造性拼写的书写方式。——译者注

试？他是否表现了自己的能力？
- 该儿童是否会坚持完成任务或者探究问题？
- 该儿童在阅读或者数学等学习情境中的情感基调是怎样的？
- 该儿童如何解决问题？胆怯地？易冲动地？深思熟虑地？

华金（3岁）把两块积木摞着放在一起来搭建一条路。他在路上放了一个拱门，想让一辆小消防车从拱门下经过，但是过不去，因为路太高而且离拱门太近。他说："小隧道！"他看了看积木，然后移走了一块长积木。现在，当他让消防车开过拱门的时候，刚好可以通过。他宣布说："大隧道！"

- 在解决问题的时候，该儿童对教师或者同伴的帮助做何反应？

6岁的米娅已经搭建好了一个低矮的正方形结构建筑物。他把一块扁平的长积木搭在"屋顶"上，并且延伸到支撑着其他积木的架子那里。辛迪（实习教师）问："你在搭什么？""超市。"米娅回答说。

辛迪：那么，通向屋顶的这块长积木有什么作用？

米娅：那是运送食品的卡车经过的地方。他们在屋顶上卸车。

辛迪：怎样把它们运进仓库呢？

米娅：扔下去。

辛迪：哦。假设是鸡蛋呢？

米娅（盯着辛迪）：请你去帮助别人好吗？

总之，"收集关于儿童的客观信息的最直接的方式，就是通过自然观察去研究儿童，即在每日生活中观察儿童，并记录发生的事情"（Lightfoot, Cole, & Cole, 2013, p. 33）。

第八章　认知功能的线索：个性化的方式

由于儿童的气质、个性、文化及语言等方面各不相同，所以萌发出独特的个性化的认知功能，这种认知方式在很大程度上独立于儿童发展的影响，而又渗透于这种发展之中。先天的气质差异在儿童出生时就已经显现，随后又与其在家庭和社区的不同经历交织在一起。所有这些因素都会影响儿童的认知方式。

儿童的气质

正如切斯和托马斯在其具有深远意义的著作（Chess & Thomas，1996）中所界定的，气质包括如下品质：适应能力、积极或消极情绪、感觉阈值、反应强度、注意力分散度、坚持性和注意广度、活动水平、规律性以及对新情境的反应。适应能力指的是，有些儿童可以很容易适应新的体验；而有些儿童会更加谨慎一些。气质在认知方式上表现为：面对刺激时做出的反应是冲动的还是深思熟虑的；更加依赖外界刺激，还是更加适应内在刺激；是坚持不懈，还是缺乏耐心。此外，还表现为幽默和发挥想象力的程度，以及面临困难时展现出的忍耐力。而儿童的注意力持续时间、毅力、注意力集中能力及注意力维持度等品质从儿童从事的各种活动中都可以进行推断。

在下面这则例子中，一名5岁儿童排除了干扰因素，坚持进行自己的活动。

在安静时段，雅艾尔在玩橡皮筋和一个镶有许多小柱子的几何板。她一边盯着几何板一边用橡皮筋做出一系列连环四边形。她自信、快速而且有条不紊地玩着。她似乎事先已经想好了一定的模型，因为她毫不犹豫地把橡皮筋放在几何板上。

因橡皮筋太紧而够不着钉子，她在拉橡皮筋时嘴巴会微微张开。每次选择橡皮筋时，她都会看着盒子，认真地做出选择。如果橡皮筋太大，她就会让橡皮筋绕四个小柱子而不是两个小柱子。偶尔，她会被房间里的噪声干扰，回过头看看正在发生的事情，然后再回到她的几何板上来。

操作的时候，她紧紧地盯着几何板。如果橡皮筋不合适，她就会发出"喊"的声音，好像生气的样子。她做了另一个小四边形。接下来的一个橡皮筋掉在了地板上，她弯下腰，轻而易举地捡了起来。

当模型看起来比较完整时，她微笑着说"我全做完了"，并且将头发拢到耳后。当她最终完成操作的时候，她微笑着看了看几何板，然后又微笑着转向老师。

此时教师可以温和地提问："哦，那么你是怎么知道全做完了的？"（如果儿童回答了这类问题，教师就会对其思维有更深入的了解）

教师需要了解儿童在面对困难和挫折时能够依然坚持不懈和排除干扰性环境刺激的水平。要在不同的时段结合大量的活动来观察儿童的这些能力，这一点很重要。比如，一名儿童某一天可能会花半个小时进行阅读，而另一天只读了5分钟就起身离开了。在记录幼儿从事的活动时，如果能够对活动开始和结束的时间加以记录，顺便标明教室中同时发生的事件，那么评价将更为充实。

对正在进行学习活动的儿童进行观察时，请谨记以下问题：

- 该儿童是否针对问题提出了多种解决方案？
- 该儿童在学习环境中的表现是放松还是焦虑？
- 该儿童处理问题时，是否沉着应对？退缩？哭闹？咬手指？积极主动？是否与其他儿童分享信息？
- 该儿童如何应对学习或社交挑战？急切地？漠不关心地？严肃地？还是犹豫不决地？

年龄也是一个发挥作用的因素。那么我们怎么能确定，是什么因素造成一名儿童的思维是直线式的，另一名儿童的思维是联想式的，而第三名儿童的思维是分析式的？或许对教师来说，明智之举是专注于辨别每名儿童处于智力发展过程中的什么阶段，并且认识到不同的儿童个体不会以完全相同的方式成长。

文化与社交经验的影响

儿童思维方式的个体差异，显然受到其生活经历的范围与特点的影响，受到家庭和文化的期待与价值观念的影响。如果儿童的思维方式与教师所崇尚的方式大相径庭，这些不同的方式就可能被错误地看作能力较低的思维方式，这是文化冲突的一种表现。

菲利普斯（Philips）对参加四种不同的课堂学习的印第安裔美国儿童和英裔美国儿童所做的比较研究（转引自 Lubeck，1994）可以作为这种文化冲突的一个例子。在前两种课堂中，教师不管面向全班还是小组的授课中都采取点名让学生回答的方式。在第三种课堂上，学生独立学习，在需要时向教师寻求帮助。在第四种课堂上，学生分成小组自主地进行学习，在这种课堂上，英裔儿童表现得不如在前三种课堂上那么自如。他们的争吵多了起来，而且倾向于同指定的小组领导产生分歧。与此形成鲜明对比的是，印第安裔儿童在最后一种课堂上积极参与、密切协作，但他们在前两种课堂上不愿参与，因为他们将被点名回答问题当成是通过在公开场合犯错来学习。教师会不会将印第安裔儿童不愿意在被点名时回答问题（在前两种课堂上）这一倾向视为思维能力欠缺的表现呢？

教师面临这样的挑战：他们需要充分认识自己班里儿童的文化传统，贴近儿童的具体生活情境，与家长进行坦诚、持续的交流，从而使课堂更好地接纳来自不同文化群体的儿童。

除了受到具体环境、文化价值观念及信仰的影响，儿童的思维方式或许在形成的过程中还与加德纳（Gardner，2006）所提出的"多元智能"相关。加德纳提出的多元智能包括语言智能、音乐智能、逻辑—数理智能、空间智能、身体运动智能及人际和内省智能，这些智能形式跨越了文化差异。我们必须认识到，一名儿童的个体思维方式可能受到一种或者几种智能倾向的影响。

我们如何知道儿童在想什么和学什么

对于大多数关于认知方面的问题，教师都可以在儿童参加日常活动的观察记录中获得答案。不需要询问儿童是如何思考的，也不需要给他们设定专门的任务。思维技能的运用和强化，就发生于儿童的日常生活中、对各种材料的运用中、戏剧表演中，以及与同伴、教师、家长的互动中，教师观察起来极为便利，这样的观察机会俯拾即是。

下面这则记录中，两名儿童在参与日常的课堂活动。他们对什么感兴趣？他们似乎在问自己什么问题？他们是否在探索中有所收获？他们可能在想什么？

3.5岁的布赖恩整整半个小时都在拿透明胶带和封口胶带做实验。他将胶带粘到头上；将胶带粘到一张纸上，使纸变成彩色（他发现将胶带从纸上撕下时，纸上被粘掉的部分没有颜色）；用剪刀将纸裁开，再用胶带将两片纸边接起来；将胶带缠在手指上当绷带；感受胶带上粘贴的感觉；尝胶带的味道；粘住嘴巴；蒙上眼睛。

※　※　※

6岁的艾莎拿着一根细树枝，上面放了一只毛毛虫。她将树枝直立起来，看着毛毛虫沿着树枝移动。她自言自语："它正走来走去。"她从灌木丛中摘下一片叶子，将叶子凑近毛毛虫，并对自己说道："它更喜欢棍儿，不喜欢叶子。"她不停地用叶子捅着毛毛虫问道："你要变成蝴蝶吗？"老师听到了她说的话，对她说："看得出来，你对毛毛虫在干什么真的很感兴趣。"

关于思维和学习，教师需要思考的问题

在持续观察儿童的过程中，请谨记以下关于思维和学习的问题：

- 该儿童是否提出问题？问了关于什么的问题？这些问题揭示出他们想了解什么？
- 该儿童在学习时是否加入肢体动作？是否在语言上表现出思考？他遇到了什么挫折？
- 在讲故事的过程中，该儿童是否对画面中是什么或者为什么某个人物做了某事进行提问？
    » 是否在班级旅行中就他的所见所闻以及遇到的人进行提问？
    » 是否就周围——课堂内外——发生的事情进行提问？比如卡车上载着什么？或者工人在修什么？
- 该儿童在学习中做了什么样的突破性尝试？
    » 在阅读中，他会读出首字母吗？他会从图画中得到提示吗？
    » 他是否按"正确"的方式行事？必须如此吗？比如，在画画时，儿童总是使用相同类型的画法，还是尝试新的画法？（比如螺旋线条，有轻有重的点）他是否喜欢将颜色混合起来并创造新的颜色？
    » 在音乐和运动、讲故事和集体讨论的环节，他的发言是独特而富有个性的？常规的？精彩纷呈的？还是富于感性的？
- 该儿童是否为了理解所发生的事情、掌握技巧或解决问题而做出努力？
- 该儿童以怎样的方式解决问题？
    » 他是不是容易中途转换目标？
    » 他在开发一件作品或产生一个想法时，是否经历一系列步骤？
- 该儿童在探索中、操作材料时、多次尝试新方法时，是否具有坚忍不拔的精神？
- 该儿童对自己的学习能力是否感到自信？
- 教师对儿童的学习规划与儿童自身的学习意向是否一致？

记录儿童的学习

在接下来对两名 5 岁儿童的记录中,第一个儿童埃文,尽管在运用颜料时很拘谨,却将自己的画变成了某种有用而富有逻辑性的东西——一项有趣的游戏。在第二份记录中,儿童们尝试将颜料混合起来,这成为他们活动的焦点。这当中是否有突破性尝试的因素?

埃文从附近的挂钩上取下自己的罩衫。老师帮他穿上,他很快地将前面的扣子扣好。他走到画架前,向画架后面看,在画架后面发现了一支用绳子挂着的铅笔。他轻轻地握住铅笔,身体前倾。他右臂几乎不动,用左手认认真真地在画纸的左上角写上自己的名字。他在慢慢地写的时候,目不转睛地盯着所写的字。写完名字,他小心地拿起一支蘸了蓝色颜料的刷子。他让刷子缓缓划过页面中部。他继续用这种一丝不苟的方法作画,仅用了另外一种颜色——红色。又仔细地画上了一些横线和竖线之后,他退后站好,大声宣布:"我画完了。"他继续打量着图画,用愉快的口吻说:"你喜欢吗?这是一个游戏。"他拿起蜡笔,开始在他已经画好的网格的框里填写。他慢慢地画上小圆圈,再在每个圆圈里仔细地填上数字。

"这是一个 10。"他随口说道,目光没有从画面上移开。

他又另外画了几个圆圈,并在每个圆圈里写上数字。他退后端详了一阵子。"现在完成了。"他语气肯定地说。他转向老师,目光中带着成就感,问:"怎么样?"

迪安正在画画,每次用一种颜料,但当看到另外两个孩子将颜料混合在一起时,他受到启发,也要如法炮制。

迪安看着马蒂莎和马库斯,说:"我不喜欢将颜料混在一起。"

马库斯回答说:"我们喜欢,因为我们做出了不同的颜色,而你没有。"

迪安将颜料推到桌子中间,说:"有时我也将颜料混在一起,现在我就把红色和蓝色混在一起。"说着,他小心地用拇指和食指捏起一个颜料碟。他轻轻地将一小滴颜料倒进了另一个颜料碟中。他抓起一把刷子,开始幅度很大地搅拌两种颜料,不小心把一些颜料溅到了碟子外面。他开始左右摇晃着身体并反复唱着:"搅啊,搅啊,搅啊。"马蒂莎兴奋地同他说着话。

"现在成紫色了。我觉得会变成粉色。"她尖叫着。

迪安慢悠悠地强调说:"不是多么紫。"他停止搅拌和摇摆,将刷子放到托盘上,开始将红色倒进黄色中。动作很精准。

迪安边倒边宣布:"现在我们准备做出……"(他的声音在倒颜料的时候渐渐弱下来。)"那么看看我们会做出什么。"他抓起最近处的一把刷子,开始用短促、快速的动作搅拌起来。他大声喊道:"我做出了橙色!"

桌子对面的马蒂莎神气活现地说:"我们早就做出橙色了。"

迪安没有理会马蒂莎,又开始混合了另外两种颜色。他动作很快,幅度很大,两眼瞪得大大的,炯炯有神,咧着嘴笑着。

有时儿童会抱着某种计划开始一项活动,在进行活动的过程中又将计划放弃。下面的片段中,查德发生了什么事?

孩子们的户外游戏时间结束了。一年级的老师叫来排头和队长,开始站队。正在门旁边玩的查德将自己变身为火车头。他握紧拳头放在身体前面,将一只手向前猛地推出,伴着动作发出"突—突"的声音。将第一只手收回来再将另一只手猛推出去,他继续发出"突—突"声。他步幅短促,沿着地面滑动。突然,他转了个身,做出很夸张的动作,挥舞着手臂宣称:"蝙蝠侠!"孩子们已经集合起来了,查德开始踩着一只脚在一块大石头上走。他边走边对旁观的孩子大声说:"我是超人,我正获得更多的超能力……看着!"他在石头上跳着,踩着脚。他看着杰茜卡,镇定自若,用权威的口吻说:"现在我们站队了,对不对?"

杰茜卡冲了出去,去滑最后一次滑板。查德也朝滑板冲过去,对迷惑的旁观者解释说:"现在我去把它锁起来。"他突然停下来,急转弯回来,摇晃着手套,大踏步向队伍的末尾走去。

学习和思维既具有情感性,也具有认知性。以下片段中,几名儿童正在参与学业学习。注意：他们的情感、社交反应以及认知反应存在很大的差异。

儿童要完成的任务是从黑板上将几组不同的图形临摹下来，并涂上指定的颜色。蒂法妮静静地涂着颜色，目不转睛地看着纸面。她的下唇卷起，盖住了牙齿，嘴微微张开，看起来全神贯注。她涂完了一组圆圈，抬头看着黑板，仔细盯了很久。然后，她看着自己的纸面，惊讶地点了点头，两眼圆睁，嘴巴张开。她小心地擦掉了纸面上的一些东西，然后数了数纸上的圆圈，数的时候指点着每个圈，出声地念着数字。但她似乎仍然没有把握，因此她站起来，仔细看着萨莫拉的作业纸。她擦掉了萨莫拉纸上的一些东西，然后又擦掉了自己纸上的一些东西。她仍旧站着，一脸严肃的表情，摸着萨莫拉作业纸上的一个区域评论说："这一边——更好。"她通过在萨莫拉的纸上又擦又写这样的方式来提供帮助，然后碎步快跑来到黑板前，一脸诧异的表情。她点数着每个图形。拧起的眉毛表明她在全神贯注。她快步跑回自己的座位上，数了数自己纸上的图形，数了数萨莫拉的，又数了数同在一张桌子上的其他孩子的。在数完桌对面女孩的图形后，她坐下来，慢慢转身面向萨莫拉，说："她有10个，我也有10个。"实习教师来到桌边，表扬了萨莫拉的作业，蒂法妮盯着她们。比利走过来，宣称："我总能把自己的做对。"蒂法妮高傲地吹嘘道："我也能做对，而且不像你的那样弯弯曲曲的。"

※　※　※

教师提醒布赖恩特该完成数学作业了。他慢吞吞地来到书架前，从数学用具盒边拉出一篮子拼接方块。他将篮子抬高，放到一张空桌子上，像抬着千斤重物一般。他没有再将篮子提起，而是直接将篮子推到了桌子中央，然后一屁股坐到了一张空椅子上，眼睛直直地盯着方块。

布赖恩特转身看了看经过自己身边的人，然后又转回来盯着方块。一只手绵软无力地伸进篮子挑选方块。最后，他抽出了三个红色方块，将它们摆到桌子上。他又拣出一些红色和蓝色的方块。他开始将方块整齐地摆起来。然后，他将身体滑到椅子边缘，双手并用，开始对方块堆进行水平方向和垂直方向的调整，使之形成一个几何结构。他若有所思，开始有目的地调整和平衡方块堆，直到自己满意。他的舌尖露了出来，朝着鼻子翘着。他专心于尝试将红色方块斜着跨过蓝色方块，这时他的舌头从嘴的一角缓缓移向另一角。

卢克蹦跳着走了过来，屈身坐到布赖恩特身边的椅子上。他开始一边堆着方块，一边连珠炮般地同布赖恩特谈话。他们谈到了堡垒和大炮。卢克用很响的一声"轰……"来演示大炮的轰炸。

布赖恩特又将自己的注意力收回到搭建物上，重新开始关注自己的"工程"。他专心地看着自己的作品，不再理会卢克。他对自己说一些关于方块堆的事，接着，方块堆中的一座莫名其妙地倒塌了。他惊得双目圆睁，嘴巴张开。"唉……"他弯腰从地板上捡起方块时沮丧地低声叹道。他直起身时，攥起的双拳捶下来，表现出他的挫败感。

阿娃走过来，不小心撞到桌子上。"哎呀，对不起。"她说道。布赖恩特作品中的一半坍塌了下来。一声长长的"啊"骤然响起来，布赖恩特双肩高耸，双手徒劳地伸出来，想接住倒下来的方块。他的脸气得通红，但他重新开始搭建时，脸色又慢慢变成了粉色。最终，他的脸上恢复了正常的颜色和镇静的表情。

现在结构搭建完了，布赖恩特自豪地端详着。当有任何人靠得太近，甚至只是冲着方块堆呼吸，他都要举起手来，保护自己的作品。

教师通知大家到了开短会的时间，所有孩子都必须将自己的工作材料清理完毕。布赖恩特不愿拆掉自己的作品，但他最终还是拆了，只不过动作很慢，表情也十分痛苦。

教师如何了解儿童知道什么

对于某些有关世界和我们自身的知识，大多数有着一般性学习机会的儿童都能自发习得，因此人们有理由期待一名儿童具备以下提及的各个领域的初步知识。年龄在儿童的知识积累和运用上是一个非常重要的因素；机会（包括有帮助的成人的作用）、个人兴趣以及接收某些信息的主动性等都是重要的因素。然而，从某种程度上来说，儿童所积累的知识是儿童的记忆力以及求知欲的一项表现指标。不过，儿童所拥有的带有偏差的观念层出不穷，即使最见多识广的儿童也不例外，因此对于儿童带有发展阶段局限性的知识的准确程度或混乱程度，教师应保持敏感。要当心，不要被儿童所讲的像模像样的流利话语误导。

需要观察的细节

以下所建议的问题，不应被当作每名儿童应该知晓的知识清单来使用。你所做的记录应该是对儿童的知识做出推断的一个证据来源。

- 该儿童对身体了解多少？他能说出身体部位的名称吗？
- 他对于自己的家庭了解多少？
  - » 他知道自己家庭中的直系亲属成员吗？知道自己的大家庭中的成员和亲戚吗？
  - » 他了解女儿、儿子、姐妹、兄弟、祖母、叔叔/舅舅、姑姑/姨/婶等词语的意义以及这些身份同自身、父亲及母亲之间的关系吗？
- 他对于他人的家庭结构了解多少？
  - » 他认识到不同家庭之间存在差异吗？
  - » 他能够概括出"家庭"的定义吗？
- 他对于工作角色了解多少？
  - » 他知道自己的家庭成员分别从事什么工作吗？
  - » 他是否知道商店老板、警察、垃圾清理工、汽车修理技师等职业角色实际上做什么吗？

成人工作的真实状态和儿童游戏的模拟特性之间的差异，从下面这名4岁儿童狡黠的评论中可见一斑。

看着父母粉刷厨房的时候，蒂龙多次问他能否也来刷一刷，父母每次都说不行。最后，他哀叹说："大人有很多样东西，小孩只有一样东西。对不对？"

"什么意思？一样东西？"他的母亲问。

"大人有很多样东西，"他说，"小孩只有玩具。"

※ ※ ※

4岁的法拉刚刚参观了父亲的律师事务所，她这样描述父亲的工作："他的工作就是坐在那里，在人们需要的时候向人们分发铅笔和夹纸的别针。"马克的说法如出一辙，他带了一些胶带到学校，向教师解释道："我叔叔打开店门时送给我这些胶带。他卖胶带、钱和孩子。"

律师和销售对4岁的儿童来说还是难于理解的概念。
- 该儿童是否了解可观察的、具体的、机械的过程？
  » 是否知道是什么让汽车前进？是司机、汽油、方向盘还是发动机？
  » 是否知道是什么让电灯亮起和熄灭？是开关还是墙里面的电线？
  » 是否知道是什么让水流进了水池？是因为拧开了水龙头还是下方的自来水管道？
- 该儿童是否具有生老病死等自然过程及食物来源等方面的知识？
  » 是否知道婴儿是从哪里来的？
  » 是否了解花、鱼或小孩的成长需要什么？比如当4岁的莎丽说："植物生长需要水，然后需要魔法让它开花。"她了解了什么？她说的魔法指的是什么？
  » 是否了解当一株花或一个人死去时发生了什么？蛋从哪里来？橙子、牛奶、乳酪、金枪鱼、火腿等分别来自哪里？
- 该儿童是否具备有关动物——驯养/野生/史前/虚幻——的知识？起初，儿童由自己所知的一种动物进行概括，比如把所有的四足动物都当成狗、牛或其他任何动物。随着时间的推移，他们逐渐将各种动物区分开来。
  » 知道常见的驯养动物的名称吗？
  » 知道常见的驯养动物的生活习性吗？
  » 能否辨认野生动物或史前动物的照片或模型？

» 是否知道哪些动物是现在存活的，哪些是生活在远古时期的？

　　» 是否能辨别出虚幻的和真实的动物之间的差异？

　　» 是否能创作虚幻的动物？

- 该儿童是否具备来自具体经验的知识？

儿童都会有来自自身具体经验的信息，这在一定程度上是多种社会因素的结果。他们或许了解有关以下方面的知识：不同种类的食物；从树上采摘水果的技巧；在教堂、医院的急诊室、公共援助办公室或收容中心等地方发生的事情；乡村别墅或乘喷气式客机旅行；保姆和游戏日；如何选择最安全的线路独自往返超市；甚至是赛马场上发生的事情。这些知识都有力地证明儿童是在不断地学习，教师要接纳和理解他们的知识状况。

关于儿童知识范围的思考

儿童一般只在一些氛围亲密的情境，如同教师单独相处、同其他儿童对话、在关于家庭生活和家庭关系的讨论中，才可能讲述关于自己同家人的关系以及自己的喜好和感受。就个人问题直接询问儿童似乎答案来得更容易，但这有失公允，某种程度上也侵犯了儿童的隐私。

当儿童对成人建立了信任，他们就会讲出自己认为重要的事情。儿童关于世界和自我的知识的证据可能主要来自儿童的话语；来自儿童在班级旅行中和随后的集体讨论中所提的问题；来自儿童对教师所读的故事或自己所读图书的回应；来自儿童在烹饪活动或科学实验或搭建积木时所提的问题。一般来说，这些活动记录比儿童在戏剧表演游戏中的表现更为可靠地表明儿童的知识状况，尽管戏剧表演也可以揭示有用的信息。

在戏剧表演中，儿童的情感和需要通常会影响他们的话语和行为。儿童在自创的虚幻情景中解决与愿望、恐惧、进取心、志向等相关的问题时，幻想与现实交织在了一起。在戏剧表演游戏中，儿童可能会推着一辆小汽车沿楼房墙壁前进或者将奶牛和婴儿一起放进卧室；然而，如果追问他们，他们或许了解这种事并不会真的发生。因此教师需要注意，不要急于纠正儿童在戏剧表演中表现出的不真实的地方；对于戏剧表演中所提供的丰富素材，在解读时应十分谨慎。

图书、图画和游戏材料中必须包含儿童能够辨识的形象。图书内容必须包含来自不同人种的、不同文化群体的，包括有身体残疾的儿童和成人；必须有单亲家庭、三世同堂的家庭、有两位母亲或两位父亲的家庭、有一个或几个孩子的家庭。我们必须将儿童与成人的广阔世界带到课堂，不让任何儿童在接触材料时感到被排除在外。

正如某些事例所显示的那样，儿童行为所反映的实际信息既是他们乐于学习的结果，也是他们有机会进行体验的结果。往往有这样的情况：对于儿童提供的信息，教师因为不熟悉使之成立的情境，从而低估了这些信息的价值。其实，在一定的情境中，每名儿童都具备且的确能在一系列过程中展示出思考的能力。比如，一名5岁儿童在完成一幅相当复杂的拼图，拼图中有一个正在运转的蒸汽挖土机，工人在安放炸药。这名儿童通过多次尝试来完成拼图，后来他试图将形状匹配起来，显然这时他对拼图有了更好的理解。他在规定的时间内完成了拼图，但当问及画面的内容时，他耸耸肩膀说："我不知道。"完成拼图的能力表现了良好的智能，而知识的缺乏体现了接触世界的有限性。这两者不能混为一谈，且不同领域的知识当然没有价值上的高下之分。

将通过机械记忆积累信息视作智能发展的目标，并不符合儿童发展的最佳利益。对事实的了解并非儿童智能运作的唯一表现方式，甚至也算不上最有效的表现方式，尽管这的确是表现方式之一。尤其是对那些原先的生活环境和后来的学校生活大相径庭的儿童，作为他们的教师，重要的是要着力理解这些儿童如何开展学习，而不是儿童在人生之初的这几年里学到了什么。这一点对于所有儿童都是成立的。比起某些提早学到的特定信息，良好的学习态度能更有效地服务于他们的整个人生。

第九章 观察儿童思维能力的发展

在第七章和第八章中,我们从发展的角度和个性化特征的角度阐释了儿童的思维方式。儿童的思维方式体现在童年早期阶段标志着儿童智力形成的思维过程之中。通过密切观察多种情形下的儿童,如参与戏剧表演游戏、使用材料、与教师和其他儿童互动等,可以发现儿童思维发展过程的迹象。本章将关注那些无法被直接观察的、与内在认知过程有关的行为。以下描述的过程,意在为教师更好地理解儿童起到一定的指导作用——并非作为衡量儿童智力的标准。似乎只是一个细微的差别,但是这里的关键词是理解,而非衡量。

概 括 能 力

儿童根据自己的游戏、实验、探索及与家人、朋友、文化和社区有关的许多经验做出概括,这些概括是他们的真实发现,因为是儿童以自己的观察为基础做出的,该过程始于婴幼儿早期阶段,此后一直绵延不断。

一场大雪之后,一连好几天,2岁的迈克在大部分户外活动时间都在快乐地往教学楼的一面墙上扔雪球。最后,他走到教师身边,说:"雪碎成了一小块一小块的。"

发现规则是正在学习的儿童的主要任务。儿童自己,或者是在教师或另一个儿童的指导下得出结论会极富成效(Rogoff,1990)。用语言教给他们,或者通过死记硬背的方式让他们重复规则,效果会截然不同。

6岁的卡拉在积木区搭建楼房。她走到架子前，一边挪动积木一边数单元积木的个数。"一、二、三、四、五、六。"她用双手托着一摞积木，把下巴放在积木顶上，让积木保持不动。

她看着老师，老师说："你那边有很多积木。"

"我需要偶数块积木，所以我拿了6块。"她说。

"为什么是偶数？"老师问。

"因为，"她解释说，"我需要摆成两摞，多出一个，我就得再回来。"

辨 别 能 力

随着时间推移，儿童所做的概括使他们能够对物体、人或者事件进行比较。他们通过运用全部感官学习辨别。

- 区分自己与其他儿童：
    » 该儿童是否用第三人称或者我的主格、宾格和物主代词形式称呼自己？
- 区分家庭成员与朋友：
    » 该儿童是否知道哪些人是朋友？
    » 哪些人是家庭成员？（这一区分可能因文化而异，因家庭而异，例如埃蒂"姑姑"或许是该家庭的一个来往密切的朋友）

丹尼尔和他的朋友塔妮莎（都是5岁）正在看望丹尼尔的奶奶。他们在画画。突然，丹尼尔问他的奶奶："你是塔妮莎的奶奶吗？"

塔妮莎插嘴说："不——她不是我的奶奶。"

"为什么不是？"丹尼尔的奶奶问。

"因为丹尼尔是我的朋友。"塔妮莎说。

- 区分有生命的和无生命的物体：
    » 该儿童是否知道石头、虫子、树有没有生命？
- 区分物体大小和年龄长幼。

- 区分幻想和现实：

    》该儿童知道超人是否是真实的吗？

    》该儿童从何时开始理解童话或者电视节目都是虚拟的？

- 区分男人和女人。

卡梅拉（3岁）看到一位女实习教师嘴唇上方有须毛，问："你是男孩还是女孩？"实习教师回答："我是女孩。"然后，孩子说："但是你有胡子。"

- 区分不同肤色的人。

玛蒂（6岁）走到教师面前，伸直胳膊并转了几圈，说："我的胳膊外侧比内侧黑一些，因为我爸爸的皮肤黑，妈妈的皮肤浅。"

※ ※ ※

科迪，棕色皮肤，每天由爸爸送来幼儿园，他爸爸有着白色的皮肤和金色的头发。一天，布伦达好奇地问："那是科迪的爸爸吗？"

认识异同的能力

儿童理解物品与人之间都存在相同点与不同点的能力，可以帮助他们规避一些谬误。比较可以丰富儿童对周围现实的理解，增加他们的词汇量，以及有利于他们辨别材料与物品的重要性质。此类比较在阅读中至关重要，比如，知道"was"与"saw"或者"feel"与"feet"尽管相似，但是存在差异[①]。

两名4岁幼儿，索菲和卡伦娜正准备去户外，索菲说："你的手套是红的，和我的一样，不过你的是连指手套，我的是分指手套。"

---

① "was"是英语动词"is（是）"的过去式，"saw"是英语动词"see（看见）"的过去式；"feel"的意思是感觉，"feet"是英语名词"foot"（脚）的复数形式。——译者注

类比能力

打比方或者暗喻，是符号表征的另一种形式。与游戏时运用身体理解部分经验不同，儿童使用词语将两种不同的行为或者物品联系起来，以便获得更好的理解。

富兰克林骨折了，午餐时间他感慨地说："剥香蕉皮就好像把石膏取下来一样。"

※ ※ ※

阿夫拉姆打量着放在盛有水的盘子里刚刚发芽的胡萝卜头，说："它们看起来像我爸爸的胡子茬儿。"

※ ※ ※

熙祯盯着一台张开双臂立在一座摩天大楼钢架上的高大起重机，说："它看起来像只大鸟。"

认识因果关系的能力

对儿童来讲，理解物理现象中的因果关系比理解社会关系中的因果关系更容易，因为社会关系中还将涉及他们的情感。倾听儿童对具体事件或现象的原因的推断很重要，这有助于评估他们对事件的理解、不理解和困惑的程度，甚至他们的错误也可以表明他们为了理解所做出的努力。正如在以下记录中，他们努力探索对原因的解释。第一份记录来自2岁儿童；第二份来自4岁儿童；最后一份来自6岁儿童。

埃伦打了乔，乔哭了。埃伦问老师："乔为什么哭了？"

※ ※ ※

乔尔：我是阳光。我在天空中走，而且待在那儿。

史蒂夫：你永远都不下来吗？

乔尔：太阳不会一直发光。当天黑了的时候，我就会下来。

教师：什么让天变黑？

乔尔：月亮让天变黑。

文森特：哦，不。上帝让天变黑。

※　※　※

"为什么你在操场上冲着我吐舌头？"尼古拉斯问。

塞思仍然有点生气，回答说："就是因为卡尔老师说我碰倒了加布的大楼，而且他还让我单独坐。"

他们都走到午餐盒那里，尼古拉斯非常严肃地说："我还是不喜欢那样，塞思。"

儿童对某些问题的理解抑或不理解与年龄有关，但是很大一部分是由与具体现象或者事件相关的经验（或者经验匮乏）所致。4—6岁的儿童可能说，他吃的食物会停留在胃里，吃了很多食物之后，他的胃会变胖，胃里就会有一个婴儿。在这一发展阶段，儿童知道婴儿的出现有其原因。在上面的推断中，他进行了错误的归因，将怀孕和吃得太多等同起来。

时 间 取 向

儿童在学习使用"当……的时候""很快""后来""最后""下一周""明年"这些词语的时候，尚未将时间的含义完全概念化。他们将这些词语融入游戏和与他人的交流中，总体上能够在正确的语境中运用它们，但是不能理解"时间是什么"这一更加深刻且抽象的概念。不过，在游戏和谈话中运用语言的同时，儿童也在试图更加准确地掌握时间词语的概念。

"我每天都去上班，对吗？"安杰洛在娃娃家说。

※　※　※

"两周之后是新年。"辛西娅说。实际上，准确地说是一个月以后。

当一名儿童说，昨天他看望了住在佛罗里达州的奶奶的时候（但是你昨天在学校里见到了他），他是否知道他真的没去？还是他把过去发生的事情全部归类为发生在"昨天"？一名4岁的儿童被告知鸟类因为季节的变化正在迁徙，他完全同意。"是的，"他说，"鸟儿们会在夏天飞往北方，冬天飞往南方，而且时间会飞①。"

儿童是如何准确地理解时间的？"现在"比"明天"更有说服力，且比"昨天"更加具体。

阿尔弗雷德（4岁）在缺课一段时间之后回到学校，他兴奋地冲向教室，大声喊道："我来了！"

"你生病了吗？"老师问。

"没有，"阿尔弗雷德回答说，"去波多黎各了。"

"你是昨天回来的吗？"老师问。"不是，"阿尔弗雷德说，"明天，三周之后。"

时间是一个令人难以捉摸的概念，到了5岁时，儿童还可能表现出既开始掌握时间概念，又反对接受时间结构凌驾于他们的自我中心愿望的情形。或者说，他们精准地掌握了使用时间语言的能力，正如以下关于两名5岁儿童的记录所表明的。

阿布杜拉：你总是打我。我再也不和你玩了。

龙尼：你打我的时候感到难过吗？

阿布杜拉：是的，但是我不跟你玩太空生物了。

龙尼：但是你昨天说你会跟我玩太空生物的，那就是今天了。

阿布杜拉：我的意思不是今天。这不是我说的明天。我的意思是另一个明天。

时间观念始于顺序和序列观念。

- 该儿童是否知道通常的日程安排？比如，他是否知道去户外玩应在每

---

① 英语中有"时光飞逝"等关于时间的惯用语，字面意义是"时间飞行"。——译者注

天的初始阶段，而点心时间在讲故事时间之前？
- 他是否知道一周中有哪几天他可以待在家中，哪几天去上学？
- 他是否知道一周七天的顺序？季节的顺序？

分 类 能 力

儿童在正式场合和非正式场合都会展示出他们的分类和按顺序排列的能力。通常，他们会将两者结合起来，就像 5 岁的贾斯珀在使用为专门鼓励分类而设计的教学材料时一样。以下记录也可以表明他的符号表征能力——圆圈代表汉堡，如果再重新排列一下图形，就会变成雪人。

贾斯珀正巧走到架子旁边，取下一个带有三个格子的盒子，三个格子里分别盛着大小不一的各种圆形、正方形和三角形。他悄悄地把盒子放在桌子上，用双手取下盖子，把它放在盒子下面。

他首先取出圆形，抬头看了看，说："汉堡。"他四处看看寻找博比，看到他在附近的一张桌子旁边，开玩笑地说："博比，想吃汉堡吗？"随之，他把圆形按照从大到小的顺序摆在桌子上。然后，他抬头看了看，和老师对视了一下，指着圆形说："最大的，最小的。"他的声音很响亮，充满朝气。他似乎对自己和自己的工作很满意，因为他笑容满面。

他重新排列了圆形，说："雪人。"他注意到教室里的其他活动，此后，他离开他的工作，走向博比去看他在做什么。

贾斯珀回到他的桌子旁边，停了几秒钟，然后大声宣布："我要做一辆小汽车。我必须试着做一辆小汽车。"他慢慢地取出正方形的时候，看了蒂尔南一眼，蒂尔南也有相同的材料。他们开始兴奋地谈论怪物，当谈话结束的时候，贾斯珀一边快乐地哼着小曲，一边把正方形排列成各种图案。首先，他把它们按照从大到小、从左到右的顺序排列。然后他拿出三角形，又依次把它们按照大小顺序放在正方形上。他发现有两个三角形不见了，于是看了看蒂尔南的桌子。他看到蒂尔南的那一副是完整的，就问老师不见了的那些三角形在哪里。老师说不知道，贾斯珀伤心地说："大概是丢了。"他将图形捡起来时有些困难，用手指尝试着各种姿势。最后，他把它们一片一片地从桌子边缘滑落下去，还是按照从大到小的顺序把它们摆进盒子里。

分类能力极有可能是从认识观察到的事物具体特征，发展到认识必须概念化的抽象特征。颜色、形状和大小可以看得见，比民族等非具体特征更容易掌握和进行分类。但是，所有类别都取决于对相同点和不同点的理解。当拥有很多理解相同点和不同点的具体经验时，不管有没有教师的指导，儿童都会尝试根据简单的抽象概念标准进行分类。因此，一个刚刚理解"班集体"的儿童，他会问一个新来的同学："你过什么节？"提问的儿童正在试图运用较为抽象的观念来进行分类。

感 知 模 式

感知模式的能力（通过视觉、触觉或听觉）是学习阅读、理解数学和欣赏音乐的基础。请观察两名5岁儿童对使用塑料钉板呈现图案时做出的截然不同的反应。杰茜进展顺利，但是阿妮娅似乎没有注意到。

阿妮娅和杰茜挨着坐，每个人都拿着自己的塑料钉板，但是共同使用一个篮子里的木钉。桌子中间的盒子里有硬纸板做的图案卡，这些卡片都是老师制作出来帮助孩子们培养指向性的。卡片与塑料钉板大小一致，图案上布满了颜色各异的点。杰茜选择了一张边上交替分布着红点、黄点和蓝点的图案卡片。她把卡片放在钉板的左边，这样卡片和钉板就会并排在一起。她在钉板的底部开始从左到右将卡片上的图案复制到钉板上。与此同时，阿妮娅并没有选择图案卡片。她在钉板上随意地摆放木钉，没有做出任何明显的图案。她对杰茜说："看看我做的。"杰茜抬头看了看阿妮娅的钉板，耸了耸肩。

她们的反应差异为教师提供了线索。阿妮娅是刻意选择放弃创造图案的时机，还是她没有注意到呢？

书面语言模式因文化而异。在西方社会，书面语言的编码是从左到右。儿童必须学会从左向右移动目光，以及将目光移动到左侧寻找下一行的开始。他们必须辨别每个单词中的字母从左到右的排列模式，以及整个页面上的单词和间距的排列模式。他们不仅要学习构成每个单词的符号的模式，还要学习大小各异的单词模式——从小模式（"it"等两个字母构成的单词）到大模式（"there"等五个字母构成的单词）——以及有些模式相同（"the"与"the"[①]），有些则不同（dog，mouse）。（对该问题进行的精彩论述请参阅 Clay，1991）

儿童有大量机会去体验模式，如拍手游戏、跳绳游戏，也有丰富的机会去创造模式，如运用操作材料、串珠等。

理解空间关系

在听音乐和运动时间以及在使用拼图、搭积木和户外活动的时候，很容易观察到儿童对模式的敏感性和空间意识。以下建议观察的细节有助于你拓展对儿童的空间意识的理解。

- 该儿童在回应演奏的音乐、鼓声或者教师击掌的声音时，相对于其他物品，他的位置是如何变化的？
- 该儿童保持的个人节奏与演奏的节奏不同还是一致？
- 该儿童与其他儿童一起移动，还是逆向移动？他会对走哪条路线感到困惑吗？
- 该儿童在群体游戏中是否遵从模式和指令？
- 该儿童行走时会踩到地上的画，还是绕开走？

当一个正在玩拼图的儿童为了找出最合适的那一片而把所有的拼图图

[①] "the"与"the"的书写相同，但是当"the"后面的名词以元音开头时，读 /ðɪ/；当"the"后面的名词以辅音开头时，读 /ðə/。——译者注

片都试一遍的时候，很显然他是通过试错法进行工作，他尚不能够通过视觉或者触觉来理解空间与对应的拼图图片形状之间的关系。同样，当一个儿童手里拿着一片拼图，同时眼睛扫视整幅拼图，然后准确地将那一片拼图放上时，这说明他已经掌握了标志着不同发展水平的空间关系。儿童使用许多材料和设施时都需要具备理解空间关系的能力，因此教师在观察玩拼图或者积木的儿童时可以思考许多问题：

- 该儿童是否认识到两座积木建筑之间的空间是否大到足以让卡车通过？一个二倍体单元积木是否可以连接两块垂直积木？
- 该儿童是否知道怎样从教室到达厨房？怎样从家到达学校？
- 在解决空间、结构及其他物理问题的时候，该儿童能否操作相关的物体？比如，为了让"禁止通行"的标志在他搭建的公路上可以被看到，路易斯先把标志放在公路的一侧，意识到放在那里看不见后，他又将其放在公路的另一侧，在那里可以看得到。
- 该儿童是否认识到，对架子上可以利用的空间来说，盒子太大了？
- 该儿童是否意识到绘画中的空间关系？

香农和凯莎（都是7岁）正认真地在南瓜上画一张脸，为雕刻做准备。香农决定由她来画眼睛和鼻子，凯莎来画嘴巴。两人达成了一致意见。香农开始设计她的那一部分，首先认真地涂画眼睛，然后是鼻子。她检查了鼻子的位置和大小是否合适。当她完成的时候，对凯莎说："画一张和我画的那一部分相配的嘴巴。"她们哈哈大笑了一会儿后，凯莎建议把她们画好的部分切下来。香农注意到凯莎画的嘴巴，说："你应该画得更小一些，但是我画的鼻子也太胖了。"

儿童通过努力且认真的学习，试图理解由人、事件和物体构成的世界。以尊重儿童的思维过程、认识儿童的知识内容与范围的态度来观察儿童，理解文化、家庭、社区和学校的影响，会获得一些有用的信息，有助于教师选择恰当的材料，规划相关的课程。

全美各地的儿童，包括两三岁的幼儿，都很熟悉并经常使用数码设备。

一名 5 岁儿童的母亲曾自豪地对幼儿园老师讲述了以下事例。

> 几天前，我经常唱《橱窗里的狗狗卖多少钱》（How Much Is That Doggie in the Window）这首歌。后来，我在网上看到一段这首歌的视频。安娜贝尔一直想学歌词，我做饭的时候，她用我的手机找那段视频。输入歌名时，我告诉她拼写，她来打字，打得很吃力。我说一会儿帮她。还没等我抽出时间，她已经按住语音键，对着电话讲起来，就这样找到了视频。我都不知道她是怎么学来的。

由于早期教育课堂中越来越多地纳入计算机和其他数字产品，因而教师需要意识到，信息技术开始成为儿童锻炼思维能力的竞技场。

第十章　记录儿童的语言发展和读写能力萌发

身处社会中的所有儿童，除非有一定的残障，均能通过与更加成熟的语言使用者的接触而学会语言。在学习语言的同时，儿童同时了解了该文化中的价值观念和通用的意义体系。通过语言，他们构建起对周围现实生活的认识，并形成同他人的联系。儿童是在同周围有关联的人的密切交往中习得语言这种令人惊讶不已的能力的，习得语言这个过程本身不亚于一项奇迹。

儿童从婴儿期便了解到语言的使用是为了交流和分享经验，在这个过程中，儿童自身以及成人和年龄较大的儿童扮演着主要角色（Stern，1985）。儿童习得语言的声音、意义和句法，并创造性地将其用于想要表达的事物。通过语言，儿童开始创造"关于自己生命的叙事"（p. 162）。

当有些儿童讲英语之外的语言，或者既讲英语又讲另一种语言时，只讲英语的单语言背景的教师需要认识到儿童这种语言能力的内在价值。近期，论述跨语言交际的一些文献强调通过为儿童提供游戏材料、音乐、书籍等，将儿童的多种语言带入课堂，从而支持儿童双语能力的萌发（Celic & Seltzer，2011）。儿童可以使用橡皮泥等可塑性材料制作自己熟悉的食物，如玉米饼或皮塔饼。一位教师曾让孩子们带一张录有自己的家人最喜爱的音乐的光盘到班上来，将其纳入课堂体验的内容中。

语言与文化

儿童使用语言的数量和风格各有千秋，这有赖于儿童所处的特定社会文化环境中的哪些因素受到重视。

不管文化环境如何，幼儿的语言发展顺序（即从喔啊声到咿呀声，再到发出第一个词等）从生物学上来说是确定的，而且沿着相当一致的模式演进。我们在各种文化中确实能观察到的差异是，儿童的父母如何看待作为交注伙伴的儿童，这种看待的方式又会影响到语言的发展。交际能力的以下方面因文化而异：

- 儿童的主要交注伙伴；
- 在儿童与其交注伙伴的交流中被赞许和不被赞许的交流方式；
- 谈话中允许和禁止的话题；
- 参与者重视谈话的程度；
- 养育者关于传授语言的态度，以及传授语言时是否有意识地遵循一定的程序。（Mann, Steward, Eggbeer, & Norton, 2007, p. 10）

一名儿童在社区中的语言和社会互动情况，对于这名儿童适应学校对其读写能力的期望将会产生影响。有些家庭比其他家庭更加倾向于让儿童养成尊重书籍的习惯，在故事阅读时会使用课堂中常用的问答程序。

观察和记录儿童的语言，可以帮助教师了解儿童理解世界的方式，认识到什么事物对于儿童及其家人具有重要意义，以及知晓每名儿童解决问题的独特方式。为了从儿童的语言中真正地认识他们，教师必须尽力避免将自己语言中的目标强加于儿童。例如，教师可能重视口头应答的价值，但同儿童有亲缘关系的其他成人或许并不如此。教师要认识到儿童的语言是其深层信念的反映，同时也要将自己的语言作为自身价值观念的表现而加以审视。

教师也需要反思在学校中培养儿童的基本语言的方式。观察和记录儿童的语言包括接受和尊重儿童讲话的千姿百态的多样性。或许教师会忍不住想要纠正儿童不标准的语言表达形式，但德尔皮特（Delpit，1995）指出，这对于改变儿童的讲话方式没有效果；甚至还有可能如卡兹登、约翰和海姆斯（Cazden，John，& Hymes，1972）的知名著作所说，产生负面的效应，如抵制学习标准的语言形式。德尔皮特（2002）敦促教师在教说话不标准的儿童时，要识别其表达的意义，并提供机会使儿童"通过多种多样的角色扮演来使用标准的语言形式。……儿童可以进行木偶表演或者卡通角色扮演"（pp. 125—126）。这一做法为儿童提供了练习使用标准的语言形式的机会。当儿童表演木偶剧时，其中的人物角色说着标准形式的语言，从而消除了对儿童的语言不合格的暗示。

儿童的语言运用，同成长的其他方面一样具有发展性的特点，环境支持、个体差异以及文化等因素的交互作用，会导致相同年龄的儿童拥有不同的水平和风格。认识到语言中哪些因素使儿童具有表达一切思想的能力，将有助于教师观察儿童如何运用他们的语言。

根据布莱姆的经典著作（Bram，1955）中的观点，语言"激发儿童在其语言社群中的团队精神……并提供归属感"（p. 19）。

对班级中讲着英语之外的某种语言的儿童来说，教师需要考虑另外一些因素，采取一些方式帮助儿童融入班集体。这一过程需要教师付出时间，进行细致的观察。

- 该儿童对英语大致具有什么水平的理解能力？
- 该儿童绝大多数时候保持沉默，还是试图对教师或其他儿童讲英语？
- 是否有帮助该儿童学习英语的支持性资源，如讲该儿童母语的教师或同学？

记录儿童的语言运用情况

当你开始记录儿童的语言时，会有哪些发现在等待着你呢？儿童的语言交际——他们的社交谈话、幽默和对语言的理解——将出现在你的记录中。你也可以反思儿童不同的叙事风格，尤其是通过现场记录儿童讲故事这一方法。词汇的使用范围和方式将为评估儿童的词语运用能力提供线索。

社交目的

大多数儿童在发出最初的咿呀声之前，就开始在社交环境中体验语言。通过跟最初与他们关系亲密的成人进行语言上（和非语言上）的亲密接触，儿童体验了话语轮换，这是所有对话的基础。

- 该儿童使用语言的社交目的有哪些？是否包括表达需求？分享愉悦？抱怨？要求、请求、哄骗或是控制？给予、分享或是获取信息？是否用咒骂类词语表达愤怒和挫败感？
- 该儿童的语言主要指向成人还是儿童？还是平均分布的？
- 当一名儿童进行一天的常规活动时，他以怎样的方式进行交流？流畅地？有主见地？受约束地？充满爱心地？充满敌意地？

在接下来这则例子中，两名4岁儿童正努力发展社交关系，她们将自身的需求诉诸词语是一项了不起的成就。一年之前，她们是无法做到的。

克里斯蒂娜和明娜坐在一个小圆桶里，她们膝盖弯曲，脸贴得很近，头偶尔会相互接触。她们以这种姿势待了一会儿，一言未发。克里斯蒂娜探过头来，靠近明娜，在她脸颊上轻柔地吻了一下。明娜稍微低了一下头，克里斯蒂娜抬起胳膊，轻轻地放在明娜的肩膀上。她们的头碰在了一起。突然，从桶里传来一个响亮的声音："你是我的朋友吗？你是我的朋友吗？"是克里斯蒂娜的声音。她继续用响亮而清楚的声音问着。她跪起来，头凑近明娜的脸。明娜坐着，一只胳膊靠在桶壁上，侧过脸去，不看克里斯蒂娜。

克里斯蒂娜急切地问："你是我的朋友吗？"明娜将头转得更远。克里斯蒂娜噘起嘴来，看着老师说："我想让明娜做我的朋友，可是她不听我说话。"

"是个问题。"老师同情地说。克里斯蒂娜继续看着老师，噘着嘴。老师走近两个女孩，想同明娜进行目光交流，但是明娜继续把目光转向一边。老师对明娜说："明娜，克里斯蒂娜在问你问题，你要回答她。"明娜继续向一边看。老师看着克里斯蒂娜，建议她再问明娜一次。

"明娜，你是我的朋友吗？"明娜没有看克里斯蒂娜，而是用哭泣的腔调说："不，我不想。"她好像很费力才将这些话从嘴里挤出来。

学习语言和理解人际关系都发生在一定的社交环境中，最初是在家庭中，接下来在保育机构和学校中的比重逐渐增大。因为明娜和克里斯蒂娜的语言和社交经验尚处于发展中，所以她们处理彼此关系的能力还很有限。

下面这个小片段是发生在4岁儿童之间的典型的社交情形。他们正在使用语言而不是动用拳脚，来尝试解决观点上的分歧。

清扫时间刚过，乔伊坚定地走向安东尼和胡安·卡洛斯，生气地用手指反复戳着这两个男孩，气势十足地叫道："你们要干什么！我本来是坐这里的！"

安东尼和胡安·卡洛斯没有理会他，他们把目光转向别处，同周围的孩子说起话来。但是乔伊继续坚持着："是我坐在这里的！是我坐在这里的！是我坐在这里的！"

安东尼顽皮地扬起眉毛，看着乔伊的眼睛，用手指指着胡安·卡洛斯，自我辩解说："他坐了你的座位。"

胡安·卡洛斯开始为自己辩解："嗯，我……"乔伊高傲地打断了他的话，宣布说："我不会给你这个东西的。"说着，他从口袋里掏出一个闪亮的绿松石色的蝶形别针，自豪地拿着。

在下面这则轶事中，两名一年级小学生在探讨社交规范时展现了截然不同的家庭生活经历。

露西和朱利安手牵着手。露西说："我想让你做我的男朋友，你很漂亮。"她将自己的脸向朱利安伸过去，噘起双唇，闭着眼睛，等着他亲吻。朱利安很惊讶地看着她。露西用气恼的语调问："你为什么不想吻我？你以前没有吻过女孩吗？"

朱利安说："吻过，吻过我妹妹。"

露西回答说："嗯，你真笨。我有很多男朋友，他们都亲我的嘴唇，像这样。"说着，她在朱利安的脸上亲了一下。朱利安又惊又恼地将脸上的口水抹掉。

露西问："你喜欢吗，朱利安？"

朱利安皱起眉头，嚷道："你在我脸上干的破事儿？我讨厌这样！不准再这么干，不然我用拳头捣烂你的鼻子！"

露西低声说："如果你说这是破事儿，你才是真笨呢。我的妈妈和爸爸就这样做。"

朱利安咕哝着说："我爸不会做这种事。他又大又壮，如果我妈妈那样亲他，他就会扇她耳光。"

露西瞪大了眼睛："你爸爸扇你妈妈耳光？"

"一直这样，"朱利安回答，"我妈妈哭，我小妹妹也哭，但是我不哭。我就关上我房间的门。"

露西张开嘴巴，像是要说话，但是什么也没说出来。她摇着头，喃喃自语："我爸爸从来不打我妈妈，只吻她。"

对有些儿童来说，披露类似私密信息的情况并不罕见，但教师在听说时或许会体验到同自身文化相冲突的观念。记录该对话对教师角色有某些潜在的意义。作为教师，一定要以一种非评判性的、支持性的方式帮助朱利安和露西理解家庭间存在的差异，同时又要使两个孩子都不会面临批评和嘲笑。记录该对话也是一个信号，提醒教师应该去咨询一位专业人士，以便对可能存在的虐待问题进行评估以及决定采取哪些恰当的措施。

当你记录儿童之间或儿童同成人的对话时，你会观察到儿童运用语言表达思想、交换信息、形成概念、进行推理以及描述的例子。在社交语境中的儿童会提出问题、表达疑惑。请听两名二年级小学生如何一起思考一些基本问题。

欧内斯特对古斯塔夫说："一起去看沙鼠的坟墓吧。"

古斯塔夫反对说："它上天了。"

欧内斯特很有信心地解释道:"还没上天。有一次我埋了一只鸟,过了很长时间它才上天。"

在儿童的社交语言中,无词语的交流比重非常大!有谁没听过儿童用"噪声"——咿呀声、呕吐声、打嗝声或肠胃胀气声——来交流观点或感情?在接下来的记录中,这两名3岁和4岁儿童之间的社交活动主要是非语言的。

李晓,3岁,只会讲汉语。恩里科,4岁,只会讲西班牙语。他们在滑梯底端玩,各自将玩具小汽车沿着斜坡推上去,有另一名儿童在滑梯顶部接住,再把小汽车推下来。当李晓第三次将小汽车推上去时,坐在滑梯顶端的孩子拿着它走开了。于是李晓就拿起了恩里科的小汽车。恩里科抓住小汽车不放,大声叫喊:"Mio(西班牙语,意为'我的')。"李晓大声喊:"Teach!Teach[英语'Teacher'(老师)的不完整形式]!"但老师没有听见。恩里科也喊起来:"Teach! Teach!"两个孩子都抓住小汽车不放,用力拉扯。李晓抬起手去够恩里科的头发,像是要去拽。恩里科也做出同样的动作,但两人并没有真正拉扯头发。他们互相推搡。突然,拿走李晓小汽车的孩子回来了,将小汽车滑了下来。李晓松了手,抓起自己的小汽车,笑了。恩里科冲她微笑着说:"Te lo dije este era mio(我告诉过你那是我的)。"他们继续在滑梯上玩,好像什么也没发生过。

幽默

幽默来自儿童识别不协调的滑稽情形的能力。当儿童经历意想不到的事情时,他们会开心地大笑,比如在滑梯末端突然被颠了一下,或者要求老师帮忙而自己却把事情完成了,如此戏弄老师一番。他们新近获得的肢体控制能力使得失控的情况显得缺乏协调,因而十分滑稽。但是要理解语言中的幽默尚需要语言和概念理解达到一定的成熟水平。要感受到滑稽,首先要能理解语言中有什么失协之处。在下面的片段中,话语中的指称对4岁儿童来说是具体的、可理解的。

安杰洛两眼放光，说："你不会吃掉午餐盒的！"

芬恩回应说："你吃掉了麦圈。"两人因为这个笑话咯咯地笑起来。

※ ※ ※

尼尔斯悄悄地看着冒雨来到教室的尚德里卡。他一本正经地问："尚德里卡，你今天要剪头发吗？"尚德里卡开心地笑了，告诉尼尔斯她在雨中洗了洗头发。

下面几名5岁儿童运用的幽默发生于更为抽象的领域。

约尼用权威的口吻告诉其他孩子："我的大衣是不能穿到雨里去的。"有人问为什么。约尼神采飞扬地说："它会化掉的！"

※ ※ ※

斯科特对走进教室的厨师勒尼说："你的饭做得很棒，勒尼。"

勒尼热情地回答："哦，谢谢你，宝贝儿。"

斯科特和巴勃罗咯咯地笑了起来，他俩一起重复着："宝贝儿？"过了一会儿，勒尼又进来时，斯科特说："你好宝贝儿，你好宝贝儿。"他一边说，一边调皮地咯咯笑着。

巴勃罗模仿着斯科特，对勒尼说："你好，亲爱的。"斯科特对勒尼说："他叫你亲爱的。"

勒尼说："行啊。他是我男朋友。"

斯科特和巴勃罗仰起头来，互相看着对方，嘟起嘴，假装大吃一惊，爆发出一阵大笑。

儿童能够理解和使用双关语吗？下面这则对话表明5.5岁的弗朗西斯科是能够做到的。

弗朗西斯科：当当当（模仿敲门声）。

教师：是谁呀？

弗朗西斯科：是香蕉。当当当。

教师：是谁呀？

弗朗西斯科：是香蕉。当当当。

教师：是谁呀？

弗朗西斯科：是橘子。

教师：橘什么？

弗朗西斯科：是橘子。我不说香蕉你高兴吗？

他笑得前仰后合。

儿童会自己编造吟唱小曲吗？3岁的卡伊在洗手间里一边玩着一块抹了肥皂的海绵，一边哼唱：

我洗了镜子，你高兴吗？

我洗了墙，你高兴吗？

我洗了地板，你高兴吗？

6岁的尼基在边玩跳棋边哼唱：

哈哈！两个对一个。

我让你跳过去，

只是因为我来跳给你看呀

那一个呀……跳到……那里。

班里的宠物仓鼠死了，一名7岁儿童唱道：

泰比死了我很悲伤。

我们葬了它，没有花。

我们会有一只新仓鼠。

理解

通过以下几个方面，教师会观察到许多证据，表明儿童能够理解成人的话语、对他们提出的要求、可供选择的选项以及需要完成的任务。

- 儿童的面部表情：同意、恼怒、愤怒、恐惧、兴奋。

- 儿童的动作：对成人言语所做出的积极或消极的回应。
- 儿童非言语的情感表达：笑声、泪水、拍手、跺脚、大声喊叫、目光低垂。
- 儿童的言语回应："好的！""不，我不干。""不要和我说话。"

下面是为了解儿童的理解力而要记录的一些指导性问题：

- 该儿童是否倾听、记忆并遵从教导？比如，当教师说"放好拼图后去洗手，然后回来吃午饭"后，该儿童是如何做的？
- 该儿童对教师朗读的故事有何反应？
  » 他理解故事中的概念和意义吗？
  » 他将故事同个人经历相联系吗？
  » 他理解所有的词语吗？哪些词语不熟悉？在这些不熟悉的词语中，哪些是日常词汇？哪些是文学词汇？哪些是个别文化的专有词汇？
- 该儿童是否恰当地要求借助图像来辅助理解故事？
- 该儿童是否抓住了有意义的非语言提示，如朗读者的面部表情、动作、朗读故事时的音调、音量？（有些儿童，特别是双语儿童，尽管在使用英语充分表达时存在困难，但能理解他人所说的话。）
- 该儿童会为了听得更清楚而闭上眼睛吗？或为了看得更清楚而捂上耳朵？（这些举动可能表明儿童在感知处理中存在问题。）
- 该儿童是否习得和使用来自故事和对话中的短语、歌谣或词语？

幼儿通常仅仅理解词语的字面意义，而其回应也是根据字面意义做出的。有时，儿童会误解成人的语言而加入自己的想法。

5岁的乔格在玩水区弄湿了衣服，向老师求助。老师说："别担心，我会换掉的。[①]"

"换掉？变成……？"乔格哽咽着说。

[①] 英语原文为"I'll change you."，字面直译为"我会把你换掉的。"——译者注

"我的意思是说,"老师理解了他的担心,解释道,"我要换掉的是你的衣服。"(来自 Harriet Caffaro,Personal Communication,1995)

词汇和语言结构

儿童所掌握的词汇和语言结构的特点,受其所在家庭和社区的极大影响。在有些儿童的家庭中,谈话是生活中很突出的一个方面;而在有些儿童的家庭中,谈话在生活中没有那么重要。如上文中提及的,同样的词语可以有不同的意义。儿童对词汇的使用可以向我们揭示他们思维的哪些方面?以下清单是一个观察指导。这是为了帮助教师获得全面的认识,而不是作为评判之用。

- 该儿童的词汇量是否足以表达个人的需求?
- 与同龄的、类似背景的其他儿童相比,该儿童的词汇量如何?
- 该儿童是否主要讲英语之外的某种语言?他是否进行母语和英语之间的切换?
- 该儿童的词汇是否反映出地域差异?

美国中西部人所说的"sack(包,袋子)"和"pop(汽水)"到了美国东海岸人口中就成了"bag"和"soda"。意式三明治在美国各地分别被叫作"submarine""torpedo""hero""wedge""hoagie"以及"po'boy"。在各地区各自的范围之内,人们使用起来都没有混淆(Owens,2001,p. 413)。

- 该儿童是否具有使用词语指称地点的能力?比如,"我把木头人偶放在椅子上面,将动物玩偶放在椅子下面"。
- 该儿童的语言中是否包含对该年龄的儿童来说令人意外的词语?这类词语可能有多种类型,包括有专业含义的词语(如"合作")和与排泄相关的词语,或表明该儿童接触或目击过成人行为或事件的词语。

两名近4岁的男孩正在因为一个摇椅而大声争吵。教师要求他们俩分享。玛丽亚走过来看了个究竟,然后以权威的口吻说:"他们需要进行 coper-a-shun①。"

"是什么意思?"教师问。

玛丽亚很有把握地答道:"就是每个人都可以轮到。"

- 该儿童是否开始意识到"pair(一双)""pear(梨)";"dear(亲爱的)""deer(鹿)";"see(看)""sea(大海)"等近音或同音词的多种意义?
- 该儿童是否喜欢玩文字游戏?以什么方式玩?是在戏剧游戏的情景中玩,还是主要基于音韵关系?

4岁的罗恩爬到攀爬架上,开始吆喝:"鳄梨,鳄梨,给你新鲜的鳄梨。"别的孩子没有回应,罗恩继续自己的游戏,持续地喊着:"鳄梨,鳄梨,新鲜的鳄梨②。"

米基站在自己的攀爬架里,唱着反调:"那不是新鲜的鳄梨,是毒药。"

艾伯特调皮地笑着,但没有恶意地戏仿道:"给你脏兮兮的鳄梨。"

米基嘲笑着说:"给你傻瓜鳄梨。"米基和艾伯特都站在攀爬架里,一起大笑起来。

罗恩(不受影响,继续)吆喝着:"给……你……新鲜的……鳄——梨。"

- 该儿童会押韵吗?

一名3岁儿童唱道:"蝴蝶,蝴蝶,飞呀飞,飞;蝴蝶飞,鸟儿飞,鸟儿蝴蝶飞,飞呀飞。"

一名2岁儿童边玩边唱:"大深洞,好做梦。"

---

① 该儿童在近似地模仿英语单词"cooperation(合作)"的发音。——译者注
② 英语中"avocado(鳄梨)"一词有多个音节,适合吟唱。——译者注

叙事风格

语言上或文字上某些看起来不规范的现象，或许是由个体或文化差异导致的，教师认识到这一点很关键。根据赫尔利和蒂娜杰鲁（Hurley & Tinajero, 2001）的研究，西班牙语和印第安语的叙事是非线性的。

> 非英语语言的使用者在话语风格和模式的运用上，与英语的情况大相径庭……母语为西班牙语的学生在使用英语写作时，常运用母语中的话语模式……因此，基于英语线性逻辑的写作规范中通常有这样一条标准，即合格的故事需要有开头、中间和结尾。母语为西班牙语的学生在写作时可能不使用线性逻辑，从而被判定为不合格的写作者。（p. 46）

通过语言和故事讲述，儿童会在课堂上展现各具特色的社会和文化自我。儿童会以一种极为个性化的风格来连缀事件或讲述故事。教师在进行观察时，应弄清叙事的顺序是一个事件跟随另一个事件的"以主题为中心"的线性形式，还是多个事件以一种与某个主旨相关的形式联系起来。

不加干扰地记录儿童的叙述，可以帮助教师深入认识和赞赏这名儿童独特的风格。儿童的叙事也会增进教师对儿童经历的了解。听故事的老师会对 5 岁的肖恩的口述有何感想？

> 这是一座城堡。有一天出事了，出现很多来自不同国家的士兵。这些国家是英格兰、芝加哥、纽约和非洲。非洲就在纽约的边上。他们开始打仗。冲啊！冲啊！纽约赢了！他们有了一个孩子。每隔一天是好天气。纽约人很高兴他们胜利了。他们几乎从此过上了幸福的生活。他们是好人。

下面这名 4 岁儿童讲的故事似乎是以话题为中心的。

> 从前有个女孩，她希望自己有条狗。一天晚上她做了一个梦，梦见自己有很多条狗。这让她觉得第二天早上她会有一条狗。果然，她真的有了一条狗。（Hayes, 1993, p. 63）

接下来这个由一名近4岁的儿童口述的故事看起来是多种风格的混合体,并且揭示了她为尝试理解复杂关系和事件所做的努力。

从前有一个小女孩,她很穷,因为她没有妈妈。然后从她屁股里弹出来一个小孩。然后她的妈妈长啊长啊,又从她妈妈的屁股里弹出一个小男孩。然后这个小孩长啊长啊,长高了成了爸爸,然后他们不穷了。然后,妈妈和小女孩还有爸爸一起到商店里买东西,他们看到一只真正的火鸡,咯咯叫着走路。然后他们就回来了,抓到了一些鱼。然后他们出去吃晚饭,看了一场男超人和女超人的电影。他们看见了路易斯·莱恩[①],然后他们睡觉了,他们醒了去坐地铁。然后他们回家,去睡觉。早上去上学。讲完了。

有时,儿童会配着自己的图画叙述一个故事,那么这时风格或许要让位于内容。教师能否接受儿童生活中常规之外的那些令人恐惧不安的方面?一名小学二年级学生将下面这则关于他的画的故事讲给教师听,教师记了下来。

这是戴了墨镜的太阳,太阳尽量不要看到毒品。这些都是啤酒罐子和毒品,要死掉的鸟儿,草要死了,树要死了,叶子掉了下来,也要死了。
(Project Healthy Choices, n.d., p. 13)

观察语言模式

多数儿童到4岁时已能正确运用母语中的基本形式与结构。然而,儿童把英语当作一门新的语言来学习时会犯一些说得通的错误。例如,一名处于汉语和英语切换过程中的4岁孩子,他急匆匆地跑到教师身边,说:"老师,老师,非常、非常洗手间!"他讲的不是标准的英语,但意思很清楚。教师要倾听、理解和支持儿童的语言,同时要示范标准英语的使用。

---

① 剧中超人的女友的名字。——译者注

句子结构

观察儿童讲话时运用的语言单位是单词、短语还是句子。

- 该儿童的言语是否符合口语中的某个模式，比如英语中像"我要牛奶"一句中的主语、动词、宾语的语序。
- 该儿童是否表现出对语言中的规则现象的理解，比如走（walk），走过（walked）；女孩（girl），女孩们（girls）等。
- 该儿童是否表现出具备非规则现象的知识，比如"sing（唱歌）"，"sang（sing 的过去式）"；"buy（买）"，"bought（buy 的过去式）"；"mouse（老鼠）"，"mice（mouse 的复数形式）"等不规则变化（这是具备较高级的语言意识的证据，可能是听到恰当的示范的结果；也可能是儿童自身发展到一定阶段的结果）。
- 该儿童如何运用时态？比如，是仅用现在时？["I go home.（我回家。）""I buy candy.（我买糖果。）""I'm playing with blocks.（我玩积木。）"]还是过度概括①？["I goed home.""I buyed candy."]或者是运用现在时、过去时和将来时？运用得是否得当？["Where were you when I looked for you？（我找你的时候，你在哪？）""I will come to your house on Saturday.（星期六，我会去你家。）"]
- 该儿童能恰当地运用代词，还是混淆不清？

在下面这则记录中，我们看到儿童不仅有能力运用英语中的语言模式，而且对语言本身也抱有兴趣。他们试图理解语言中的深层联系对于家庭和文化所具有的意义。

贾斯廷坐在桌边，一旁的佩德罗正在看书。贾斯廷轻声地问佩德罗："你用西班牙语怎么说'爱'？"

佩德罗很吃惊："爱？你想学西班牙语？"

---

① 即在不规则动词"go"和"buy"后面加上常见的规则动词的过去式词尾"ed"。——译者注

"是的！"

"你为什么想学西班牙语？"

"为了会说'大家爱大家！'"

佩德罗接下来生气地问："你是美国人吗？"

贾斯廷回答说："是哦。"

佩德罗反驳说："那么你不能学西班牙语！"

贾斯廷撅起下巴，眯缝着眼睛诘问："你是西班牙人吧，那么你不应该待在纽约！"

佩德罗解释说："我是西班牙人也可以待在纽约，在纽约的布鲁克林到处是像我一样的波多黎各人、黑人和棕色的人。"

记录了这段话之后，教师有了一个进行文化调解的绝佳机会，不仅针对佩德罗和贾斯廷，还可以面向所有可能听到了对话的儿童。一场关于谁"拥有"语言以及语言是否局限于特定地区的讨论将给这些六七岁的儿童一次机会，帮助他们理解语言对于他们的意义，并增进彼此间的了解。

如果该儿童使用的主要语言是英语之外的一种语言，那就要确认儿童是否表现出有能力使用该语言。为了进行此类评估，不能流利运用儿童所讲语种的教师就需要听取该语种的专业人员的意见。（关于英语语言学习者的更多信息，请参阅 Tabors, 2008）

在接下来这则对话中，费尔南多和塔妮娅（均为 4.5 岁）都表现出掌握了西班牙语并能在对纳撒尼亚讲话时转换成英语的能力。

费尔南多、塔妮娅和纳撒尼亚在玩塑料小船。费尔南多想要塔妮娅的那艘大一点的小船，就把它拿走了。塔妮娅向费尔南多表示不满："Por que tu me molesta？（你为什么打扰我？）"费尔南多回答说："Eso no es tuyo.（这不是你的。）Tania, es lo mismo.（塔妮娅，它们都一样。）"塔妮娅坚持着："Yo quiro ese.（我要这个。）"但费尔南多强调自己的说法："Pero es lo mismo.（它们都是一样的。）"塔妮娅不乐意，大声叫喊起来："¡Ai, ai, ai! Yo quiro ese.（不，不，不！我就要这个！）"费尔南多并不轻易动摇，重复着："Pero es lo mismo."看到没什么希望,塔妮娅尝试另一种策略:"Si me lo das, manana te traigo candy.(如果你把它给我,明天我给你带糖果来。)"她开始哭了,费尔南多最后把大船还给了她。塔妮娅回头对纳撒尼亚说:"快来,纳撒尼亚!"她们发出赛艇的声音,"呜……呜……滴……滴……滴"。费尔南多宣布:"我赢了。"纳撒尼亚大声反驳:"不是!"突然布雷特走上前来并试图拿走大船。"把它给我!"塔妮娅大声哭喊"¡No me mate! ¡No me mate!(饶了我吧!饶了我吧!)",布雷特走开了。

后来,费尔南多和塔妮娅相互捶打起来,费尔南多把塔妮娅推开,说:"不要打架!不要打架!"塔妮娅不停喊着:"嘭!嘭!"费尔南多提高声音说:"我说了不准打架!"

主要语言不是英语的儿童能够进行"语码转换"吗(如以上例子中的费尔南多所做的那样)?语码转换表明儿童可以将规则运用到两种语言中。尽管这种表现有时会被认为是两种语言均未掌握,而事实正好相反。语码转换是一种复杂的技巧,表明说话者对每种语言均能灵活运用(Perez & Torres-Guzman,1992)。

方言

英语中的方言具有自身独特的规则形式。如果发现某个儿童的语言使用情况存在问题,那么教师应确认他是否在依照另一种文化中的模式进行,然后才能确定他是否出现了混乱。在下面第一个片段中,说话者所使用的形容词"坏"的意思是"很棒",而对片段中这名儿童来说并非如此。在第二个片段中,在"mine(我的)"后面加"s",是儿童想用来表示所属关系。

3岁的卢卡斯听到一位妇女在同另一位妇女开玩笑时说:"哦,莱内特,你这个坏——女孩!"同莱内特特别亲近的卢卡斯起身为她辩护:"她不是一个坏女孩!""哦,卢卡斯,我们只是在开玩笑。"但不管怎么解释都没有用。卢卡斯噘着嘴,抱着双臂,一直气鼓鼓的。

※ ※ ※

当麦迪逊从4岁的安娜那里夺走卡车玩具时，安娜抗议说："那是我的的，我的的[①]！"

通过让儿童模仿你来纠正儿童的方言，就如同向他们传达这样的信息，即你认为他们的交流方式是不合格的。然而在下面这则例子中，儿童认为错误在于老师。这名教师曾训练这些三四岁的学生学习应答晨间的问候："你好吗？""我很好，谢谢你。"

教师：早上好，托尼，你好吗？

托尼：我系好。

教师：托尼，我说的是，你好吗？

托尼（高声说）：我系好。

教师：不，托尼，我说的是，你好吗？

托尼（生气地）：我告诉你了我系好，我不会再跟你说了！（Delpit, 1995, p. 51）

发音与吐字

儿童在游戏中的表现；自编故事、复述已知故事；对话、讨论、在任何时段的话语。有关以上表现的各种记录均可以作为儿童使用语言状况的证据。

- 该儿童是否在某些词语、字母的发音上存在困难？
- 该儿童吐字发音的清晰度、准确度是否随着时间的推移而有所变化？
- 是否在单词中有些字母未被发音？你能辨析是哪些字母吗？
- 该儿童不能发出某些单词或语音是由于英语不是其第一语言而造成的吗？

[①] 英文原文是"mines"，"mine"作为物主代词已经内含所属关系，使用时本不需要再加"s"。——译者注

比如，r音① 在汉语中不存在，因而说汉语的儿童的舌头没有经过发这个音的动作训练。同样，以英语为母语者也不会发出其他语言中的某些音。在接下来的这个小片段中，儿童发现了某个讲英语的成人的不当发音并试图加以纠正。

一名3.5岁的双语（葡萄牙语/英语）儿童正在期待来自巴西的姑姑的到来。她的老师说："我听说今天你的姑姑麦丽娜会来你家。"这名儿童纠正道："麦赫丽娜。"老师高兴地说："对，是麦丽娜。"儿童强调着第一个音节，重复了一遍："不，是麦赫丽娜。"教师终于意识到自己遗漏了儿童要传达的一条信息，问："什么？"儿童慢慢地、有些不耐烦地重复道："麦赫丽娜。"教师缓缓地模仿："麦赫丽娜？"儿童如释重负地叹了口气说："对。"

在西班牙语中，st音之前总会有e音，所以儿童可能为了遵循西班牙语中的规则而将英语中的"street（街）"读成"estreet"。还有其他一些发音的冲突，如把"choose（选择）"读成了"shoes（鞋子）"，把"sing（唱）"读成了"seen（看见）"。下面这个片段很好地例证了这种冲突，儿童卡洛斯不会发st音，将"sump（油盘）"当作"stump（树桩）"来用。

一位小学一年级教师正在分发批改完的作业纸。她坐在孩子们前方的一把小矮椅子上，孩子们或蹲或坐在地板上。她逐个点着孩子们的名字，并对他们的作业加以点评。

卡洛斯就坐在她正对面，差不多就在她脚边。他正热切地看着老师，等待轮到自己。老师翻到了他的作业："卡洛斯……完成得很漂亮！"老师赞许地眯起眼睛，"别人只写了一个例子，但卡洛斯的sat韵的例子写了'bat（球拍）'，'cat（猫）'，'rat（耗子）'，'hat（帽子）'；play韵的例子写了'they（他们）'，'hay（干草）'，'may（也许）'；lump韵的例子写了'bump（碰撞）'，'hump（驼背）'，'sump（水坑）'……只有一个单词我不太确定——sump是什么？"

---

① 该"r"音并不是指汉语中拼音字母"r"的发音。——译者注

一开始，卡洛斯也显得有点疑惑。接着，他看着老师，耸起肩膀，用清楚、自信的口吻说："这是 sump（强调着这个词，意思为'树桩'），就像树的一部分！"

另一个例子则指明，要注意表面上看起来似乎是语法错误的现象，其实理解为发音差异更为恰当。6 岁的莉莉母语是韩语，在学习英语的过程中似乎不会发词末辅音。

老师告诉米娅"朋友"一词在韩语中是 chingu。米娅问莉莉："你是我的 chingu（朋友）吗？"莉莉拉起米娅的双手，露出灿烂的微笑，问："你怎么知道那个词的？"莉莉自豪地宣称，她可以用韩语（Korea）写自己的名字。米娅纠正她说："你的意思是用韩语（Korean）。"莉莉重复道："是的，我可以用韩语（Korea）写名字。"米娅强调了"韩语"一词中的 n 音。米娅问："你可以用韩语写我的名字吗？"莉莉说："不会，我刚开始学。"

语言的学习是通过模仿范例和实际使用而实现的。当这两种机会儿童均能获得时，他们的语言便得以发展、拓宽和深化。随着时间的推移，记录中可以显示出发展性变化。

儿童对于语言是如何发展的有自己的见解。接下来这段文字选自一位教师日志，它揭示出，一群 8 岁儿童对于教师提出的问题"你认为人们为什么说不同的语言"，进行了深刻的思考。

"嗯，"埃迪深思熟虑地说，"那要看你声带中有哪种语言。""你们看，"布兰迪很快地顺着这个话题往下说："每个人身体里都有三种语言，但声带只与其中一种相连，那就是你所说的语言。"拉蒙接着说："实际上，你说某种语言是因为你的妈妈讲那种语言。你们看，当婴儿在妈妈肚子里的时候，有一根英语管道从妈妈的声带连到婴儿身上，当妈妈讲话时，有些英语从妈妈嘴中说了出来，有些顺着管道流到了婴儿身上。那就是婴儿如何学会英语的。""哦——哦，"米里亚姆说，"不会是那样，因为我有一个菲律宾朋友，她妈妈讲菲律宾语，但她只讲英语。"仅过了几秒钟，拉蒙就想出了一个答案。他耐心地解释道："你们看，连接婴儿和妈妈的声带的语言管道有着不同的形状。英语管道是圆形的，很好用，但是菲律宾语管道形状很奇怪，像三角形，不好用。"

鼓励儿童就语言（或其他任何事物）发表见解会引出无数的故事。永远不要忘了记录这些！

观察儿童读写能力萌发

在世界上的许多地方，语言能力、书写能力和阅读能力是由儿童渴望融入人类社会的热切动力推动产生的。正如语言能力先于书写能力而萌发并且是书写能力的必要条件，书写能力也先于阅读能力而萌发，并且是阅读能力的"必要的互补活动"（Clay，1975，p. 2）。书写能力和阅读能力，以语言能力为经纬，编织出读写能力。如果教师既能提供材料（纸张、蜡笔、铅笔、笔记本、空间），又能提供读写的示范（边写边读、听写、运用经历图表、创造符号标记等），那么儿童从涂涂画画到读写的进步过程便可以得到培养和支持（Hayes，1990）。观察儿童的读写能力萌发可以关注他们作为书写者的发展过程，也可以关注他们的语言使用情况。教师不仅要注意儿童语言的内容，同时又要注意儿童如何实现自己的角色，比如下面这则例子中的情形。（关于如何观察儿童书写能力的发展，请参阅 Clay，2002）

- 该儿童是否建立起"讲话"和书写文字间的联系？接下来这则轶事中，儿童试图将书写和实物联系起来。

4.5 岁的马克斯坐在桌子旁，面前有纸和笔。他对老师说："我想要泡泡糖。"老师问他是什么意思，因为学校里没有泡泡糖。"我的意思是你来拼读泡泡糖（bubble）这个词，然后我再拼写（他指着纸张）。也就是你来拼，我来写，因为我想要泡泡糖。"随着老师缓缓说出每个字母，他写下每个字母。当他写下字母 b 时，双唇向前嘟着，像是要出声地读出 b 音。有时，他用轻轻的喷气声吐出一些气流。他全神贯注地用右手书写，左手压紧按住纸。写完每个字母后，他夸张地模仿教师的音调，用吟唱的语调说出每个字母的名称，然后将纸举起来让老师看。当老师念到第三个字母 b 时，他抬起头来看着老师，噘起嘴，眉头紧锁："我已经写过了！"他有些气恼地说。老师解释说单词泡泡（bubble）中有三个字母 b，他又重新开始书写。当老师说到 l 时，他停下来，皱起眉说："教我写 l。"老师写了一个小写的 l。一旁观看的伊夫说："还有一条线。"马克斯似乎领会得很快："我知道该怎样写一个真正的 L。"于是，他写了一个大写的 L。他写字母 e 时，拖着长音读着："Eeeeee。"马克斯和老师又将拼写 bubble 一词的过程重复了两遍，然后他仔细地将纸卷起来，要来了胶带，并请老师在上面写上"妈妈和爸爸"。放学时，马克斯的妈妈来接他，他将卷好的纸张交给妈妈，说："我想要泡泡糖。"

- 该儿童是否不太情愿完成书写任务？还是兴趣浓厚、热情高涨？
- 是否有证据（在儿童的笔记本中、文件夹中或绘画中）表明，随着时间的推移，儿童的随意涂抹演变为字母，进而是字母串、单词、名称、词组，最终成为句子？
- 该儿童是否描摹或仿写教师书写的字词、符号或他本人书写的符号？该儿童是否"读出"自己所涂画的符号？
- 该儿童是否理解了书写时自左向右的顺序？
- 该儿童是为自己"读书"还是为别人"读书"？书的方向摆放正确吗？他是按顺序翻动书页吗？他喜欢别人为他读书吗？
- 如果英语是该儿童的第二语言，或者如果该儿童讲一种英语方言，这在该儿童的书写中有何反映？（书写可用于学习语言的标准形式）
- 该儿童在书写中表现出灵活变通或摸索尝试吗？
- 该儿童的自创拼写表明他在字母体系及其运作机制上具有怎样的直觉？

一名 5 岁儿童画了一个人，这个人脸上的笑容明显，身体却很细，胳膊和腿是细棍形状。在人的下方，该儿童写道：PRSN（person，人）。

- 该儿童是否将书写用于社交目的？当作给朋友或家人的便条？或为了表达想法和经历？

在一名 6 岁儿童画的画中有三条鱼，画的上方是这样一行文字：Are FISH SIM ALAt。（包含句号）意思是，"我们的鱼真爱游（Our fish swim a lot.）"。

- 该儿童的书写随着时间的推移有进步吗？
- 该儿童所犯的错误，道理上讲得通吗？

读写能力始于一个人诞生之初，发展于语言之中，以书写和阅读的形式绽放其华彩。儿童在习得这些技能时的表现千差万别。对该过程的观察和记录可以帮助我们了解儿童在读写能力的发展中所经由的不同路径。

第十一章　记录需要特殊关注的行为

作为教师,每天都会看到儿童的一些令人困惑、疑虑甚至不安的行为,我们常常拿不准该如何应对。多数教师在自己负责的群体中,至少有一名儿童会让他们思忖:为什么每一天对我们和这名儿童来说都是一次挑战呢?我们都听过或者做过这样的评论:"他就是不能集中注意力。""她似乎没有朋友。""他是如此的笨手笨脚。""她对什么都说不。""他任由别的孩子欺负。"

收集信息的价值

对于这些行为上引发特殊关注的儿童,观察并不能让我们得出结论和诊断性的分类,但观察可以帮助教师了解一名儿童如何对他在教室中接收到的连续的刺激和信息流进行组织。例如,当他在轮流等待时,是否能约束自己的冲动?或者由于园长临时带人来参观,日常安排出现意外变化时,他是否能控制自己的行为?

观察也可以帮助教师更清楚地了解,某个儿童调节和控制自身的行为和肢体动作的情况——自如地还是有困难地。作为成人,我们倾向于把思想和情感诉诸语言表达,因而容易忽略儿童的肢体动作所发出的有意义的信号。通过观察儿童的肢体动作,留意他是充满自信还是缺乏自信;能否很好地控制自己的肢体;应注意儿童从玩游戏到安然端坐等各类情形中如何调适身体。儿童与其身体的关系颇为关键,因为调控身体的能力是调控思维与情感的基础(Greenspan,1989)。

记录将揭示某些引发关注的相关行为的发生,是否是经常性地、持续性地、呈现一致模式地，以及何时、何地和在什么情境中发生。请谨记，任何个别的行为都不具有显著意义。只有反复出现的多种行为的复合现象才能表明可能存在问题。教师可以通过与学校主管以及其他教职员工共享信息，从而在帮助相关儿童的决策中发挥作用。

不确定儿童某种行为的性质，确实会引发我们的关切，或许最终还需要专业人士的支持，但是本章的目的是提醒所有教师，在收集信息时务必从容耐心，不能操之过急。尽管某些儿童最终的确需要额外的专业援助，但本章呼吁，请不要仓促地寻求外援。

当前美国的早期教育课堂接纳所有0—8岁的儿童，其能力和行为的发展水平参差不齐，这通常会给教师构成很大的挑战。为了从更开阔的视角上看待问题，可以思考以下几个方面：

- 该行为是否普遍发生？
- 该行为是否反复发生于某种活动中，或者发生于一天的某些特定时段？室内还是室外？
- 该行为是否发生在特定环节中，比如过渡环节、集合时间或者休息时间？
- 该行为是否有明显的触发物或触发事件？
- 该行为对于作为教师的我有何影响？
- 对于我的同事有何影响？
- 是否对其他儿童造成干扰？
- 此时正在进行什么活动？我是否应该改变教室环境？
- 我能给予该儿童哪些额外帮助？

特殊行为实例

下面的数则观察记录中，包括了多种令人困惑和不安的行为。这些例子涉及多种情境，或许与你亲身经历的一些情形相类似。

与成人的关系

在下面这则实例中，5岁的西奥已经进入保育中心三年了。教师为他调整情感和应对分离焦虑提供了有力的支撑。

西奥进入教室时靠在母亲身上，紧紧抓住母亲的手。他将头藏在母亲的裙子里。当母亲同老师讲话时，他松开了母亲的手，但是紧紧地抓着母亲的一根手指。母亲将他领到一张有蜡笔和纸张的桌子边。他用蜡笔在纸上快速地划过来划过去，母亲就坐在他的身边。当母亲起身离开时，他扔下蜡笔，面容扭曲起来，抓着母亲的胳膊。老师说："我会陪你一起和妈妈走到外面的大门。"当老师和西奥又进入教室时，他哭了起来。老师抱起他，把他放到自己的腿上。"我猜你想妈妈了。想抱抱吗？"他将自己的头靠在老师身上。过了一会儿，他能够控制住自己不哭了。他从老师的腿上下来，走到一张桌子旁边观看一场正在进行的乐透游戏（Lotto game）。

下面这则记录中，该儿童既抵触教师的干预，同时又为此显得焦躁不安。

4岁组的多数孩子都坐在桌子旁边等着老师分黏土。玛丽坐在梅格和赫克托之间。当她拿到自己的黏土后，她将黏土甩到板上，然后试图把黏土拿起来。让她高兴的是，她发现黏土粘到了板子上。她把黏土拿起来，然后"砰"的一声摔回到桌子上，如此反复数次。赫克托让她停下来，她没有理会，继续"砰砰"地摔着。老师叫她的名字，让她停下来。她反复地高声叫喊："不！"然后，她泪如泉涌。

自我调节

行为的自我调节有很多形式。教师的干预有时可以推动儿童进步，但有时没有成效。

5岁的克里恩慢慢地洗完手。在纸巾盒边，他用力拉下横杆，扯下一片纸巾。他又继续将横杆拉下五六次，每次都扯下一片纸巾，并把它扔到纸巾盒下方的垃圾桶中。当他又开始去拉动横杆时，老师轻声地说："克里恩，现在你已经有足够的纸巾了。把手擦干吧。"克里恩放开了横杆，用最后一片纸巾把手擦干。

在接下来的这则记录中，一名6岁儿童大闹了一次，本来他早已过了撒泼耍赖的年龄。他无法控制自己的情绪，不管这种情绪是什么。

在为班上同学读故事时，老师说因为故事书被撕开了，她得去修补一下。本（6岁）说他要用枪打老师。他趴在地板上，哭喊着，踢着腿。他坐起来，继续哭着，含混不清地说着话。老师用胶带将书粘好后，他继续哭，拒绝听故事，并（指着胶带）反复地叫喊："拿掉它！"

在下面这则令人担忧的例子中，一名3岁幼儿一直试图喝颜料。

坐在桌子旁边的阿瑞丽斯（3岁8个月）正在一张报纸上涂着颜料。她的身边有四把放在颜料杯中的大刷子。她将刷子从蓝色颜料中拿出来，在纸上轻轻拍打了几次，做出一小团色块。然后她将四把刷子都拿出来，一起放进了白色的颜料杯里。她拿起盛黄颜料的杯子，现在里面已经没有刷子了，她将杯子放到嘴边，向前噘起嘴唇，做出要喝的样子。老师轻轻地将杯子按下，说："颜料不是喝的，阿瑞丽斯。"几分钟以后，当她再次试图喝颜料时，老师重复了那句话，并将阿瑞丽斯带去进行其他活动了。

自我意识

以下两名儿童的简短记录表明，需要对他们的自我意识进行进一步的观察。

杰克（3岁）经常称自己是"傻瓜"和"蠢货"。

雷娜（5岁）经常把自己的画作团成一团，扔到垃圾桶中，称自己的画为"狗屎画"。

该儿童是否有安全意识，是否进行令人担忧的冒险？

在去当地一个游乐场的外出活动中，4岁的伊娃看见游乐场围墙外有一辆冰激凌贩卖车。她试图冲出游乐场，但老师拦住了她，告诉她："伊娃，你这样离开班级是不安全的。"

语言运用

儿童对语言的使用也可能引发关注。例如，与年龄不匹配的代词误用值得注意。

5岁的吉尔伯特穿上一件白色外套，说："我医生。[①]"

4岁的安吉将你、她和我混淆了起来。
"安吉，你早餐吃的什么？"老师问。
安吉回答说："她吃了麦片粥。然后她穿好衣服来到学校。你（意思是"我"）现在想骑自行车了。"

4.5岁的欧内斯特，用自己的名字而不用"我"："欧内斯特想要火车。"

大、小肌肉运动功能

儿童如何根据空间需要调节肢体运动具有社交上的衍生意义。儿童的运动功能对其情感、社交和认知行为具有显著影响。空间判断障碍可能造成负面的影响。

5岁的科林正在搭建积木。他走动时不小心将附近其他幼儿的积木建筑碰倒了多次。每当这样的事情发生时，他很惊讶其他幼儿会有愤怒的反应。"是个偶然的事故，"当孩子们抱怨时，老师这样解释道，"我们来把它修好。"显然这不是故意的行为。

[①] 原文为"Me doctor"，在主语的位置上使用了代词的宾格。另外，句子中没有恰当地使用动词和冠词。——译者注

6岁的艾登坐着的时候会不由自主地扭动、转身、动来动去。

在分享时间,艾登坐在孩子们围坐的圈中。他双腿交叉盘在一起。他将腰带绳从裤子上抽下来,慢慢地将它系到运动鞋的鞋带上,打成一个复杂的结。5分钟或10分钟以后,腰带和两只运动鞋的鞋带被捆在了一起,从腰部到鞋子形成了一个T字形。如果他这时想站起来是做不到的。助理教师靠近他,让他专心听分享时间的评论。分享时间结束时,这位老师不声不响地帮他解开了绳结。

假装游戏技能

儿童在游戏情境中同他人互动的情况,是记录的重要内容。年龄越大,儿童与他人的互动越发显得重要。该儿童是否在游戏中无法接纳其他儿童的想法?这个问题是否持续存在?

5岁的简参与到另外两名幼儿正在玩的太空游戏中。她开始大叫:"我当妈妈!我当妈妈!"其他孩子告诉她:"我们不是在玩那个。你得当一个太空巡警。"

上面每个记录片段都呈现了一个单独的事例,其中的每名儿童的行为都可能引发关注。尽管无法洞悉儿童行为背后的所有原因,但我们可以通过观察、记录,与同事、其他专业人士及家长的探讨等方式收集相关信息。每个课堂上都有林林总总的行为,可能有些突出的行为需要获得专业人士的关注。但是,寻求额外的专业援助,应当是在完成信息收集之后才做的事。

第十二章 观察和记录婴儿和学步儿的行为

不管是观察保育中心还是家庭保育机构的婴儿和学步儿，观察者首先都要有敏锐的洞察力和持之以恒的耐心。观察者需要运笔如飞，因为3岁以下儿童的活动简直是以微秒为计算单位的。他们一个动作接着一个动作，经常是彼此间没有联系，以至于我们经常会产生这样的疑问：这么小的一个人怎么会在这么短的时间内想出这么多的事情来干，用这么多的方式来活动。靠在桌边、在桌子下、在桌子旁、在桌子上，所有的活动都发生在片刻之间，让记录者忙得喘不过气来，而这些孩子却若无其事。

整装待发的记录者可能会突然间面临另外一种境地：根本没有可辨识的活动。幼儿时而静止不动，时而呆望着空中；时而不停地指指点点，时而嘴里叼着衣角，记录者会发现自己无所适从、手忙脚乱或者心烦意乱。观察和记录3岁以下儿童与观察和记录3—6岁儿童是何其不同的任务！

理解所观察到的现象

为了理解随机的活动，明智的做法是从婴儿和学步儿的角度来看待每项活动——将其看作一个完整的事件。当从儿童的视角来观察时，看似不相关联的事件便具有了新的意义。出于这个目的，记录可以持续3～5分钟，而且应该包含尽量多的细节。

或许某种活动看起来太微不足道、太琐碎，或一闪而过而无法记录，然而这种活动也值得一记，因为正是这种生动证据的点滴积累，才使一个原本难以捉摸的儿童形象渐渐浮现出来。教师所观察到的点滴行为都将在最终梳理模式时体现出其重要性。

例如，在下面这则对 19 个月大的丹妮尔的记录中，没有任何惊人之事出现。然而，这是一个完整的行为，有开端，有过程，有结尾。

丹妮尔径直走向一个婴儿床，里面 7 个月大的克劳迪娅刚刚醒来。丹妮尔双手放在小床横杆上，看了睡意未消的婴儿很长时间。她轻声笑了，然后走开了。

我们尚不了解这一行为对于这个学步儿的意义，但随着针对丹妮尔的更多数据的收集，其他的关于她对其他婴儿感兴趣、同其他婴儿交往而感到快乐或紧张的证据也将出现，从而呈现出她与其他儿童关系的模式。

总之，为了了解这些年幼儿童变化多端的生活，有必要尽可能经常地进行记录，而不是先入为主地对事件进行选择。按照这种方法，有些片段，如丹妮尔的记录那样，将会十分简短；而有些会较长，如下面这则关于 15 个月大的乔纳斯的记录。这名儿童正在吃午饭，其间与教师进行交流，并受到了另一名学步儿富有爱心的关注。

乔纳斯正在吃农家乳酪午餐。他握住 1 餐匙乳酪端详着，把餐匙在面前颠上颠下。他将餐匙放回碗里。他又舀了一匙，这次却在专注地看坐在桌子对面的阿拉姆时把乳酪掉在了桌子上。"吃乳酪呢？"教师洛伊丝问了他一句，但没注意到乳酪从餐匙里掉了出来。乔纳斯顽皮地用眼角的余光瞅了瞅她，将餐匙放到嘴上，舔掉餐匙上残存的乳酪。

他坐在椅子里，身体向前挪了挪，或许是为了更靠近桌子，或许是为了调整一下坐椅子的姿势。在挪动时，他失去了平衡，向前摔了下来，头撞在了桌沿上，他哭了起来。洛伊丝把他抱起来放在腿上，他紧紧地贴向洛伊丝的身体。32 个月大的阿拉姆睁大了眼睛看着乔纳斯说，"他哭了"，并探过身来在乔纳斯湿湿的脸颊上吻了一下。乔纳斯从洛伊丝的腿上滑下来，稳步走过去拿起放在沙发上的一部玩具电话。

记录的价值

进行上述记录的价值在于，对于那些经常一闪而过、淹没于日复一日的保育活动中的学步儿和婴儿生活中的细节，给予显微镜一般的关注。照顾婴儿和学步儿所必需的显著的体力要求，加上他们飞速的发展变化，意味着教师自身的行为必须做出很多调整以适应这些因素，而这些调整常常是无意识的、不假思索的。在繁忙的一天里抽空做记录，教师可以把它看作重新审视工作的机会，因为这类记录可以帮助教师深入地了解儿童的生活和保育项目。

在这个儿童飞速成长的时期，教师极有必要抓紧尽量多的时间来及时地记录这些纷繁复杂的发展性变化。这种记录数据对于婴儿/学步儿项目自身的丰富和发展也是一种独特的资源。比如，这些记录可以供教职员工共享，作为常规的工作性会议的基础。分享记录可以实现双重功能。首先，一位或多位员工可能在同一段时间内记录同一名儿童的情况，分享这些记录片段不仅可以帮助教职工了解所聚焦的儿童，而且可以了解特定年龄段的发展特征。其次，记录过程本身也有助于教师的发展，因为教师以记录为基础，可以反思保育工作存在的问题和自己与他人在观察上存在的差异。

书面记录为不断推进发展的人生长篇故事提供了具体的实例。教师的知识之刃在这些坚实的证据之石上砥砺，因为教师必须判断所观察到的特征是否符合儿童的年龄，同时又要悦纳因个体差异而产生的丰富的多样性。

时间的影响

在对 3 岁以下儿童进行的观察中，在不同的时间段进行记录显得尤为重要。时间对低幼儿童的情绪和身体状态的影响通常十分显著。上午 9∶30 快快乐乐的婴儿到了中午可能无精打采、哭哭啼啼，或者在下午 4∶00 时脾气暴躁。午饭前所做的记录可能与午饭后的记录大相径庭，看起来描述的根本不是同一个孩子。一天中的时间对于儿童所处的整个环境中的节奏安排都有影响。例如，教师自身在一天的不同时刻状态也不一样，在某个时刻会感到筋疲力尽，在另外一个时刻则会感觉精力充沛。再比如，在儿童保育环境中，时间将会决定哪位教师在场，哪位教师不在场。很显然，不同的人会为教室带来不同的气氛。同样，因时而异的某些儿童的在场和缺席也会对环境造成影响，而这些变化也会相应地影响儿童及教师。

要观察什么

集体照护环境中的婴儿或学步儿的一日安排，不会像幼儿园那样有明显的计划活动模式。因此，经常有必要进行随机记录。然而，在下列情形中进行的记录将能够提供该群体中儿童生活的综合面貌。

- 入园和离园。
- 一日生活常规。
    - » 更换尿布/如厕
    - » 进餐/喂食
    - » 小睡
    - » 外出活动
- 游戏与探索。
- 同成人和其他儿童的互动。
- 语言。

下面将对这些情形进行逐一的深入考察，从而了解在记录中需要留意哪些信息。

入园和离园

在人生的最初几年里，儿童会同为他们提供大部分关爱的人形成深切的依恋关系，这个人通常是父母、祖父母或其他亲属（本章中的"parent"

一词可以指一名亲属、一名养父母或者家庭中其他任意一位主要养育者）。这种依恋关系提供了一种基点，从这一基点出发，儿童努力在分离中成为具有清晰的自我概念的个体。在群体保育的入园和离园中，大多数情况下婴儿和学步儿都是由主要的养育者陪同的。

在这些时刻进行记录，使专业人员得以了解每一对亲子在应对分离和团聚时的独特特点。记录将帮助教师更加关注年龄和发展性特征对于这些事件的性质所产生的影响。例如，5个月大的婴儿在对这些事件做出反应时，不太可能具有21个月大的学步儿所流露出的神情和情感。另一方面，某些个性化的特征将随着时间的推移而显现为一条连续的脉络。观察记录将有助于教师从适当的角度来看待发展性差异。

接下来这些问题有助于教师提高对于婴幼儿入园和离园的认识，可以作为记录过程中的指导条目。使用这些条目时要认识到，在某个年龄观察到的某些行为在另一年龄未必观察得到。因此，接下来的问题以及其他部分将提及的问题，意在提供一个指导性参考，使教师大体上熟悉与年龄相联系的发展性差异。（更多信息请参阅 Casper & Theilheimer，2009，第八章）

婴儿/学步儿的入园——父母离开。在群体保育环境中，3岁以下的儿童和他们的父母在分离和后来的相聚时，双方都会百感交集，尽管父母和儿童都确信保育机构或者幼儿园会提供良好的、富于爱心的照料。这些情感会以多种形式表达出来。

- 该婴儿/学步儿是否同父母进行目光交流？
- 他是否眼望着父母走向门口，或者爬着/走着去追随父母？
- 该儿童是否发出口头的抗议？是什么类型的抗议？
- 该儿童用口头还是肢体的方式说"再见"？
- 该婴儿/学步儿是否漠视父母或表现得就像父母不在那里？
- 该儿童对来接他的父母有何反应？
- 如果该儿童十分悲伤，他能否找到一种自我安慰的方式，比如吮吸拇指、专心地玩一件玩具或者接受教师的照顾？

以下是由父亲带到保育中心的 18 个月大的斯凯入园的情形。

斯凯的爸爸动身离开,斯凯冲出门跟在他身后,一言不发。教师齐姆追上来,抱起他,带他到餐桌边吃点心。斯凯安静地坐在齐姆身边,似乎是被驯服了,面无表情。他用力地嚼着一片苹果。

14 个月大的朱莉莎更小一些,与她的母亲分离时则是另外一种风格。

朱莉莎的妈妈带着她来到教室。妈妈坐下来,把她放在自己的腿上。当教师阿加莎走近时,朱莉莎从妈妈的腿上跳下来,向她跑去。阿加莎把她揽入怀中,放在餐桌边,别的孩子正在桌边吃早餐。她盯着记录者——对她来说是个陌生人。妈妈愉快地说"再见,甜心",并冲着她微笑。朱莉莎面无表情地看着妈妈,吸着安抚奶嘴。同教师互相递了个眼色后,妈妈便离开了。

年龄更小的婴儿可能会通过凝视或悲伤的哭喊等更为难以捉摸的方式来表达他们的情感。

父母的到来——婴儿/学步儿离园。在一天结束时离开保育机构回家,这对亲子来说又是一番调节适应的过程。别后重逢或许会皆大欢喜,但有时也未必如此。或许上午离别时的情绪在重聚时会喷涌出来。由离别所引发的悲伤、愤怒与惆怅的情绪通常会被一天的活动冲淡;但在一天结束时,情感与其宣泄之间几乎没有什么缓冲的活动,正如下面这个小事件所展示的。26 个月大的马娅平时性情温和,当她的父亲来接她回家时,发生了这样的情形。

当马娅的爸爸来到教室接她回家时,她拿起一本书和一个游戏用的午餐盒。"我要把这本书放在盒子里。我要把盒子带回家。"她坚持道。"你不能带走午餐盒,但你可以把书放在你的书包里。"爸爸用平静的口吻说。他拿出一个小帆布包递给女儿。马娅紧抓着饭盒,噘着嘴,倔强地站着,盯着别处,尖声叫道:"不行!我要把它放在盒里。我要!不行!"她紧紧地握住午餐盒:"我想借它。"(教师已经规定,每名儿童可以借走一件东西)爸爸开始有些烦躁,说:"你看,如果你再胡闹,你连书也不能带走了。你还想要书吗?"这时,老师约瑟法走了进来:"你看,马娅,我把书放进你的书包里。"他边说边开始这样做。"不行!"马娅尖叫,把午餐盒抓得更紧了。"你不能既要书又要午餐盒。"爸爸直截了当地说。"我就要。"她坚持着。"我们要吵架吗?"失去耐心的爸爸声音低沉地说。"我就要!"她尖叫着。"我有了一个主意,"爸爸愉快地说,"放下书,带上午餐盒怎么样?"马娅把书放在椅子上,拉起爸爸的手,蹦蹦跳跳地走出门去。

另一名儿童,21个月大的萨莉,则以相对低调的方式表现自己与母亲重逢时的矛盾情感。

萨莉的妈妈悄悄地走进教室。"妈妈!"萨莉发现妈妈后,高兴地大声叫道。她朝妈妈走去,但是中途站住了,面无表情地呆望了母亲几秒钟。妈妈蹲下身来,期待地伸开双臂,叫着:"萨莉!萨莉!"萨莉继续呆呆地盯了几秒钟,然后终于向妈妈张开的双臂跑去。妈妈把她抱起来。萨莉还是呆呆的表情,然后突然绽放出灿烂的微笑,紧紧地抱住了妈妈。

跨时段地观察和记录入园和离园情况,将有助于教师深入地了解亲子如何应对这些事件、儿童特定的应对风格以及儿童年龄渐长时该风格如何变化。某些时段和某些发展阶段可能给儿童和父母带来更多的考验。在为期数月的时段里收集入园和离园情形的样本,将揭示这一微妙关系的发展趋势,而这一趋势是描述亲子依恋的先导。(关于模式归纳的更多细节,请参阅本书第十三章)

一日生活常规

婴儿/学步儿的一天中的绝大多数时间都在进行常规活动。这些常规事务经常被视为单纯的身体照料。事实并非如此!儿童的社交、情感和智力能力与保育中的交流有着深刻的关系。对保育常规活动进行的观察,可以揭示儿童抑制冲动和欲望、分散注意力和自我安慰以及信任成人的能力或程度。该类记录也可以显示婴儿/学步儿随着年龄和阅历的增长，其自我意识或自主性的发展。观察者可能会看到在给婴儿喂食时，他们主动去抓取餐匙，或者学步儿通过推开挡在自己路上的另一个学步儿而对自我进行宣示。这类观察将包含回答以下问题的线索：

- 该儿童是否看起来对自我效能和自身技能抱有信心？
- 一天中的时段以及儿童与教师的互动风格如何影响该儿童的行为？
- 该婴儿的行为从一种日常活动转向另一种日常活动时是可预测而稳定的，还是各种日常活动间均不相同？
- 该儿童的行为有何显著的特征？（乖巧的/不安的/叛逆的/挑逗的）
- 该儿童的行为随着时间的推移在某种（或某些）日常活动上发生了显著的变化吗？以何种方式变化？

密切地观察更换尿布/如厕、进餐/喂食、小睡以及外出等常规活动，也有助于揭示教师与婴儿或学步儿之间的关系。在寻求自身发展的幼教人员手中，这些记录弥足珍贵。

更换尿布/如厕。在以下例子中，30个月大的拉斐尔想拥有更换自己的尿布的控制权。他的想法一时无法得到满足，教师处理的方式是表示了解他的愿望，但并不让步。某个"自然现象"挽救了局面。

教师安娜拉着拉斐尔的手，把他领到卫生间更换尿布。拉斐尔的手又拽又扭，从安娜的手中挣脱开来。他步伐凌乱地跑出卫生间，朝另一位教师莉娜奔去。莉娜此时正在地板上陪另外两名幼儿玩。"嗯。我要莉娜。"他指着莉娜大叫。跟在后面的安娜温柔地将他抱起来。拉斐尔尖声高叫："莉娜！""你想要莉娜，但她正忙着，"安娜告诉他，"我想我会做好的。快来。然后你就可以和莉娜一起读书了。快来。我会做好的。"她冲拉斐尔微笑着。拉斐尔继续哭喊，安娜说了多次"我会做好的"，让他放心。突然一只苍蝇从拉斐尔身边嗡嗡飞过，他指了指苍蝇。他们俩一起看了一会儿苍蝇。拉斐尔停止哭泣，安静地站着，很配合地更换了尿布。

有时,更换尿布是一个同儿童相处的特殊的私人时间,可以成为一个社交机会。以下是2岁的库马同他的教师进行的愉快的交流。

教师格洛丽亚在卫生间里叫道:"库马,到卫生间里来,我给你换一下尿布。"库马把头一扬,坚定地说"不",并凸起下唇,把嘴噘了起来。格洛丽亚又重复了一遍她的要求,库马开始哭了,抓起他的毯子,紧紧地抱在胸前,说:"放到小屋里。"他跑出了房间,大概是到小屋里去了,然后又跑了回来。他犹犹豫豫地看着格洛丽亚,然后表情凝重、脚步沉沉地走进了卫生间。

库马向更换尿布的台桌走去,格洛丽亚向他打招呼。库马将上身探过桌面,爬了上去。他在桌子上站了起来,靠近格洛丽亚。格洛丽亚表扬他准确地记住了在卫生间里该怎样做。当格洛丽亚脱下库马的罩衣时,她继续用聊天的口吻同他谈话。库马紧紧地靠着她。他把玩着格洛丽亚衬衫上的扣子,笑呵呵的。格洛丽亚离开去取干净尿布时,库马站着一动不动。当他开始抓挠大腿上一处轻微的皮疹时,格洛丽亚告诉他这样不好。他指着储物橱说:"哎,哎,哎,粉。"格洛丽亚取来爽身粉,库马伸手要一些。格洛丽亚倒在他手上一些,他在小鸡鸡上扑了一点。他开始摆弄自己的小鸡鸡,屈起腿来好奇地向下看着。当格洛丽亚将库马放在桌子上穿上尿布后,她俯下身来靠近他的脸,同他说着话。库马笑盈盈地,向上伸出手,抓住格洛丽亚的头发,放到她的眼前。他们两人都笑了。然后,库马开始摆弄着格洛丽亚的脸来玩,用歌谣的调子说着含混不清的话。库马穿戴完,抬起头来看着格洛丽亚,说:"亲亲。"然后,他噘起嘴唇。老师俯下头来,库马在她脸颊上飞快地亲了一下。老师将他从桌上抱下来,他拖着脚走进了另一个房间,嘴里发出"突突"声,假扮成火车。

记录更换尿布/如厕活动,有助于教师密切地关注儿童对于自身生理过程和照料自己的人的感受和情感。教师在记录时,可以向自己提出以下问题:

- 该婴儿/学步儿对于尿布更换的意义有多大程度的了解?
- 该婴儿/学步儿配合还是反抗更换尿布的人?

- 儿童对所有为其更换尿布的人有同样的表现吗？
- 在更换尿布的过程中，儿童有机会扮演主动的角色，还是整个过程大多是强制性的？
- 成人—儿童互动的质量如何？是否有目光交流？是否有对话？

在以下这则记录中，教师有意识地让婴儿参与对自己的照料中。

17个月大的雷切尔站在教师面前。他们相互冲对方微笑。"你的尿布湿了吧，雷切尔？"教师伸着胳膊，问雷切尔。当雷切尔伸出双臂时，教师将她抱了起来。"对，没错，你真得换块尿布了。"教师带着她到更换台时，这样对她说。教师让她站到台上。雷切尔开始拽裤子。"你裤子脱得很棒，雷切尔！"教师温柔地脱下雷切尔的裤子，仔细地避免干扰婴儿的活动，冲着婴儿咧开嘴微笑着说。"好了，你完成了，裤子脱下来了，现在咱们把脚拿出来。"当雷切尔抽回脚时，教师将她的脚从裤子里拿了出来。接下来，雷切尔又开始用力地拉自己的尿布。教师将带子解开，雷切尔用力地拽，然后将尿布交给教师。"湿。"雷切尔说。"它湿了，"教师说，"这里有一片干的"。她递给雷切尔一片干的尿布。当雷切尔试着将尿布放到两腿之间时，教师等待着，然后仔细整理，以便让雷切尔扣紧带子。将雷切尔的裤子穿到一半时，教师停住了，这时雷切尔开始用力拽自己的裤子，将裤子提了上来。"你真是一个很棒的尿布更换者，雷切尔！"教师紧紧拥抱了雷切尔，然后把她放到地板上。

由于更换尿布和如厕活动在婴儿/学步儿保育项目中发生得如此频繁，所以这类活动向儿童传达出一种强有力的信息，并提供了一种方式使儿童得以了解成人是如何照料他们的，以及成人对他们身体的排泄物有何感受。在接下来这一则对23个月大的劳丽的记录中，教师正在洗手间同3名儿童在一起。其中一名儿童刚刚用完便盆，另一名儿童刚用完马桶，而劳丽却有别的想法。

"轮到你用便盆了，劳丽，"老师郑重其事地对她说，"让我帮你取下尿布来。"劳丽嘬起嘴,昂起头,身子迅速地一扭,跑开了,然后坚定地站着,看着老师的眼睛。"你确定不想用便盆吗?"老师又问了一遍。看着劳丽坚决的样子,她加了一句:"好吧,如果需要帮助,告诉我。"老师朝卫生间的入口走去,同时不动声色地朝其他方向看去。劳丽确认了教师的视线不在自己身上后,朝便盆走去。她将身体对准便盆调整好,向后挪了一步,坐在了便盆上,不脱衣裤地待了一会儿,然后起身,迈着自信的大步走出了卫生间。她脸上挂着浅浅的微笑。

这些片段中,教师通过描述儿童的面部表情、肢体动作和语言来体现儿童的语气腔调。通过对教师的动作、面部表情的描述传达出温柔慈爱。紧张、厌恶或者恼怒的情绪也可以通过同样的方式来揭示,包括描述婴儿烦躁的哭喊和教师不耐烦的语调、用词或冷漠的表现。

当对更换尿布／如厕所做的记录中出现明显的紧张或不快的模式时,教师就应对此多加注意。关于儿童对待更换尿布或上厕所的情感,这些记录是如何反映的?在这些时刻,教师是如何对待这些儿童的?如果将记录当作自身发展和学习的工具,教师之间就可以相互帮助。

进餐／喂食。由于进餐和喂食在婴儿／学步儿的保育项目中很有规律地重复进行,因而做此类记录并不困难。有些儿童看起来似乎总是在吃东西或者被喂东西。进餐活动的范围很广:从几个月大的婴儿用奶瓶喝奶,到2.5岁的儿童独立享用点心或大口地吃午餐都在此列。

通过喂食和进餐活动,观察者可以逐渐认识儿童的自我满足方式、满意水平以及自主倾向。有些婴儿是奶瓶的贪婪热爱者,会享受至最后一滴,常常在喝完后满足地睡去。有些婴儿则比较谨慎,喝上一些就停下来,打嗝或休息一下。有些儿童在喂食中感觉不适时,会引发哭闹或不安。值得指出的是,并非所有的儿童都以同样的方式喝奶或进食固体食物。

对某个婴儿的喂食情形进行数次密切观察,可以揭示其进食方式。是急切的还是犹豫的?是贪婪的还是倦怠的?婴儿在进食时同教师相处是否融洽可以通过以下细节探察:婴儿是否贴近教师的身体?是否因不舒服而四处踢腾摇摆？是否挣扎着想起身？教师是否对婴儿的信号做出回应并相应地做出恰当的调整？

通过喂食和进食，婴儿和学步儿开始形成对世界的观念。周围的世界是否是一个需求可以得到满足的且友好的地方？食物是否由充满爱心的人提供，而进食是否在耐心而愉快的气氛中进行？在接下来的这则记录中，教师和7个月大的婴儿相处融洽，儿童的愉悦度显然很高。

戴尔德丽被抱着放在约瑟芬的腿上，嘴里说着："姆……"她看着四周玩耍的幼儿，两腿上下挪动着，慢慢嚼着约瑟芬小心地喂给她的水果和燕麦粥。戴尔德丽双腿盘曲在空中，身体依靠在约瑟芬胸前。"你喜欢这样？天哪，姆……"约瑟芬喃喃着。戴尔德丽开始挣扎，双臂伸出，背弓了起来。约瑟芬转换身体的位置，调整姿势，让戴尔德丽坐得更高些，背可以挺直些。现在戴尔德丽可以四处看了。她心情放松了，又开始吃东西，张开嘴来准备再吃一勺。

用奶瓶喂食通常对于教师和儿童都是一种安抚、放松和享受。

4个月大的安德烈躺在地板上一个悬挂的玩具下面。他开始哭闹。"哦，你饿了。"布赖恩说着，把他抱了起来。当布赖恩从冰箱里取出奶瓶时，安德烈激动地在布赖恩怀中又抓又攥。布赖恩抱着安德烈坐到沙发上，将奶瓶递给安德烈。安德烈张开嘴开始吮吸，一只手放在奶瓶上，另一只手攥成拳头。安德烈喝奶时，布赖恩抚摸着他的小脚。

大多数学步儿及2岁儿童喜欢对喂食活动和进食活动有掌控权。有时这就意味着他们要等待教师取来食物，就像在下面这则例子中，等待取来果汁。我们将会看到17个月大的赫斯特运用了多种技巧帮助自己等待。

赫斯特坐在圆桌边的一把小椅子上，桌边的其他学步儿正在吃煎饼早餐。"啊，嘟①。"她对教师露丝说。"你想要果汁？"露丝确认道："我去给你

---

① 嘟音在英语中类似果汁"juice"的第一个音节的发音。——译者注

拿果汁。"露丝用布擦了擦赫斯特黏糊糊的双手。她很乐意让露丝来擦,并发出尖叫声。"好啦。我得去给你拿果汁了。"赫斯特看着周围的孩子。她身体端正,表情轻松地打量着周围。"露丝,露丝。"当老师离开桌子,带另一名幼儿去卫生间时,赫斯特叫起来。她安静地坐着,开始吮吸拇指。当教师没有带果汁回到桌边时,她轻声尖叫着,喉咙里发出一些声音,向教师挥着手。"你听起来像一只小老虎。"露丝说着笑了起来。赫斯特也笑了。然后她用手在桌子上捶打起来,说着:"啊,啊。"桌边的另外两名学步儿也开始用手捶打桌子。这时,在捶打声中离开的露丝拿着一小杯果汁回来了,把它递给赫斯特。赫斯特郑重其事地用双手端着果汁,津津有味地喝起来。

有一些学步儿不像赫斯特这样耐心和有办法来分散注意力,有时候他们不想被喂食,不能忍受成人的服务。

19个月大的萨拉挨着教师坐在一张小桌旁边。教师坐在萨拉和伊莱中间,轮流给他们用餐匙喂食。坐在这个位置上,教师同两个孩子都无法进行目光交流,也看不到他们的面部表情。每次送来一匙豆子,伊莱都很乐意地张开嘴巴;萨拉却紧闭着嘴,在椅子上将整个身体转向一边,拳头握紧放在桌面上。突然她尖叫一声,将手伸到盛豆子的盘中,一阵胡乱翻腾,将豆子撒了满桌,散落到了地上。

"好了,萨拉,"教师惊讶地说,"你到底怎么了?"这时另一名教师玛拉走了进来,说:"你觉得她是不是想自己从盘子里拿豆子吃?"玛拉将盛豆子的盘子放到萨拉面前。萨拉开始熟练地用拇指和食指一个个地夹起豆子,津津有味地放到口中。

尽管有些学步儿吃起饭来有些邋遢,但他们中的多数还是想独立进食。11个月大的纳迪娅瞒着教师又吃了一顿早餐。她不声不响,直到突然被教师发现。

纳迪娅在地板上爬来爬去。当她靠近丹尼丝坐的高椅时,她用手拉着椅子站了起来,说:"达!"说完,她笑了。她熟练地俯身趴到地板上,爬到一个小椅子旁边，用手拽着椅子让自己站起来，慢步朝椅子旁边的桌子走去，又爬回到地板上，开始打量周围的地板。她眼睛向前看着，又爬到了桌子底下，接着继续向前爬去，直到爬到了房间中央。看到附近的地板上有一张餐巾纸，她抓了起来，坐下来，挥舞着餐巾纸。她伸出手去，抓住了18个月大的穆罕默德的腿，穆罕默德正坐在桌子旁边吃早餐。她注意到地板上伸手可及的地方有一块别人掉的华夫饼干。她用手掌将饼干塞到嘴里，心满意足地嚼了几秒钟。她转过身来，从桌子底下爬了出来。拽着附近的一把椅子站了起来，她转到桌边，慢步向穆罕默德走去，穆罕默德此时正忙着吃自己的华夫饼干。她向穆罕默德的盘子伸过手去，拿了他的一大块饼干，一下子全塞到了嘴里。"不要拿他的食物。"教师温柔地说。纳迪娅冲着教师咧开嘴笑了。

通过纳迪娅的事例，可以看到什么？学步儿对周围环境所抱有的持续的好奇心是很强的，他们对周围环境的探索主要通过感官来进行。或许纳迪娅曾经自问过："这块东西是什么？看起来有些熟悉。尝起来味道真不错。"或许是独立发现和掌控自我的兴奋感推动她继续进行探索。如果她在桌子底下时就被教师看见了，她的行为会和这次经历得到同样的理解吗？

有时进餐片段可以揭示学步儿的思维状况和视觉—运动协调状况。12个月大的基拉，不仅是在享受进餐的乐趣，而且在练习手眼的协调运用以及跟踪物体坠落的路径。后两者对于发展"物体恒存性"是必需的。

在妈妈身旁的基拉迈着高低不平的步伐，径直向教师走去，教师将她抱起来放到桌边的高椅子上。其他幼儿都坐在旁边的矮椅子上。"咦——"她说。"说再见，"教师教导她。她向妈妈挥手告别，妈妈走出门去。教师给基拉系上围嘴。基拉的双手在高椅的托盘里扑通着。第二位教师走进了她的视线，她对教师微笑。她的手在空中挥舞，她微笑着，拉扯着头发。教师在基拉的托盘中放上一些煎饼，她左手抓起一块，然后把右手里的煎饼块放到嘴里。一块煎饼掉到了地板上。她从高椅的一侧望过去，顺着坠落的路径向下看，直到在地板上锁定了煎饼。她又将目光转回到托盘上，又抓起一块，同时吃起另一只手里的那一块。在吃的时候她观察着教师。然后她又掉了一块煎饼，落在第一块掉落的地方。

对婴儿和学步儿来说，喂食和进餐肯定包含了快乐和满足的体验。反过来，当有问题时，进餐本身可能引发不适、紧张情绪或者令人不快。进行记录将揭示出随着时间的推移，进餐对儿童情绪的影响以及相关儿童所独有的进餐特点。

然而，对于3岁以下的儿童，进餐和喂食具有其自身的意义。接受喂食意味着信任一位成人。喂食意味着儿童和成人之间同步进行某种活动——进行目光接触，儿童的身体贴近成人，成人与儿童间进行你来我往的对话等。喂食也涉及婴儿的眼手协调，比如婴儿伸手去抓取餐匙以及通过嘴和手对不同食物的质地进行触觉的探索。我们也将看到儿童自主性的先兆、萌芽和发展，见证语言的发端。总之，成人或许将进餐和喂食看作具有一定特征的、对于儿童有重要意义的活动；但儿童可能是从多维视角来看待这些活动的。

我们观察进餐和喂食的环节正是基于上述原因。通过观察，我们认识到这些小生命身上有了很多发展。当15个月大的格斯将剩余的两滴果汁倒回到大罐中，然后将杯子也放进罐中，此时作为进餐活动的延伸，他正在进行真正的实验。将果汁倒回去是一项手眼协调的练习，或许是对成人倒果汁行为的模仿。杯子能放进大罐里去吗？一场关于空间与大小的实验正在发生。

超越观察到的行为个例来看待问题可以引出这样的发现，那就是儿童眼中看到的世界与成人眼中的世界是不同的。

小睡。更换尿布/如厕和进餐/喂食是按一定规律和频率发生的日常活动，而小睡是有一定频率却并不总是有规律的一种日常活动，依照儿童的特点和年龄而各不相同。有些很小的婴儿在两次喂食的间隔时段会睡着且睡很长时间，而有些婴儿则睡多次，中间会惊醒或哭闹。大一点的婴儿或许会将白天的睡觉固定为一到两次小睡。

睡眠代表着告别繁忙和热闹。有些婴儿很乐意小睡，很期待这段休整的小插曲，而有的婴儿是投否决票的人——如果不在口头上否决，那么就是在行动上——比如有的婴儿拒绝躺下，而是坐在小床上，固执地睁着眼睛；有的会尖叫、胡乱拍打，拒绝靠近休息场所，有时实在支持不住了，在下午很晚的时候在椅子上或地板上睡了过去。每个婴儿都有自己独特的睡眠风格，都有对待睡眠的个人情绪。有些婴儿对于在家以外的另一个地方睡觉感到害怕和紧张；有些则只要有从家里带来的最喜爱的"伴睡物"就会心满意足地睡着；有些婴儿不习惯没有父母或兄弟姐妹的陪伴而独自入睡；还有一些婴儿会很乐意躺下，安然入睡。

然而，有时候睡眠模式会随着时间的推移而发生变化，比如睡眠次数从数次到两次，从两次到一次；睡眠情绪从平静到紧张不安，从坐卧不宁到松弛惬意。连续一段时间就儿童对待睡眠的方式、在入睡时段对教师的反应、如何设法入睡以及接下来如何醒来等方面所做的记录，将揭示儿童对教师、对自身所在的群体以及所处的整体环境的信任程度。这类记录也可以显示儿童在多大程度上乐于将兴奋、主动、清醒的世界置换为被动的睡眠世界。

接下来这则关于两名儿童在小睡时间的记录，揭示出他们在保育中心的放松、自然和信任的情感。

教师诺拉牵着卡门（32个月大）的手，走进睡眠室。诺拉对站在附近的阿里（30个月大）说："向卡门道晚安吧。她要睡觉了。"阿里跟着诺拉和卡门走进了睡眠室，看着卡门躺下，诺拉为她盖好被子，在她背上拍了几下。"睡个好觉。"诺拉说。说完，她和阿里离开房间，把门关上。阿里坐在沙发上，诺拉给了他一个瓶子。把瓶子给了阿里之后，诺拉开始给他脱鞋子。他靠在诺拉身上吮着瓶子。"我们读书好吗？"诺拉问。"好的。"他回应道。诺拉开始读《晚安，月亮》[①]。读完了，他们一起走进睡眠室，阿里躺下，诺拉为他盖好被子。没有什么言语，但是婴儿对一日常规的理解和师

[①] （美）布朗，文.（美）赫德，图. 阿甲, 译. 北京：北京联合出版公司，2014.——译者注

幼间弥漫的温馨感是显而易见的。

对睡眠中（如果可能，包括醒来）的儿童的记录则会展示该儿童性格中的另一面。对以下细节加以关注可以完成一篇内容丰富的记录：
- 睡眠时心情是烦躁不安的还是安静平和的？
- 在醒来时，该儿童啼哭、喊叫还是从床上弹起来加入活动中？
  » 该儿童是紧张的/迷惑的/难以安抚的吗？
  » 这一行为如何同你在其他情形下观察到的行为相匹配？
- 这些睡眠和醒来的反应对婴儿是否有意义？你能猜测出这些意义吗？

外出。外出之前的准备、外出过程以及回到保育中心等常规活动情况都为深入了解婴儿/学步儿提供了机遇。外出涉及从已知向较少已知的过渡，意味着从教室中脱离。如果不是所有的儿童同时外出，那么外出还意味着同某些成人和儿童的分离（在这种情形下，留守的儿童也是值得观察的）。与外出相关的观察有以下几个方面：
- 该儿童对于外出的准备活动有何反应？（恐惧/担忧/无所谓/热切期待）
- 该儿童是能控制兴奋情绪，专心地做好必要的着装准备，还是期待过于热切，使得着装和整理活动难以进行？
- 教师的工作风格是如何同儿童的风格相呼应的？比如，一名疲惫不堪的教师可能会对一个在房间里四处乱跑、拒绝穿衣戴帽的儿童放任不管。
- 儿童的举止、要求、配合或者抵触对于不同的成人有何影响？比如，有些成人会被儿童的巧言令色打动，屈从于儿童的意愿，而有些则厌烦这些"花招"，不为所动。

在下面这则记录中，34个月大的拉希想按照自己的方式做事情，教师在最初犯了一个错误之后，开始谨慎地坚持原则。

拉希动身走出门去取自己的外套。教师里奇说:"等一下,我这里有你的外套。"拉希开始哭喊。里奇说:"我知道了,你想自己拿。我把它放回到衣帽钩上去。""不!"拉希尖叫着,从里奇手中抓过外套。他走出去,来到大厅里,自己将外套挂了上去。他回到房间里,停下来,又转过身去,返回到大厅,将外套从钩上拽下来,拿到房间里来。他将外套铺在地板上,以便甩过头顶。他将外套甩了过去,却上下颠倒了。

里奇若无其事地说:"拉希,你的外套上下颠倒了。"拉希没有理他。当里奇转向别处,开始同另一名幼儿谈话时,拉希将外套脱了下来,又试了一遍,还是没有成功。他将外套递给里奇,没有说话。里奇将外套的袖子系在拉希腰间。"不!"拉希尖叫,用力拉扯外套。里奇默不作声地脱下外套,帮拉希穿上。拉希让里奇举着外套,他自己将胳膊伸到袖子里。他盯着里奇,要求他:"拉上拉链!"里奇拉上了拉链,然后他们手拉手一起走了出去。

对非常年幼的儿童来说,外出之后回到保育中心是一个会引发一系列情绪的过渡过程。例如,如果接近午餐时间,学步儿可能会感受到饥饿,也可能想要午睡,或者感到疲劳至极。这些情况对他们的行为有何影响?当教师说,"胡安总是在离回到中心还有几个街区的时候开始哭。"或者"我必须看紧伊恩,因为一看见我们中心的大门,他就开始跑。"这意味着什么?回到保育中心对于婴儿和学步儿有什么意义?每名儿童都有哪些表达这些意义的独特方式?

请看35个月大的乔纳森和26个月大的毛拉的例子,他们对于回到中心的感受超出了他们的词汇表达范围。

穿过门进入教室的时候,毛拉和乔纳森同时抓住了门把手。两人都高声叫喊,跳上跳下,试图独占把手。尖叫声中,毛拉戳了乔纳森的眼睛。乔纳森继续抓住把手不放,毛拉高喊着:"不!不!下一次我关门!"教师贝齐这时来到他们身边,心平气和地问:"发生了什么事?"毛拉大叫:"我关门!"贝齐语气平静地问:"我可以帮你们关门吗?"乔纳森松开手,安静地站着，看着贝齐。毛拉继续尖叫。贝齐问她："你想自己来做吗？"毛拉看着她并说："是的"。贝齐安静地站着，毛拉将门轻轻打开，又关上，这时乔纳森在一边默默地看着。三个人什么也没说，转身朝着小餐桌走去。

作为 2 岁儿童的核心发展问题，自主性在这个小插曲中被描述得淋漓尽致。导致情绪升级的原因需要揣摩，或者通过进一步的记录来发现。此类记录为了解儿童的正常发展情况提供了线索，并为进一步研究有关儿童的特殊个性指出了方向。遴选——从个别的行为中选出发展特征——是一项需要持续记录的任务。

游戏与探索

可以肯定地说，婴儿和学步儿是通过游戏来了解世界并练习他们萌发中的身体和智力技能。他们无休止地品尝、嗅味、又戳又捅、又看又摸，简直想成为科学家，总是想发现"有什么"和"怎么样"。谁又能说得清玩与学的边界，或者何时何地随机的活动变成了内在思维？在 3 岁以下儿童的活动中，到处存在着儿童的思维、语言和概念化的根源。

随机地记录婴儿和学步儿的游戏和探索，就是在全方位地对儿童幼小的心灵和身体进行密切的观察。确切地说，哪些行为可以被称为游戏？哪些行为可以被称为探索？哪些行为是有意为之的？哪些行为是率性而为的？很显然，在低幼儿童的行为中，没有哪些行为可以泾渭分明地符合这些标签。毫无疑问，婴儿的活动是游戏、探索、学习和语言发展的复合体。我们无法为了观察而对这些活动进行分割或分门别类。事实上，社会交往、语言活动、感知觉活动以及大小肌肉运动均被包含在儿童游戏的定义之中。因此，记录任何行为都很有可能揭示儿童游戏、学习和表达情感的内容。

在下面这些情形中，观察的焦点是婴儿和学步儿的游戏和探索。在第一则例子中，儿童正在教室里自由地活动。

安杰洛（5 个月大）正趴在一张小毯子上。他很顺利地翻身躺了过来，伸手拍打身边的一个玩具。他又翻身趴过来用胳膊将身体支撑起来，对着教师德马里斯微笑。他伸手去够身体前方的大型扣珠①，将扣珠放在口中咬了几秒钟，将扣珠扔掉，又翻身躺着。德马里斯将扣珠递给他，他抓了过去，又嚼了起来。他看着她，露出灿烂的微笑。他身体放松，咀嚼时偶尔挪动一下双腿。

第二个场景发生在儿童使用玩具、游戏设备或者炊具、盒子、勺子等家居用品的时候。

玛丽索尔（9个月大）坐在地板上。她注意到自己的一只毛线鞋掉了下来。她捡起来开始咬。她多次用毛线鞋敲打一辆婴儿车的轮子。扔下鞋子，她拽着婴儿车的侧面将它拉了过来，拖着长声尖叫："啊哒哒哒巴！"她拍打着轮子，把一只手放到了小车下。

第三个场景发生于儿童使用某种材料时，如水、面团、积木、颜料、蜡笔、厨具等。

达纳（18个月大）站在玩水区，手里用力地拿着一个他刚刚灌满水的容器。他小心地将水慢慢地倒进一个大罐子中。看着水流，他用洪亮、自信的声音说："倒掉！"

这类观察记录的收集将提供一种视角，以便了解儿童对事物的好奇心和兴趣、手眼协调的发展和控制大肌肉的技能以及日益增长的对因果关系的理解。

在这些记录中，不仅可以看到婴儿在学什么，而且可以看到婴儿是怎样学的。以下这则记录中，19个月大的贾米正在试图通过模仿和随机的探索来理解钥匙和钥匙孔之间的未知特性，在这个过程中他用自己的身体作为参照。

25个月大的艾萨克试图用手中的一把钥匙打开壁橱门，没有成功。贾

---

① 约有一个棒球大小，不会有被幼儿吞咽的风险。——译者注

米看着艾萨克,然后在门上尝试相同的动作,但是没拿钥匙。贾米来到艾萨克身边,从他手中拿走了钥匙。艾萨克没有抗议。贾米将钥匙拿给他爸爸看,他的爸爸此刻正坐在壁橱旁边的地板上,等着带他回家。贾米靠着爸爸,"扑通"一声坐在地板上。他掀起衬衫,试着将钥匙插进自己的肚脐。他的父亲轻声说:"不要那么做。"

上述 19 个月大的学步儿探索钥匙孔和肚脐之间的相似性的情形和下面这则记录中 7 个月大的婴儿的情形大相径庭,这名婴儿正在通过自学认识物体的恒存性。

肖(7 个月大)坐在一张高椅上。她用双手拿着一个橡胶做的挤压式动物玩具,乐滋滋地含着动物玩具的一只耳朵。突然,玩具掉到了地板上。她俯过身来,眼睛一直盯着掉落的玩具。尽管教师已经将玩具捡了起来,肖还是继续看着玩具掉落的地方。教师将动物玩具交给肖,说:"给你小猫咪,肖。"肖用张开的手掌拍拍玩具,咬了咬动物玩具的耳朵,把手中的动物玩具翻过来倒过去地审视一番。她表情专注,发出一系列"啊"的声音,又开始认真地咬起动物突出的耳朵来。

随着更多此类经历的积累,再加上自身的成熟,肖会对人和事物的存在和性质形成更为确定的观念。在以上每个事例中,所观察到的行为都处于相关儿童各自的发展阶段的正常行为范围。但如果你对所观察的儿童行为有疑问呢?比如,假设肖不能抓握和观察玩具,或者虽有能力却没有兴趣这样做,将会存在什么问题呢?观察者必须把整个行为纳入已确立的发展进程框架中加以评估和理解,并核查任何可能存在的发育迟缓的蛛丝马迹。但是在做出任何结论之前,记录工作应该先持续一段时间,以便核准观察到的行为是由于疾病或疲劳导致的偶发失常表现,还是需要密切关注的事件。

记录游戏的困难之一在于所看到的游戏本身常常不像是游戏。司空见惯的情况是,学步儿的活动像是没有什么特定的目标。他们的活动就像"四处闲逛"或"无所事事"。在接下来的例子中,15 个月大的爱德威治在玩为学龄前儿童设计的塑料形状。她是在按照自己的想法来使用（玩）——抓、握、拢到一起，摸摸材质，掂掂分量；而且最为重要的是，通过随心所欲的摆弄来施展自己的自主性。在她的探索过程中，没有人干涉，所以她有机会尝试多种活动。

爱德威治在房间里随意走动，手里攥着一些塑料图形，笑嘻嘻地，边走边将一些图形扔到地上。当她走到沙发旁边时，把手放到上面，然后她爬到沙发上，高兴地叫着："哎—啊—哎—嗒—嘀—嘀。"她将一些图形放在沙发上，手中还拿着一些。转过身来，她趴在沙发上用拳头撑着，紧攥着图形从沙发上滑下来。她向教师琼走去，手臂和肩膀摇摇摆摆。她从琼身边走过，笑盈盈地，又爬上一个大的空心积木，坐在上面，手里一直抓着塑料图形。坐在那里，她将塑料图形逐个放到口中，快速地舔一下，然后放在大积木上，同时用升调多次说着"嗒"。她将图形从积木上收起来，走到滑梯边，将图形放到滑梯台阶上。之后，她举起一只手，边说"嘎嗒"，边把图形放到了更高一级的台阶上。她把图形留在了那里，走开了。

在 2 岁左右，学步儿的随机探索和游戏在成人看来条理性开始增强了。2—2.5 岁的儿童会在水盆边用海绵和碗从事一些更为清楚可辨的活动，而 13 个月大的儿童可能会向水桶里扔一支蜡笔或用手掌击出一两个水花。

运用蜡笔或毡尖笔等材料会涉及更复杂的层面，因为单纯的探索开始让位于符号表征。蜡笔的使用会激发一名 2 岁儿童对色彩本身的喜爱之情以及掌握技艺的快感。一名 34 个月大的儿童在纸上仔细地画出一条条水平的直线，每条各用一种颜色，这幅画证实了儿童对色彩本身的喜爱。

另一方面，一名 30 个月大的儿童画了多幅聚集在画纸中部的像疙瘩一样不同颜色的小圆圈的画，这样的画作可能指出另外一种问题。该儿童作画时面色凝重，身体僵直地坐在椅子上。通过观察作画过程和收集画作，他的教师意识到他在开学的最初几周里画了很多幅这样的画。或许他在试图运用这些材料表达他开始新的群体生活时的感受。

对于 18—36 个月大的儿童，运用材料进行游戏和探索会赋予他们一种快感，因为他们可以从无到有地创作标记，以及通过非语言的方式表达深层的情感和思想。对诸如颜料、水、面团以及积木等材料的运用，也支持了儿童想把对世界的体验表征出来的需求。我们能否分清奥德特在35个月大时所画的一幅他称之为太阳的画——一个大圆圈被许多垂直的线条环绕——是他的自发表征还是学会的常规技法？

密切的观察可以揭示难以察觉的微妙发展。2岁的路易表现出对印刷的意识，但除了观察者，没有人知道。

路易在纸上画了一个大的椭圆形状。他大声地说（不针对任何人）："这是一个A。"他将形状内涂成红色，范围比原来的形状要大。在椭圆的边上，他又连上一个小的蓝色圆形，然后在上面涂上了黄色。圆形变成了绿色。他用红色涂过两个形状，将刷子放进杯子里，离开了画架。

可以肯定地说，在学前时期繁荣发展并演变为复杂的角色扮演的象征游戏，在2岁儿童的游戏中初见端倪。在下面这则记录中（活动要比上文中19个月大的贾米的钥匙游戏复杂许多），可以看到这两个不到3岁的儿童对生活中的两项显著特征进行了符号化重组。其中的动作和话语体现了他们的经验。

30个月大的奎因拿着一块积木。他一边大步走，一边说："我去上班。我去上班。"26个月大的克里斯蒂同他一起走，带着从架子上拿的午餐盒（这些儿童将午饭带到保育中心），大声地宣布："我们去学校。"他们一起走了一会儿。奎因发现了一辆玩偶手推童车，上面还有一个玩偶。他推上了童车，两人继续一起围绕着教室行进。克里斯蒂手中依然拿着午餐盒，奎因抓着积木。当他们走近光盘播放机时，克里斯蒂坐下来听，奎因朝老师坐的桌子走去。

有时甚至可以观察到更为复杂的涉及共同意义的社交游戏，特别是当几名2岁幼儿一起在保育中心待过很长一段时间时，比如下面这则例子。

三名幼儿将25毫米见方的彩色方块投到小杯子中，假装要喝的样子。

"这是我的汽水，这是减肥可乐。我喜欢汽水和减肥可乐。这是蛋糕。"塔马说。她摆出一些彩色木方，每个孩子都在小盘子上放了一些木方。杰茜喊着"生日快乐"并"吹灭"了蜡烛。然后他们都吹了起来，一起唱生日快乐歌。莉拉拿来三个玩偶，一个给了塔马，一个给了杰茜。每个女孩都用小勺喂玩偶吃起蛋糕来。

这是一段序曲，预示着更复杂地运用材料进行的想象游戏。要了解关于该阶段的更多信息，请看第三章和第五章，这两章对2—6岁儿童的游戏有深入的探讨。

同成人和其他儿童的互动

关于婴儿和学步儿的社交生活有大量的描述，因为有很多机会可以观察这些群体生活中的儿童（Shonkoff & Phillips，2000）。

婴儿和学步儿的社交生活可以通过他们同成人及其他儿童互动的事例加以观察。记录儿童与成人的互动可以包括同各种人的交流：从熟悉者到陌生人；从父母到教师；从实习教师到保育中心的厨师；从偶尔来访者到定期送货人或者服务人员，等等。将不同的成人纳入观察儿童交往的范围，可以获得更多机会，以便了解儿童与成人交往的整体能力。以下是这类观察的指导性条目：

- 具体、确切地说，该儿童对熟悉的人做何反应？
    » 他的反应方式是一成不变的还是有所变化的？
    » 他的反应具有可预测性吗？
- 该儿童对不熟悉的人做何反应？
    » 该儿童会因为陌生人的性别而做出不同的反应吗？
    » 随着时间的推移，可以看到反应方式有何变化吗？
- 该儿童是否发起同成人的互动？如何发起？
- 该儿童引发了成人什么类型的回应？
    » 这些回应的范围和类别是什么？

- 该儿童能否向成人表达自身的需求？
- 该儿童能否引起别人注意自己？如何引起？

婴儿/学步儿同成人间互动的质量是该儿童在群体生活中最为重要的一个方面。正是通过这些关系，儿童开始形成关于世界的观念和关于自身潜能的观念。因此，这些对交流所做的记录对于理解儿童对人际交往环境的观点至关重要。这类记录为教师的发展带来启示，因为这些记录不仅涉及儿童与成人交往的体验，也涉及成人的行为。

在孩子们吃煎饼的桌子旁边，教师马克将布里塔妮（7个月大）放在腿上抱着。马克还拿着一瓶枫糖浆。布里塔妮抓住瓶颈，用手指抓挠瓶盖。当布里塔妮放开瓶盖，马克将她的手放在自己手上拍打，布里塔妮笑了。马克将她转过身来面朝自己，轻轻地在膝盖上颠着她。她笑起来。她伸手去触碰离她最近的幼儿的头发，说着："啊。"这时另一位教师拿进来一个超大号的煎饼，孩子们看到煎饼的尺寸都笑了，布里塔妮也笑了起来。

有些儿童善于引发成人的回应。在下面这则关于15个月大的厄尔的记录中，他找到一个方法，让"躲猫猫"游戏在教师以为已经结束了的时候继续进行下去。

教师安娜·玛丽亚在鱼缸的一侧，厄尔在鱼缸的另一侧。安娜发起了"躲猫猫"游戏，她从鱼缸的一侧看过去，然后很快地将头缩回来。厄尔也仿照着做，嘴咧得很开地笑着。接着安娜透过鱼缸看到了厄尔的目光，她俯下身去躲了起来。厄尔咯咯地笑了起来。安娜又转到鱼缸侧面，厄尔又从那里找她。安娜离开了鱼缸一会儿，但看到厄尔还在鱼缸周围找她，因此又回去玩这个游戏。厄尔笑了，四处搜寻着。这使得安娜又玩了一回。安娜起身离开鱼缸去收拾积木。厄尔正要将自己的奶瓶放到鱼缸里去，但安娜飞身回来，及时阻止了他。他咧开嘴笑了。

然而，同成人交往的经历并非总是如此开心有趣。有时幼小的儿童无法忍受父母不在身边,需要成人帮助渡过难关。在强烈的情感爆发之际能有一位富有同情心的成人在身边陪伴,是儿童对社会交往形成正面感受的关键因素。以下事例中20个月大的希瑟平静地听了一会儿故事,接下来却因为想念妈妈而哭起来。

塞西莉亚在给希瑟读故事。突然希瑟哭起来,"我要妈妈!"并将玩具汽车扔掉。塞西莉亚安慰她说:"你妈妈会回来的。她会回来的。"希瑟哭喊:"妈妈!"边哭边向门口跑去。她开始捶门。塞西莉亚张开双臂拥抱希瑟,并对她说:"让我来抱着你,去告诉你的小兔子,我猜你是想妈妈了。"希瑟让塞西莉亚把自己抱起来。她们坐在希瑟母亲照片附近的地板上。塞西莉亚说:"妈妈会回来的,我们会告诉她你今天都做了些什么。"她又说:"泥巴,对吧?"塞西莉亚自问自答:"对了。我们去看了带泥巴的拖拉机。"塞西莉亚将脸贴近希瑟的脸,她们的鼻子相互蹭着。希瑟仔细地察看并触摸塞西莉亚的项链和耳环。她这样做时,塞西莉亚评论说,"你对我的耳环很感兴趣,"并指着希瑟母亲的照片说,"你的妈妈也有耳环。"突然,希瑟从塞西莉亚腿上跳下来,径直走向教室的另一侧,去看一些儿童往镜子上贴软塑料图形。

这类记录可以清楚地显示希瑟多么快地沉浸于恐惧、孤独的情感,又是怎样借助于成人的照料来重新整理暂时崩溃的自我。该记录也显示了教师的技巧。

婴儿和学步儿富有意义的日常社交环境还包括其他儿童。两个学步儿在入园时相互问候的快乐心情通常可以超越9岁的"老友们"每个上学日见面时的愉悦之情。

这些幼小的儿童不仅喜欢彼此的陪伴,而且表现出偏好。一名闷闷不乐的学步儿看到朋友到来顿时活跃起来,这种事情并不罕见。不仅有针对朋友的反应,还有针对"敌人"的。有些学步儿似乎相互间看不顺眼。对这些事例的记录,可以使教师有机会深入了解儿童的人际关系及其自身的角色。教师的发展可以随着新的观察记录的增添而得到进一步的促进,这类材料为教师自身的知识更新提供了源泉。

什么样的事例包含我们所说的婴儿／学步儿间的互动？这样的事例几乎每时每刻都在发生，需要的只是一个具有敏锐洞察力的教师，再加上时刻准备记录的状态。在下面这则记录中，18个月大的雷夫正在进行社会交往——先是同16个月大的蒂娜，然后同教师。

吃甜点时，雷夫和蒂娜彼此挨着坐在一起。他们开始游戏般地相互喂食。他们一边笑着，看着对方，一边轮流用餐匙将苹果沙司送到对方嘴中。雷夫微笑着，他十分喜欢这个游戏。他似乎已经吃饱了，明显地沉浸于这种互动带来的快乐。

雷夫扯掉自己的围嘴，用一张餐巾擦了擦嘴，然后开始在餐桌上倒上牛奶，再擦掉。带着满足专注的神情，他擦掉一点牛奶，再倒一点，再擦一点。教师在一边静静地站了约2分钟，允许雷夫进行这个游戏。接下来她也来擦掉桌上的牛奶，然后拉起雷夫的手，同他一起去洗手，准备休息。

蒂娜和雷夫正在实验一种互动游戏的雏形。他们正开始意识到同龄伙伴是有趣的交往对象。而且，因为雷夫的老师理解学步儿进行实验的需求，所以她能帮助雷夫将从午餐到午休的过渡变得愉快而令人满足。

哪怕从学步儿人际关系的点滴处着眼，也能使我们获得那么多启示！比如，模仿是一名学步儿同另一名学步儿发生联系的主要渠道。在以上案例中，我们看到蒂娜和雷夫相互模仿喂食。在接下来的例子中，蒂甘和安娜贝尔被观察到处在互动游戏的边缘。

18个月大的蒂甘爬到一把成人用摇椅上。他转过身来坐下，双腿在大大的座椅上舒展开，手放在扶手上。"划（船）呀划（船）。"他大声唱着。17个月大的安娜贝尔向他走去，抓住摇椅的扶手，摇了起来，并唱着："划（船）呀划（船）。"蒂甘从椅子上下来，走开了。

同伴间交往的端倪常见于大肌肉运动的游戏中。对视；戳戳点点或推推搡搡；同情地拍打一名哭泣的同伴；给予和抢夺物品或食物等，都构成了早期社交互动。模仿也发生在有两名以上婴儿/学步儿的情景中，带有接触的意味。

教师将摇摆船调整过来，这样在平台两边各有三个台阶。她在旁边的一把椅子上坐下。17 个月大的布琳和 15 个月大的多米尼克开始爬台阶，14 个月大的阿比跟在后面爬。布琳在平台上坐下，多米尼克也坐下来。布琳起身抓着教师的手从另一侧走了下去。然后，阿比也亦步亦趋地做了，他们站在摇摆船底部，都微笑着。

当儿童接近 2.5 岁或 3 岁时，他们的模仿游戏显得更为复杂，运用更多的语言，更带有成人所谓的"友谊"的意味。此类记录可以为我们提供一段关系成熟的简短历史。30 个月大的韦恩和 32 个月大的伊莎贝尔发现在健身垫上一起蹦蹦跳跳要比一个人蹦跳好玩得多。

韦恩在垫子上跳起来，然后以屁股着地。他咯咯地笑着。伊莎贝尔一直在旁边看着他，她在垫子上躺下来，用眼角余光看着韦恩。韦恩挨着她躺下来。他们看着对方，笑了。韦恩看着伊莎贝尔的眼睛说："我们来跳吧。"说完他们俩一起跳起来，并用屁股着地。他们看着对方，开心地大笑着。然后，他们没有说话，站起来重复这一活动，同样起劲地笑着。伊莎贝尔对韦恩说："你看！"说着跳起来并摔倒。然后韦恩跳起来，摔倒，伊莎贝尔看着。伊莎贝尔站起来数着："一！二！三！倒！"说完，摔倒。然后韦恩也这么做。他们又重复了几次。

互动中不仅涉及愉快的事情，有时还会夹杂愤怒、挑衅、敌对和蔑视情绪。在下面的记录中，一名经常咬人的 17 个月大的儿童正打算咬另一名儿童，但另一名儿童或许以前有类似的经历，因此这次得以逃脱。

20 个月大的史蒂文正从一个狭小的通道出来，与此同时，17 个月大的邦妮正要走进去。邦妮默不作声地将牙齿放到了史蒂文的胳膊上，准备咬下去。史蒂文趁邦妮还没来得及咬，悄悄地把胳膊移开了。他们继续朝相反的方向走去。

占有欲经常是导致冲突的根源，思虑周全的教师会进行合理的调解。

埃里克，21 个月大，安静地站着，手中拿着一艘玩具小船，面无表情。他站立时身体很放松。查利走到埃里克身边，用一根手指轻轻地碰了一下小船。"我的船！我的船！"埃里克尖声叫喊，眼睛看着查利。教师走过来，柔声说："那艘船对你很重要，是吧，埃里克？"埃里克的心情又放松了下来。查利到别处游逛去了。

小孩子有时也会表达愤怒的情绪，比如在下面这则记录中的两个 11 个月大的儿童的"战斗"。

凯茜坐在游戏室的地板上，快乐地发出咕咕声，右手拿着一个彩色牙胶环晃来晃去。她抬头朝教师微笑。教师坐在摇椅上，抱着一个更小的婴儿放在腿上。另一名婴儿，11 个月大的兰迪，坐在门口附近。

一名教师走进房间，为兰迪拿来一块尿布。她俯身抱起兰迪想给他更换尿布，但兰迪很抵触，她把尿布弄到了地上。凯茜看到了尿布，发出"啊"的一声，朝尿布爬去。这时，兰迪捡起了尿布，快乐地摇来摇去。凯茜在他身边坐下，面带调皮的微笑，一把抓走了尿布。兰迪发出一声愤怒的尖叫，伸手去拿，并试图将尿布拽走。凯茜开始生气地哭了，但并不放弃尿布，一场拉锯战随之发生了。

凯茜赢得了尿布，开始快速爬行穿过房间，手里紧抓着尿布。兰迪怒气冲冲地爬在后面，并在拐角处超过了她。凯茜带着生气而又恐惧的神情哭着，望着教师寻求帮助，兰迪不依不饶地去抓尿布。又是一场拉锯战，这次兰迪是胜利者。他咕哝着，嘴里叼着尿布的一角，然后拿起尿布在凯茜面前摇晃。凯茜用受到伤害的、愤怒的腔调啜泣着，双臂疯狂地上下摇晃着，然后用右手在耳后揉搓着。兰迪呆呆地看着凯茜。凯茜伸手去抓尿布。她拽了过去，脸上带着胜利的表情，转身从兰迪身边爬开，爬上附近的一个平台。爬上去之后，她坐下来，朝两个教师微笑着，高兴地摇晃着尿布；她嘴咧得很开地笑着，舌头从嘴角露出来。

凯茜看到自己的奶瓶躺在房间的另一边，她放弃了尿布，轻轻地发出咕咕声，向奶瓶爬去。兰迪显然也对尿布失去了兴趣，玩着一个大橡胶球。这时，尿布已经成了碎布条。

对类似事件的持续记录将使这类互动在所有的记录中得到实事求是的评估。通常教师心目中的冲突比实际发生的冲突要多。之所以产生这种误区，是因为冲突更为引人注目，因而得到成人更多的关注。而友爱的关系往往被当作理所当然。记录有助于这两类交往都得到成人恰当的审视。

由于婴儿和学步儿的人际交往仅仅是将来更为完善的人际关系的雏形，这些关系通常并不稳定，发展迅速，延续时间短暂。然而当把这些有关交往、模仿、愤怒以及快乐的记录综合起来时，记录者会从中看到，儿童过着一种丰富多样的社交生活。

语言

记录和研究婴儿和学步儿的语言是一门博大精深的学问，其内容之丰富非本书所能容纳。在这一领域已经有了大量的研究。长期以来，学者们试图通过不辞辛劳、逐字逐句地收集年幼儿童的语言样本，来揭开人类语言的奥秘（Kuhl，2010）。然而，我们这些从事3岁以下儿童教育事业的人，不能将整个研究语言发展或儿童行为的任务寄希望于他人。教师需要练习收集信息的技能，以便直接了解儿童是如何学会讲话和运用语言的。

为了达到这一目的，逐字逐句地收集语音、词语和句子的样本会是一项非常富有回报的活动。学步儿最初的词和短语可以记录，婴儿期的"喔喔啊啊"也可以记录。这些内容在每次观察中被作为自然而然的事情记录下来，但是当以2~3个月的周期来考察时，它们会显示出变化的模式和日益增长的复杂性。

学步儿萌发中的语言和概念受到引起他们关注的多种感官体验的推动。在下面这则由教师简（改编自Andersen，1995）所做的记录中，她正与奥利弗（28个月大）和巴勃罗（16个月大）在一个明媚的秋日一起外出散步。感官刺激带来了这么多的词语、回忆和想法！

当他们走到外面时,一股轻风拂来,将附近树上的几片树叶吹落下来。奥利弗兴奋地指着落叶喊道:"泡泡?"简猜想奥利弗可能是把落叶和肥皂泡(他最喜爱的活动)在微风中飘动的样子进行了联系。她说:"的确像泡泡一样飘动,是吧?"

他们走到拐角处,那里正有乘客在上下公共汽车。巴勃罗大声喊:"巴士,巴士——爸爸,巴士!"简回答说:"巴勃罗,我敢打赌你一定是想到了和爸爸一起乘巴士来到咱们中心时的情景。"巴士开走了,简和孩子们在拐角处等待信号灯变绿。在简看着街道的时候,巴勃罗看着街对面建筑物上移动着的光和影。他拉了拉简的胳膊,指着建筑物上的光,用疑问的语气嘟囔了一些声音。简评论说:"哦,你看到了阳光照在楼上。"巴勃罗继续研究着光和影的游戏。

他们穿过街道时,奥利弗发现了自己最喜欢的社区商店——这个店有一个展示运动鞋的大型橱窗。他欢快地唱着:"鞋子,鞋子,鞋子。"他们在橱窗前停下来,奥利弗开始认真地研究起各种运动鞋来。他看着一双特大号的鞋,评论说:"爸爸鞋。"

在奥利弗研究鞋子的时候,巴勃罗的一只手从楼底部的砖上摸过,他在泥灰上发现了一个小洞,就用他的手指在洞里捅来捅去,玩了几分钟。突然风大起来,刮来一些云挡住了太阳。奥利弗看着简,缩起脖子,将下巴藏到胸口,而巴勃罗依偎到简的腿上。奥利弗说:"有风。"简回答:"是啊,刮风了,天凉了。我们回到屋里去吧。"然后他们往回朝着保育中心走去。

话语并不是教师和儿童彼此联系的唯一方式。实际上,儿童的肢体语言也可以产生特定的共同意义(Stern, 1985),正如汉森(Hansen, 1995)的如下记录。

在户外游戏区域,安娜(24个月大)走到老师面前,手中拿着滴水的刷子和海绵。老师说:"我看到你拿着清洁刷和海绵。"安娜笑了,转过身去,用清洁刷指着墙的方向,那里一大群儿童正在擦洗墙面。

这位老师解释说,通过指向游戏区另一侧的现场,安娜让我完整地看到和体验到同一群喧闹的同伴一起擦洗墙面，对她来说是多么精彩、刺激和令人兴奋的事情。这种心情她是无法用语言来表达的。与她可能说的话——"看，我们正在洗墙"——相比较，我认为这样一句话只能展现她想同我分享的意义的一小部分。

有些特征需要在记录时加以留意，以下建议是教师在观察时需要注意的重点：

- 是哪些情形引发婴儿发出声音？（讲话的成人、移动的玩具、音乐盒、小孩）
- 父母（或者教师、陌生人、其他儿童）在场与否是否影响该婴儿发出声音？
- 在为期几天或几周的时段里，该婴儿的语音集合里又出现了哪些新的语音？
- 这名 8—12 个月大的婴儿是否试图重复直接讲给他的话？重复哪些话？
- 该婴儿是否喃喃自语？在什么情况下？
- 该学步儿是否发出一些无法理解但有着英语或其母语的节奏和韵律的声音？
- 该学步儿是否将语音组合成 2～3 个音节？
- 该学步儿是否发出可识别的词语？
  » 他是否将其中某些词组合成两个或三个词的句子？
- 该婴儿或学步儿对于他人讲给自己听的话，能理解到什么程度？
- 该婴儿在什么时候歌唱？什么时候胡言乱语地哼唱？什么时候为了好玩，而不是为了理解而重复词语？

如下面这则例子所示，该类记录可以证明儿童能够从其他儿童身上学到和练习大量的语言，而模仿对于年纪很小的儿童是十分愉快的事情。14个月大的明迪和德里克同 24 个月大的艾娜坐在桌边，吃着苹果和乳酪。

明迪说:"巴毕(Ba bee),巴毕。"(音)

德里克模仿着说:"巴毕。"然后,他看着桌子对面的明迪,明迪说:"卜(Bo)。"(音)

德里克又模仿:"卜(Bo)。"

艾娜清晰地说:"我想要更多的乳酪。"

德里克指着柜子上放乳酪的碗说:"乳酪。"教师给德里克和艾娜拿了乳酪。德里克嚼着乳酪,张开嘴,说:"啊,哈哈。"同时看着明迪,明迪正在笑着。德里克将头向后一仰,做出一次假笑。"啊!哈!哈!"他将这个动作和声音重复了三遍。然后,他真正地笑了,并用手指将乳酪塞到了嘴里。接着艾娜、明迪和德里克一起说道:"巴,巴,巴,啊,哈,哈。"明迪抬头看着天花板说:"啊,哈,哈。"她咯咯地笑起来。

儿童运用模仿和重复既是为了学习,也是为了获得乐趣。似乎这项活动本身具有令他们感到满足的东西。

25个月大的凯利往睡眠室里瞥了瞥,里面没有孩子。"没人睡觉,"他自言自语着,"乔纳森不睡,萨莉不睡,杰米不睡,弗兰妮不睡,凯利不睡。没人睡觉。"他将自己的"不睡歌"又重复了一遍,不过这次每提到一个名字就蹦跳一下。

当儿童接近3岁时,语言日益成为一种澄清意义的工具。当我们将儿童的某些想法记录下来,便可以详细地了解,对儿童来说这个令人迷惑的世界真是充满了神秘。

午餐时,30个月大的诺拉剥香蕉皮遇到了困难,请老师帮助。老师帮她剥开,她告诉老师:"我妈妈今天早上穿了这种皮。"

词语本身常常就很有趣。儿童似乎很喜欢这些词萦绕舌尖的感觉。

24个月大的琼问母亲:"什么是削减财政预算(budget cut)?"我们真不知道这个词组会在她的小脑袋里引发什么想法。

※　※　※

　　28个月大的理查德正坐在教师的腿上，看着别的儿童跟随另一位老师到厨房去拿点心。他毫无理由地自言自语："泉水（spring water）。""你要喝泉水？"老师问。他一脸茫然地看着老师。

　　记录也将显示出儿童是多么喜欢用语言做游戏。语言是一种特殊的玩具。

　　老师问安东尼正在搭建什么，安东尼说："我正在搭建一个交通咔咔咔。交通咔咔咔。交通咔咔咔。把咔咔咔的声音做成一个交通咔咔咔。"

　　对于婴儿/学步儿的语言、社交互动、游戏以及在常规活动中的行为，这种记录没有真正的尽头。这是一种持续进行的、永不休止的努力。每一天都会有新的变化、新的发展、新增长的技能和新的感触。观察者的工具——眼、耳和手——可以提供生动新鲜的材料，将这些材料进行积累和整理，可以保证教学实践的经常性更新。

第十三章 模式：总结与解读

到目前为止，儿童个体全天参与学校或保育机构的活动已经几个月了。在早晨儿童入园时，我们关注他们的情绪表达方式；观察他们如何脱下外衣；观察他们的游戏，记下游戏过程中他们使用材料的情况和同其他儿童的关系。我们关注他们在餐桌上的表现，观察他们如何照料自己的身体所需、如何对成人做出回应以及作为群体成员的表现。通过观察，我们认识到儿童的所思所想以及他们面对生活的感受。或许我们同时也会获得线索，从而了解如何满足他们当前和未来的具体需要。

模　　式

现在需要将所有随着时间推移而收集到的记录材料组织起来，以便理解儿童行为的本质——他们同成人的关系、同其他儿童的关系、对材料的使用、在常规活动中的行为、认知技能和学习方式、语言发展，等等。在每个领域中，每个儿童都有其独特的行为模式。为了发现这一模式，我们必须立足于记录，并抽取那些可以共同揭示行为模式的片段。

抽取某一领域的相关片段就像是进行一系列小型的总结。以下是将某个儿童对成人的回应方式积累起来所做的总结。其中的日期指出了教师做原始记录的时间。

同成人的关系

10/21：卡利德（5岁）在不想参加游戏的时候就来找我寻求帮助。我解释了一下规则，他有了信心，同意去玩游戏。

10/30：卡利德来找我，向我展示如何在砖块间布设管道，解释他看到的现象。他把小汽车拿过来，展示汽车的特点。他滔滔不绝地说，表现出多个方面的知识。

11/12：卡利德问我，达伦是否在整理时间负责管理椅子。

11/20：卡利德问我，利亚姆和葆拉之间是什么关系。

12/1：我指示卡利德去让其他儿童轮流玩绳子。他遵从了指令，多次来让我看他在玩绳子和轮胎时的表现。

12/15：体育老师给了卡利德一些指令，他照做了。卡利德后来问了这位老师一个问题。

1/4：卡利德向我讲述了一个在建构玩具上的发现，同我分享成功。

1/10：卡利德兴高采烈地向我展示他用黏土做的物品。

基于以上摘录的数段事例，该教师便能够对卡利德同成人互动的模式做出如下总结。

卡利德同成人相处愉快，并将成人看作信息资源以及可以与之分享发现和快乐经历的人。卡利德需要成人帮助时会轻松愉快地依赖成人。比如10月21日，当他不想参加游戏时；11月20日，在小组活动中，当他拿不准利亚姆和葆拉的关系时来进行询问。卡利德喜欢让成人欣赏他的活动，分享他对事物和知识的鉴赏力，但他对成人似乎没有过分的依赖。他不常找老师寻求帮助，对女实习教师也是如此，老师不在身边便不去刻意找老师。在人际关系上具有自立性。卡利德同成人之间具有积极的关系，易于建立对成人的信任。在群体和个人情形中，他都能遵从成人的指示。

所有关于具体活动领域（一日常规、材料运用、戏剧表演等）的小型总结综合起来，将表明儿童同环境互动的状况。教师通过对比过去的模式和当前模式，从中可以看到成长或成长的停滞，甚至还有退步。具体的活动领域对儿童的重要性将显现出来——儿童对活动的兴趣程度和活动强度——以及这些活动是引发了儿童的满足感还是挫折感。儿童的行为可以通过与同龄儿童的对照以及与未来的成长（他终于爬上了立体攀爬架的第一格；在接下来的几个月中，他肯定能够爬到顶端）联系起来看待。但结论必须留有余地（我认为她会挺过来……看起来就像……在我看来似乎是……）。所有关于儿童行为的结论都必须经过检验，即经过进一步的观察、采取行动和更进一步的观察。对于一个动态的、成长中的人，任何时候我们都不能说"呵呵，我对他了如指掌"这样的话，并确信结果准确无误。

关于儿童身体功能状况的总结和对学校与保育机构的总体适应情况的概况，为解读儿童的行为添加了可供使用的线索。关于儿童的身体功能状况，可以从日常活动记录中判断出来。儿童的日常活动会显示出身体功能的如下几个方面的稳定特征。

- 健康状况和疾病、手术及身体残障所引发的影响。
- 身体协调能力及其同情感功能的关系。
- 通常的运动速度。
- 活动时的自由程度或受限制程度——豪放／精确／充满活力／不温不火／强壮／娇小／优雅／快活／安于平地活动（不登高处）／缺乏衔接／紧张／松弛／拘谨／无拘无束。
- 各种活动中消耗的能量多少（儿童表现出疲劳的快慢程度是怎样的）。
- 儿童表现出安静／好动／安于平地活动／爱攀登高处／缺乏热情等特征的迹象。
- 进行奔跑、攀爬等大肌肉运动时对身体运用的态度（急切的／谨慎的／恐惧的／愉快的）。
- 进行书写、缝纫等小肌肉运动时对身体运用的态度（放松的／紧张的／享受的／过于急切的）。
- 通常的面部表情（皱眉／微笑／看起来很平静）。

关于儿童对学校或保育机构的适应情况，没有绝对的衡量标准，在具体细节上每个儿童各有特点。然而，如果观察者自身不拘泥于标准，那么关于儿童的适应状况是可以得到一个总体面貌的。

当儿童自愿地进入教室，不需要家长或看护人陪伴；当他们了解了学校常规活动、集体规则及正常的日常程序之后；当他们了解了教室布局、认识了教职员工、知晓了别人期望他们做什么和他们可以期望别人做什么后，我们可以认为儿童适应了学校的生活。表现儿童对新环境的第一反应的早期记录或许有助于评估随时间推移而发生的变化。教师认为儿童已经适应了学校生活的想法应该由具体的证据来证实。我们可以看到适应分为两种层次：①同家长或看护人的分离、对日常活动的反应、了解学校布局等；②儿童可以真正自然、自主地独立活动。

终结性总结的特征

终究会有这么一个时刻，我们感到有必要对某个儿童在一段时间里的行为做出一个终结性的总结。它可能被用于在教职员工会议上与同事分享信息，以便满足儿童的生活需求或提高学校生活质量，也可能被用于咨询心理学家或社会工作者等专业人士，或者用作开家长会的参考材料。不管是出于哪种情形，我们都需要对材料进行有效的整理，以便对儿童的行为有一个完整的描述。

终结性总结包括对儿童在日常活动、运用材料、同其他儿童和成人的互动等情形中行为模式的总结以及对其智能和语言状况的概括。总结中还可以包括观察到的、给儿童带来挫折感的事物和带来满足感的事物，也可以包括一些通过观察之外的方式获得的信息，比如从入学档案、医护档案中或者同家长会面时所了解到的信息。总结中还包括对环境的描述。

接下来，应该对所有这些证据进行客观的考察，因为有时某一领域的现象对于其他的领域有潜在的意义。比如，一项对户外器材使用情况（在总结中并未将其作为单列的一项）的总结或许会显示出该儿童一直不使用某些器材的情况。这名 5 岁或 6 岁的儿童看起来很健壮，但他从来不用腿勾住双杠，不攀高处，也不从高的滑梯上滑下。他在户外游戏时有明显的满足感，但只玩拖车、沙子、粉笔、球以及水。任何高于 60 厘米的器材似乎都不适合他。他在游戏中还有哪些方面似乎与他在器材活动中的行为有关？在他的医疗与健康背景中，教师是否可以找到一些信息来帮助理解这名儿童的户外行为？该儿童运用器材时的行为是否与其年龄相关联？他听故事时的偏好、在音乐活动和体育活动中的表现是否可以提供一些线索？组织全班儿童讨论时，他表现得怎样（比如大家都对某件事议论纷纷，他却缄口不言）？该儿童在多种环境中都表现得很谨慎，还是仅在某些个别的环境中？他恐高吗（比如在楼梯的顶端表现出紧张）？该儿童一般来说容易感到满足吗？换言之，该儿童的行为与我们所掌握的关于他的信息有何关联？就不使用有高度的器材这一现象本身而言，可以有多种技能缺陷上的解释，观察者尽可以展开联想。但是联系到该儿童行为的其他方面，这种现象对于这名儿童而言就具有了具体的意义，这种意义可能是缺少经验、出于谨慎的态度、肌肉发育不完善、营养不良或恐高等因素中的一项。

我们再以另外的联系为例。一名儿童对其他儿童抱有一定的态度。这与他对待成人的态度有什么一致性的东西吗？这里是否涉及他看待自身及自我成就的态度？他在多种情境中所表现出的面对挫折的能力是否同他与其他儿童的相处也有联系？

儿童的哪些常规活动行为与同成人相处的行为有联系？游戏中哪些行为与同成人相处的行为有联系？哪些进餐行为又与同其他儿童相处的行为有联系？是否有共同的线索贯穿其中？在常规活动中、游戏中、同成人的交往中，是否都持同样的乐天派态度？同样地难以找到满足感？同样地波澜不惊？同样地易于迸发激情？

趋势

记录的终结性总结中包括行为的趋势。

西蒙显然已经摆脱了吮吸手指的需要。近几个月以来，他已经摆脱了长久的吮吸,只有在午休时才短暂地吮吸一段时间。

※ ※ ※

现在阿方索在有人向他快步走来的时候,会停下来看看。他不再尖叫,而是打量一下情形。他转身跑开,而不回头看。

※ ※ ※

塔米坐下来读书时,看起来是真的乐在其中。听故事时,她自始至终安然而坐,显然能跟得上情节的发展。上周她提了一个关于故事中的人物的问题。塔米正在学习专心地看待自身之外发生的事情。

问题

或许如果我们承认成长的过程对任何人而言都并非一帆风顺,那么我们就可以在适当的语境中使用"问题"这个词语。每个儿童在成长的道路上都会不时地遇到问题,遇到需要跨越或征服的障碍。在终结性总结中,教师也可以指明这些问题和障碍。

6岁的杰能遵守课堂规则,有着"适宜的"课堂行为。但他的语言表达有些吃力,部分原因是因为英语是他的第二语言。在集体讨论时,他仍然不能自如地表述个人观点。他最成功的口头交流发生于一对一的情形中,尤其是同我和其他教师进行交流时。但是他在独立工作时游刃有余,不需要寻求成人的帮助。我相信他在学校中同我建立牢固的关系将使他获益匪浅,这样可以树立他的自信,使他更乐于面对整个群体来发言。

评价成长状况

趋势与问题结合起来,构成对儿童成长状况的评价。"他已经成长了这么多"这样的评价只有在做出如下具体说明时才是有意义的:"他已经学会了……;他过去……,但现在……;他运用了若干种色彩,若干种材料,若干种想法,若干个词语;他制作了什么、说了什么、做了什么事。"凡此种种,均来自记录。如果不进行记录,我们很快就会忘记儿童3个月之前的表现是怎样的!

预测

我们可以就一名儿童的成长前景做出预测，并为了帮助儿童获得最快的成长而推荐相应的措施。我们的推荐可能是面向下一任教师，也可能是面向家长，如下所示。

基于我对这一段时间所做记录的分析，我对费尔南多的小学一年级老师有如下建议。因为费尔南多有时难以适应新环境，所以很重要的一点是给他时间，让他适应新的学校环境，而不要"催促"他立刻参与活动。他需要一定的时间来找到适合自己的位置，才会开口讲话。我能想象，他一开始对于要认识这么多新同学一定会感到无所适从。他需要时间和适当的变通。因为有证据表明，费尔南多有很强的内省能力，所以他一定能认识到怎样做才会使自己适应新环境。这种调节采取的形式，可以是允许他一开始不参与集体讨论，或者在开学的几周里允许他重复选择绘画活动，暂不选择其他活动。他在去一个新地方或者在班上认识新同学的时候，或许也需要进行专门的准备。老师还需要在他看起来忧心忡忡的时候，给予适当的耐心和理解。

极端情况

在终结性记录中我们会指明行为的极端情形，比如过度依赖、美工材料使用的综合水平欠缺、完全拒绝进行常规活动，或者总体上能力超常。每个儿童都可能在某些方面同常规情形有所偏离，但极端的行为状况可能意味着儿童有真正严重的问题或特殊的才能，需要引起教师的关注。同样需要关注的特殊问题还有过度吮吸拇指、口吃、一直不乐于参与活动、频繁的恐惧表情、缺乏主动性等。这些行为发生在幼儿身上亦属正常，但如果因此而使儿童失去活力、无法进行正常的活动，就应引起我们的关注。

完整的儿童

对于儿童个性中的特殊品质，也要进行如实的记录，如情绪外在化、爱好交际、性情温和、坚强、好探究等。在事无巨细地记录之后，我们就有资格得出自己的感觉和印象！并非每个儿童都会唤起一个合适的词语，但许多儿童都会有合适的概括词，不必犹豫，将这个词写在最终总结中。在儿童行为的总结中，尽可以使用这样的开头或结尾："他给我的深刻印象是一个小淘气""她似乎永远都在运动"或者"在我看来，她是一个极有能力的人"。就这些词语和短语本身而言，的确值得商榷。但是在总结中，有针对儿童行为的方方面面所积累的证据作为佐证，教师有理由添加自己认为合情合理的个人反应，如下所示。

纳特最突出的特点也是他最值得肯定的优点，就是他极富创造力，这在他的艺术活动和芭蕾舞表演中反复展示出来。在我们这个社会中，创造力弥足珍贵（但常常被误解），希望纳特能够有机会发挥自己的才能，取得辉煌的成就。他在这些领域积极性很高，他喜爱表演。在自己班级的课堂中他表现活跃，因为该班的老师重视儿童的自我表现和创造性。他是一个爱好社交的小家伙——与他人相处融洽，广受欢迎，被认为对班级很有贡献。他也很聪明。

环境

对儿童的日常生活环境状况加以描述可以使我们的研究更加深入。儿童所生活的社区、学校、课堂分别具有什么样的主要特征？

在对课堂的描述中，可以包含以下细节：儿童的数量和年龄；日常作息安排；教职人员的数量和担任的角色；设备的概况；教室布局，包括儿童的休息区；儿童与教师桌椅的摆放方式及其对师生互动的影响。

接下来的例子是对6岁的克利奥所处的城市生活环境的描述，丰富的细节让我们对该儿童的生活环境有了细致入微的了解。观察者需要揣摩这一特定的环境会对该儿童形成怎样的影响。

社区。街道绿树成荫。学校的东面是一幢22层白色砖墙的公寓楼；西面是红色砖墙的教堂，教堂边上连着另一所小学校。克利奥的学校对面是一排5层的、不设电梯的楼房和一幢有看门人值守的14层的红色砖墙公寓楼。

与学校相邻的是一幢5层的楼房；一楼商店的前面挂着一个"解读塔罗牌①"的牌子。拐角处有一家小的糖果香烟店，店门口的大遮阳棚上写着"乐透彩票"。学校附近有一家大的医院，附近的许多居民都受雇于这家医院。

街上行人的年龄参差不齐，种族五花八门。克利奥的父母带她到校时乘坐的是公共交通工具。

学校。该校有91年的历史了，是一座红色砖墙的5层建筑。走上一段台阶来到教学楼，穿过带有"进入"字样的大门，再拾级而上，穿过另一道门，这里有保安坐在一张桌旁。楼梯两侧的墙上挂着儿童的油画自画像。走廊里装饰着班级合影、学生的编织作品和手工陶罐的展示柜，以及一幅巨大的题为《城市里的冬天》的壁画。墙壁被粉刷成偏绿的蓝色；天花板上是荧光灯。餐厅在一楼，当大量学生就餐时声音会很嘈杂。三、四、五楼有教室。每层都有运作正常的喷泉式饮水器和洗手间。

课堂。克利奥所在的一年级班上有27名儿童。教室的前半部分地面上铺着一块大的长方形炭灰色地毯，用于班级讨论和会议。每天黑板上都会展示当天的问题、晨间信息、日历、作息安排及出勤表。黑板的上方悬挂着两个章程：《小组活动规范》和《班集体活动规范》。黑板的里侧是衣帽间。

教室里有三张塑压面板的圆桌和两张长方形的桌子。教师有自己的椅子，但是没有桌子。有划分明确的数学区域和阅读区域。所有材料均带有标签，儿童可以自己取用。阅读区包括班级图书馆，里面有一张地毯、几个枕头，书架上摆放着词典、图画书和章节书。有的架子上有铅笔、胶水、马克笔和纸张等文具。墙上装饰着孩子们为社区所画的素描。

通过对该儿童的生活环境的详细描述，我们开始看到一个生活在具体情境中的儿童。我们可以开始揣摩儿童接触到了哪些关于学校和学习的信息；环境中传达了哪些该教育项目的目标；传达了哪些关于动机、创造性、自主性、社交行为的价值观念。另外，如果有机会接触和描述儿童的家庭或

---

① 塔罗牌是一种占卜命运的纸牌。——译者注

社区环境，那么将会有更加脉络清晰的环境信息，从而有助于加深对儿童的认识。

解　读

现在看来，我们似乎已经对所观察的儿童有了很好的了解，应该没有遗漏重要的信息。教师接下来通常会问的问题是，为什么儿童去做那些事？是因为这个孩子"被宠坏了"吗？是因为他有一个对他疼爱有加的或者忙于生计的母亲、祖母、哥哥、父亲或姐姐吗？是因为他感觉自己能力不足或是过分自信吗？是……？还是……？我们当然想弄个明白。我们同儿童朝夕相处，为他们做了很多事情，同他们一起经历了很多，自然想了解他们行为背后的原因。

我们做出的解读对错与否与一个孩子的成长和幸福关系重大，做出错误的解读会留下后患。任何解读都是具有试探性的，随着新事实的出现而与时俱进，并且必须扎实地同背景信息相联系。

行为背后的原因纷繁复杂，所以教师需要了解儿童的身体状况，理解身体、情感与智能状态之间的关联；评估是什么因素导致自己对特定年龄的儿童的某些行为的期待；了解在主流文化和许多非主流文化中，儿童是如何成长和学习的；了解是否每个社区都推崇同样类型的行为，是否每个家庭的期待都与社区的期望相一致，社区的标准和价值观念在家长与儿童的行为中发挥怎样的作用，以及有什么样的社会观点传递给了该儿童。教师也必须能够识别哪些具体的事件和压力对该儿童造成了影响。

因为需要了解这么多的事情，所以做出解读并非易事。解读时还涉及情感——我们自身的情感。我们能够将自己放在儿童的位置上吗？在进行解读时，我们能够摆脱成人的态度吗？或者在解读时是否应该对我们喜欢和不喜欢、同意和不同意的事物做出回应？在我们寻找儿童的缺点的时候，是否是在同家长一争高下？当我们说儿童在学校中取得了出色的进步时，是否只是在给自己加油打气？

除非谨慎从事，否则在解读行为的原因时很可能会误入歧途。我们是否能验证所做出的每一项陈述？预言和猜测是否言之有据？对我们来说，儿童的重要性是否超过正确性本身？在发现心爱的理论不适合该儿童时，是否乐于放弃？以下是一位教师对观察和记录的过程所做的评论。

做一名观察者并不容易。在做记录的同时，你也在直接或间接地对你的所见所闻做出回应。我们无法摆脱人之常情。这就是为什么你所观察的儿童开始变得亲切起来。他们能感受到你对他们做出的回应，并反过来做出相应的回应。

同一种行为发生在不同儿童身上时，可能具有不同的意义。出于愤怒、恐惧、厌恶、嫉妒、恐慌或反抗心理，儿童可能会摔摔打打，也可能会缄口不言。一名儿童不一定会做我们所做的事，尽管有些儿童可能会与我们做一样的事。我们必须学会研究儿童的一般情况，以便能够回答关于我们所关注的个别儿童的问题。同时我们也必须研究个别儿童的具体情况，以便拓展对一般情况的理解。每个个体都是独特的，每个个体都希望其独特的自我得到他人的理解，这一点也如我们本人一样。让我们公正地对待所教的儿童，尊重他们独特的个性和他们所继承的文化特色。如果想要理解他们，我们就要学会准确地收集证据，从中寻找我们所需的线索。要认识这些线索，我们必须借助关于行为的知识和对于儿童在社会中的角色的了解。

终结性总结

接下来是3岁儿童安德烈的老师在学年结束时完成的一份终结性总结，是所有分项总结的集大成者。

安德烈的性格似乎属于"慢热型"，在采取行动之前他总会花时间观察一阵子。这一点对于他适应新环境和新活动有着重要影响，最初踌躇不前，但一旦开始投入，便会非常专注。他的情感状态似乎极为平静温和。在使用表达性的美工材料时，他是了不起的实验者。他似乎尤其着迷于油画活动，会用刷子、纸张和颜料尽情地进行实验。但是在运用其他不需要创造性表达的材料时，他不再那么乐于尝试，比如有一次他被观察到试图将磁力火车连接起来，但很快就放弃了。

安德烈行为的一个显著特征是，他与同龄人和与成人互动时的巨大差异。安德烈向成人寻求帮助和同成人交流多于同其他儿童的互动，这可以被认为是符合其年龄特征的，他明显缺乏与同龄人交流的愿望，但他却会主动同成人进行交流。然而这并不表明他对其他儿童一概漠视或不感兴趣。比如有一次他被观察到当旁边的一个孩子笑的时候，他也仰天大笑起来。还有一次他正在积木区独自活动，当听到别的孩子将乐高积木从桶里倒在地板上时，他猛然停了下来。他慢慢地走向其他孩子使用乐高积木的地方，但半路上停了下来，盯着看了看，然后缓缓转身走回了积木区。因此，他似乎展现出互动的意图和愿望，但有时对于如何发起交流没有把握，心存疑虑。

安德烈在同成人交谈时展示出广泛的词汇量和构造长句的能力。他经常发起同成人的交谈，要求帮助或表达需求、意愿和想法。相比之下，他与同伴交流时的语言就简单多了，主要是单词句或一些短语。或许作为双亲家庭中的独生子，他在同成人相处时感觉更为自如。他似乎对母亲极为依恋，这从每天早晨他对母亲的恋恋不舍中可以得到证明。有时，他的母亲看起来对他的期望甚高，比如她选择为他读一些超出他阅读水平的书，担心他转到一所新的学校学习会出现退步，等等。或许这种期望在一定程度上造成安德烈缺乏自信心，比如在母亲为他穿外套时他只是被动地站着，在穿袜子时也需要成人大量的帮助。

安德烈将来的老师务必注意他慢热的性格会导致他在行动之前总会有些踌躇、会先做一番观察，记住这一点极为重要。再加上他沉稳的举止和一旦参与便保持专注的能力，很容易使得教师忽视他。然而他有时是需要教师帮助的，尤其是来到新环境中或者同其他儿童进行社交接触时。帮助安德烈的母亲认识和欣赏安德烈的优点，或许可以缓解这位母亲对于儿子在校表现的焦虑。

儿童同所有人一样，是复杂的生物。但由于他们仍然愿意公开地表露自己的情感和思想，以及大胆地探索生活，因此敏感的成人可以很好地了解他们，相当准确地测知他们的需求。

每个儿童都是一个独特的组合体，秉承了未知的遗传因素，受到特定的家族和文化的交互影响。有鉴于此，每个儿童都不会与另外的儿童雷同。同时每个儿童也都是人生某个发展阶段中的样本，因而又与同一阶段中的其他儿童有着许多共同的特征。最后一点，每个在校的儿童都是由同龄人所构成的社会中的一员，在这个社会中儿童要在保持自我和寻找群体归属感之间挣扎，要对其他同伴做出回应。而这些同伴同样也在满足个体的独立需求和群体归属感之间努力寻求平衡。

尽管我们能够对儿童了解很多，但没有哪位教师能够对某名儿童了如指掌、做到事事尽在意料之中。儿童不断成长的自然特性本身就意味着变化，这需要教师一直保持开明接纳的心态。我们只能在今天对于儿童如何应对生活做出理论上的推测，而明天似乎要重新开始；因为每个成长中的儿童的明天都与他的今天稍有不同。

参考文献[*]

Andersen, K. (1995). *Beyond playgrounds: Outdoor experiences for toddlers.* Unpublished paper, Bank Street Graduate School of Education, New York.

Barbarin, O., & Crawford, G. M. (2006). Acknowledging and reducing stigmatization of African American boys. *Young Children, 61*(6), 79–86.

Berk, L. E. (2004). *Awakening children's minds: How parents and teachers can make a difference.* New York, NY: Oxford University Press.

Bram, J. (1955). *Language and society.* New York, NY: Random House.

Casper, V., & Theilheimer, R. (2009). *Early childhood education: Learning together.* New York, NY: McGraw-Hill.

Cazden, C., John, V. P., & Hymes, D. (Eds.). (1972). *Functions of language in the classroom.* New York, NY: Teachers College Press.

Chess, S., & Thomas, A. (1996). *Temperament: Theory and practice.* New York, NY: Brunner/Mazel.

Clay, M. (1975). *What did I write?* Auckland, New Zealand: Heinemann.

Cohen, D. H., Stern, V., Balaban, N., & Gropper, N. (2008). *Observing and recording the behavior of young children* (5th ed.). New York, NY: Teachers College Press.

Cuffaro, H. K. (1996). Dramatic play: The experience of block building. In E. S. Hirsch (Ed.), *The block book* (3rd ed., pp. 75–102). Washington, DC: National Association for the Education of Young Children.

---

* 为了环保，也为了节省您的购书开支，本书参考文献不在此一一列出。如果您需要完整的参考文献，请通过电子邮箱 1012305542@qq.com 联系下载，或者登录 www.wqedu.com 下载。您在下载中遇到问题，可拨打 010-65181109 咨询。